中国薪酬发展报告
（2017）

谭中和 / 主编

CHINA REMUNERATION DEVELOPMENT REPORT
(2017)

社会科学文献出版社
SOCIAL SCIENCES ACADEMIC PRESS (CHINA)

中国薪酬发展报告（2017）
编委会

主　编　谭中和

撰稿人（以姓氏拼音排序）

常风林　狄　煌　胡宗万　贾东岚　梁晓勇
刘军胜　钱　诚　孙玉梅　王　宏　王　霞
王学力　肖婷婷　许英杰　杨飞刚　杨艳玲

前　言

带领人民创造幸福生活，是我们党始终不渝的奋斗目标[①]。党的十八大以来，以习近平同志为核心的党中央高度重视劳动工资收入分配工作。工资收入分配秩序进一步规范，收入差距呈逐步缩小的趋势，广大劳动者和人民群众实实在在分享到社会经济的发展成果。2012~2016年，全国城镇单位就业人员平均工资呈持续较快增长趋势，年均实际增长7.7%，高于同期GDP（7.3%）增速。私营单位就业人员平均工资水平由2012年的28752元增加到2016年的42833元，年均名义增长速度达到11.8%，比城镇单位就业人员名义工资增长速度高出1.7个百分点。由于低收入劳动者在私营单位就业人员占比较高，私营单位就业人员工资收入的快速增长，对于增加低收入劳动者收入，实现"提低"进而扩大中等收入群体的目标具有重要意义。全国居民人均可支配收入年均实际增长7.4%，高于同期GDP年均增速0.1个百分点，更快于同期人均GDP年均增速0.8个百分点。职工工资持续较快增长和城乡居民收入的较快增长，为实现党的十八大提出的城乡居民收入实现倍增、人民生活水平全面提高，进而全面实现小康的目标奠定了坚实基础。

为贯彻落实党的十八大提出的"实现发展成果由人民共享，必须深化收入分配制度改革"的总体要求，党的十八大以来，党中央、国务院和有关部门出台一系列政策措施，以全面深化改革为动力，以全面依法治国为保障，以全面从严治党为保证，向着全面建成小康社会的奋斗目标前进。小康社会目标的实现，社会财富、居民收入和财富的增长是根本；增强企业活力，发展生产力，不断提高劳动生产率是基础；科技水平的提高和产业结构

[①] 习近平总书记在庆祝中国共产党成立95周年大会上的讲话。

的转型升级是关键。2016~2017年中国薪酬发展报告，集中展现了近两年劳动工资研究所在深化企业工资收入分配改革方面的研究成果。

第一篇为总报告，比较系统地阐述了党的十八大以来，我国深化劳动工资收入分配改革的成效、经验、面临的主要矛盾和问题以及"十三五"期间加快推进收入分配改革，为全面实现小康社会、破解工资收入分配改革难题应采取的政策措施建议和改革路径及策略。

第二篇为国有企业改革篇。企业是社会财富的创造者。如何通过薪酬体系改革，持续激发企业创新创造的活力，建立具有内部公平性和外部竞争性的企业薪酬体系，是深化企业薪酬体系改革的重点和难点。党的十八大以来，党中央、国务院以国有企业特别是中央管理企业负责人以薪酬制度改革、完善国有企业工资决定机制和调整机制改革、加强国有企业工资总额管理等为主要内容，充分发挥市场在资源配置中的决定性作用，健全和完善了以企业薪酬调查、人工成本监测、工资指导价位、工资指导线和最低工资标准等为代表的将市场调节和政府调控相结合的企业收入分配宏观调控制度，为逐步实现共同富裕奠定了物质基础、提供了制度保障。本篇着重围绕上述问题，就企业收入分配改革中的重点和难点问题进行分析研究。

第三篇为企业人工成本篇。推动供给侧结构性改革是党中央、国务院在我国经济发展新常态下解决经济发展深层次结构性矛盾、深化企业改革的重大举措，在推进"三去一降一补"①的过程中，降低企业成本是重要任务之一。本篇分析了我国部分地区和行业人工成本的水平及其变化的原因，并选择制造业的人工成本进行国际比较，系统研究了造成当前企业成本高的主要方面和影响因素，有针对性地提出了降低企业成本、适时适度适当降低社会保险费率的政策建议。

2016年国务院印发《关于激发重点群体活力带动城乡居民增收的实施意见》（以下简称《意见》），部署对重点群体实施激励计划，带动城乡居民

---

① "三去一降一补"是习近平总书记在2016年中央经济工作会议上提出的"去产能、去库存、去杠杆、降成本、补短板"五大任务的简称。

实现总体增收。《意见》强调必须进一步深化收入分配制度改革，强化收入分配政策激励导向，分群体施策，不断激发全体劳动者的积极性、主动性、创造性，实现经济增长与居民增收互促共进。

第四篇为部分群体工资薪酬改革篇。本篇选择了公务员、公立医疗机构人员、农民工和图书出版行业员工等群体的薪酬制度体系进行深入的分析研究，提出了针对不同行业特点的差别化收入分配激励政策，建立符合医疗机构行业特点的人事薪酬制度，完善多劳多得、技高者多得的技能人才收入分配政策，加大对新型职业农民的培育和支持力度，加快职业化进程，健全和完善公务员的工资决定和调整机制，实施差别化激励政策，有效调动各类单位职工的工作积极性，促进各类社会群体依靠自身努力和智慧，创造社会财富，共享发展红利。

第五篇为工资集体协商改革篇。我国对企业实行"市场机制调节、企业自主分配、平等协商确定、政府监督指导"的企业工资收入分配机制。古典经济学派和新古典经济学家都认为，工人工资水平取决于劳动力市场上劳资双方的力量对比，集体谈判在工资决定上产生了重要影响。本篇重点研究探讨了经营困难企业的工资集体协商问题、低收入劳动者的工资权益保护和集体协商中工会的代表性等问题。

第六篇立足于我国经济新常态下，讨论了健全和完善最低工资标准调整机制问题。自 2004 年我国建立最低工资制度以来，我国 31 个省份（直辖市、自治区）全部建立了最低工资制度，并基本形成了比较完善的最低工资标准调整机制。最低工资制度在维护劳动者取得劳动报酬的合法权益，保障劳动者个人及其家庭成员的基本生活，促进实现低收入劳动者劳动和高质量就业，实现低工资劳动者分享社会经济发展的成果等方面发挥了极其重要的作用。自 2016 年以来，各地最低工资标准调整节奏放缓，调增幅度降低。最低工资较好地适应了经济新常态下劳动力市场供求关系和结构的变化、企业尤其是中小微企业整体盈利能力下降以及经济增速放缓、职工工资增幅下降和物价指标下降的实际情况，实现了最低工资标准的调整与相关经济社会发展指标相匹配，发挥市场在资源配置中起决定性作用的基本原则。今后一段时期我国最低工资的调整应坚持最低工资制度的功能定位是保障劳动者及其赡养人口的基本生活的原则不动摇，不宜把最低工资制度作为缓解收入分配差距扩大的工具。最低工资标准的调整也不宜采取"一刀切"的方式，加强政府宏观指导和调控，引导各地在新常态下更加关注最低工资标准调整与人均GDP增长相协调，与劳动密集型企业的劳动生产率提高相协调，与城镇居民消费价格变动情况相协调，保证最低工资标准调整在新常态下实现长期可持续发展。

中共中央、国务院《关于深化国有企业改革的指导意见》提出，探索实行混合所有制企业员工持股。通过实行员工持股建立激励约束长效机制。优先支持人才资本和技术要素贡献占比较高的转制科研院所、高新技术企业、科技服务型企业开展员工持股试点，支持对企业经营业绩和持续发展有直接或较大影响的科研人员、经营管理人员和业务骨干等持股。第七章围绕构建中国特色的混合所有制企业员工持股制度进行讨论，提出了按混合所有制企业员工持股制度前置部分、主体部分和后置部分三个层面的混合所有制企业员工持股制度框架。员工持股主要采取增资扩股、出资新设等方式。进一步完善相关政策，健全审核程序，规范操作流程，严格资产评估，建立健全股权流转和退出机制，确保员工持股公开透明，严禁暗箱操作，防止利益输送。

第七篇分别阐述了混合所有制企业员工持股、高温津贴标准的实施、工资的内涵和外延，以及制造业高技能人才的评价和激励问题。高温津贴是指对劳动者在高温自然气象环境下劳动而付出的特殊的或额外的劳动消耗而给予的一种补偿，研究提出应提高制度层级、明确发放条件及标准、加强正面引导避免以发放高温津贴代替劳动保护的具体对策建议。目前我国高技能人才的评价与激励存在着社会化鉴定质量得不到认可、鉴定评价与分配激励衔接挂钩不紧密、人才职业发展空间受限、整体薪酬水平不高且相对公平性较差、存量人力资本开发不足等问题。应进一步扩大企业在人才评价中的自主权、更好发挥行业组织的作用，促进鉴定与企业用工分配紧密结合、盘活存量人力资本、通过政策引导全面提升高技能人才待遇。工资内涵和外延的科学界定是制定工资制度的重要基础。工资的内涵和外延，国际上有多种解释，我国多部部门法对工资的界定也不尽相同，与法律出台时的经济体制、用人制度和工资制度实践有关。根据当前的工资管理实践和管理目标，按照符合市场经济的特点和要求，对工资内涵和外延界定的再认识，将工资定义为用人单位因劳动者履行岗位劳动而支付给劳动者的货币形式或非货币形式的劳动报酬。

这里呈现给读者的这本《中国薪酬发展报告（2017）》的主要内容，源自于人力资源和社会保障部劳动工资研究所2016年及2017年的重点研究课题，有些内容已经公开发表，一些政策建议得到有关部门的肯定和批示。需要特别指出的是，本书的视角主要是针对企业或单位微观层面的薪酬体系，这里的薪酬所对应的不是传统意义上的工资或薪水，而是包含了较强资本性的劳动力（或者称为人力资本）。我们认为，研究清楚企业的薪酬体系，对于完善我国的收入分配制度具有重要的理论价值和实践意义。企业应根据所处的不同发展阶段和战略目标，用系统、全局、战略的眼光设计并完善薪酬制度。在当下企业转型升级过程中，人才是企业转型升级的关键。企业薪酬体系要树立人才是第一资源的观念，要培养人才、吸引人才和用好人才，承认人才的资本权益，加大人才参与资本分配的力度，建立和完善有中国特色的企业薪酬体系，这是深化我国的收入分配制度改革、破解收入分配领域存在的矛盾和难题的基础。最后，在本书付梓之际，对为我们所做研究提供过帮助和支持的各位领导和专家深表感谢！

目 录

Ⅰ 总报告

我国工资收入分配现状及改革发展趋势 001
- 一 工资收入分配的发展现状 003
- 二 我国工资收入分配改革面临的主要问题和挑战 015
- 三 我国工资收入分配的改革发展趋势 017
- 四 缩小工资收入分配差距的政策建议和措施 020
- 五 深化工资收入分配需要处理好的几个关系 023

Ⅱ 国有企业改革篇

国有企业薪酬制度改革报告：平衡企业效率与社会公平 029
- 一 改革开放以来国有企业薪酬制度改革基本情况 030
- 二 "十二五"时期国有企业薪酬制度改革的主要内容与成就 036
- 三 当前国有企业薪酬制度改革面临的主要问题 039
- 四 深化国有企业薪酬制度改革的政策建议 041

国有企业工资总额管控报告 ································· 044
- 一 为何要管控国有企业工资总额 ······················ 044
- 二 当前国有企业工资总额管控的主要方法 ············ 047
- 三 国有企业工资总额管控存在问题 ····················· 051
- 四 改革国有企业工资总额管控的办法建议 ············ 055

我国企业工资宏观调控体制机制评估分析 ················ 061
- 一 全面深化改革对企业工资宏观调控提出的新要求和新任务 ········ 062
- 二 政府工资调控体制现存问题及原因分析 ············ 064
- 三 政府工资调控机制现存问题及原因分析 ············ 067
- 四 改进和完善企业工资宏观调控的基本思路和重点措施 ············ 070

Ⅲ 企业人工成本篇

中国部分地区人工成本变动状况分析 ······················ 077
- 一 多数地区人工成本总水平增长速度有所回落 ······ 078
- 二 行业人工成本水平变动差别较大 ····················· 079
- 三 普通员工人工成本水平继续较快上升 ··············· 082
- 四 不同规模企业人工成本增速开始呈现梯度变化 ··· 083
- 五 人工成本过快增长明显影响企业利润水平 ········ 085

制造业劳动力成本国际比较 ································· 088
- 一 制造业劳动力成本国际比较：已有观点 ············ 089
- 二 当前中国制造业劳动力成本估算 ····················· 092
- 三 制造业劳动力成本国际比较情况 ····················· 100

基于工资收入分配的我国社会保险缴费水平分析 ······· 109

一　社保费依据工资征缴，但工资性收入已经不能准确反映
　　个人的收入状况…………………………………………… 110
二　我国部分行业社保缴费水平的简要分析………………… 115
三　政策建议………………………………………………… 125

Ⅳ　部分群体工资薪酬改革篇

公务员工资决定和增长机制研究………………………………… 130
一　文献综述………………………………………………… 132
二　主要国家和地区公务员工资水平的决定………………… 134
三　现状与问题……………………………………………… 137
四　转变公务员工资水平决定和增长机制的思考与建议…… 143

医疗机构人事薪酬问题研究……………………………………… 151
一　基本情况………………………………………………… 152
二　面临的突出矛盾和问题………………………………… 156
三　国外做法与启示………………………………………… 163
四　改革目标和基本原则…………………………………… 167
五　影响因素及简要测算…………………………………… 169
六　改革方案设计及建议…………………………………… 174
七　配套改革政策和支撑条件……………………………… 185

农民工工资增长及影响因素分析………………………………… 190
一　农民工工资增长总体状况……………………………… 190
二　农民工工资增长因素分析……………………………… 194

中国图书出版行业薪酬问题研究………………………………… 200
一　文献综述………………………………………………… 201

二　我国图书出版社系统基本情况…………………………………… 201
　三　我国图书出版社系统薪酬情况…………………………………… 204
　四　我国图书出版社系统薪酬存在的问题…………………………… 205
　五　改革的指导思想和基本原则……………………………………… 207
　六　政策建议…………………………………………………………… 208

V　工资集体协商改革篇

经营困难企业工资集体协商的重点难点问题……………………………… 213
　一　困难企业经营、用工和劳动者权益状况………………………… 214
　二　困难企业集体协商中的问题与矛盾……………………………… 216
　三　原因分析与对策建议……………………………………………… 220

低收入劳动者工资权益保障研究……………………………………………… 231
　一　低收入劳动者工资权益保障的内涵和内容……………………… 231
　二　低收入劳动者的辨析……………………………………………… 233
　三　低收入劳动者工资权益保障的相关制度和法律………………… 238
　四　低收入劳动者工资权益被侵现状及成因分析…………………… 245
　五　对我国低收入劳动者工资权益保障的建议和措施……………… 260

中国集体协商中工会的代表性研究…………………………………………… 266
　一　背景及意义………………………………………………………… 267
　二　工会代表性概述…………………………………………………… 268
　三　我国工会代表性的现状及问题…………………………………… 270
　四　增强我国工会代表性的措施建议………………………………… 274

VI　最低工资调整机制篇

最低工资标准调整情况………………………………………………………… 281

- 一 经济新常态下最低工资情况分析……………………………283
- 二 新常态下完善最低工资标准调整机制的建议………………285

Ⅶ 实践篇

混合所有制企业员工持股报告………………………………………291
- 一 基本概念和理论基础……………………………………………292
- 二 发展历程和推进现状……………………………………………293
- 三 国际经验和国内实践……………………………………………297
- 四 制度体系构建及建议……………………………………………299

高温津贴标准实施情况分析……………………………………………303
- 一 实施情况及存在的问题…………………………………………304
- 二 原因分析…………………………………………………………306
- 三 对策建议…………………………………………………………307

制造业高技能人才评价与激励机制……………………………………311
- 一 发展与现状………………………………………………………312
- 二 问题、原因与挑战………………………………………………316
- 三 制度性原因分析…………………………………………………319
- 四 新趋势、新挑战和国外有益经验………………………………320
- 五 改革思路及政策建议……………………………………………321

关于工资内涵和外延界定的再认识……………………………………324
- 一 现行界定及实践背景……………………………………………325
- 二 工资管理实践深刻变化及对工资界定的要求…………………326
- 三 关于工资界定的建议……………………………………………327

Ⅷ 附 录

附录一　习近平总书记十八大以来关于收入分配改革的重要论述
　　　　（节选） …………………………………………………… 331

附录二　十八大以来党中央国务院关于收入分配改革的重要论述 ……… 335

Contents ………………………………………………………………… 338

Ⅰ 总报告

我国工资收入分配现状及改革发展趋势

谭中和　王学力　王　霞　杨飞刚　钱　诚　许英杰*

摘　要： 党中央、国务院高度重视工资收入分配工作，出台了一系列深化收入分配改革政策，使人民群众实实在在共享经济发展成果。职工工资和居民收入连续保持较快稳定增长，尤其是农民工工资、农村居民和低收入人群收入增长较快，地区之间、行业之间和不同人群之间的收入差距逐步缩小，国有企业工资确定和调整机制、最低工资确定和调整机制、国有企业负责人薪酬改革、公务员和机关事业单位工资改革以及扩大中等收入群体等改革取得重

---

* 谭中和，人社部劳动工资研究所副所长，研究员，主要研究方向为工资收入分配和社会保障；王学力，人社部劳动工资研究所综合室主任，研究员，主要研究方向为工资收入分配理论与政策；王霞，人社部劳动工资研究所一室主任，副研究员，主要研究方向为薪酬制度和劳动关系；杨飞刚，人社部劳动工资研究所研究二室副主任，主要研究方向为薪酬与绩效考核；钱诚，人社部劳动工资研究所助理研究员，主要研究方向为工资收入分配和人力资源管理；许英杰，人社部劳动工资研究所助理研究员，主要研究方向为工资收入分配和人力资源管理。

大进展。合理有序的收入分配格局正在形成。加强了工资支付保障制度和企业工资集体协商制度建设。但仍然面临一系列亟待解决的问题和矛盾，主要体现在：工资分配不合理状况没有根本改变，劳动报酬占初次分配的比重依然偏低。工资集体协商质量不高，体现劳动力市场主体双方意愿的集体协商机制还没有在企业工资决定和增长过程中发挥基础性作用，反映劳动力市场供求关系和企业经济效益的工资水平决定机制和正常增长机制尚不完善。公务员和企业相当人员工资水平调查比较制度还没有建立，机关事业单位的工资水平定位不能很好地体现单位工资性质和工作人员的人力资本价值，工资的保障与激励作用发挥不足。不同程度地存在侵害劳务派遣工等弱势劳动者合理报酬权益的现象，同工不同酬现象比较普遍，拖欠农民工工资问题尚未得到根治。与市场经济体制改革和政策职能转变相适应的工资收入分配调控机制尚不健全，国有企业工资收入宏观调控手段与建立现代企业制度的要求还不适应。今后一段时期，工资收入分配还将面临经济增长放缓抑制工资增长、经济调整转型加大工资分配结构调整的难度、企业生产经营成本上升压缩工资增长空间、职工和居民对收入增长的预期与经济增长放缓的矛盾上升等矛盾和挑战。

"十三五"时期我国工资收入分配改革的主要任务是，通过全面深化收入分配制度改革，建立反映人力资源市场供求和企业经济效益的科学的企业工资水平决定机制、正常增长机制。完善工资集体协商制度，在非国有企业和竞争性商业类国有企业推行工资集体协商制度。制度建立与国有企业负责人选任方式相匹配、与企业功能性质相适应、与经营业绩相挂钩的差异化薪酬分配办法，同时，深化国有企业内部分配制度改革，建立健全更加符合不同岗位特点、体现要素贡献的分配办法，完善劳动、技术、管理等要素参与分配的机制。完善最低工资制度，完善最低工资标准增长机制，建立健全最低工资标准评估机制。健全和完善工资收入分配法律法规。研究提出了深化工资收入分配制度改革的基本路径和策略，以及缩小工资收入分配差距的政策、措施和建议。

关键词： 工资收入分配　全国居民人均可支配收入　农民居民人均纯收入

一　工资收入分配的发展现状

（一）我国工资收入分配制度的形成和改革

"十二五"期间，党中央、国务院高度重视收入分配改革工作，不断加强收入分配顶层设计，出台了一系列政策措施。党的十八大报告及十八届三中全会通过的《中共中央关于全面深化改革若干重大问题的决定》对我国收入分配改革提出明确的目标要求，为深化工资收入分配制度改革指明了方向。党和国家领导人对央企负责人薪酬、重点群体增收、公务员工资改革以及扩大中等收入群体等问题做出了重要指示。

2011年3月，第十一届全国人民代表大会第四次会议通过《中华人民共和国国民经济和社会发展第十二个五年规划纲要》（以下简称《纲要》），《纲要》提出"加快形成合理有序的收入分配格局，努力提高居民收入在国民收入分配中的比重，提高劳动报酬在初次分配中的比重，尽快扭转收入差距扩大的趋势"等改革目标。同年，全国人大通过《中华人民共和国刑法修正案（八）》，首次提出"恶意欠薪罪"；全国人大常委会通过《个人所得税法》第六次修正案，调整了工资薪金所得税起征点；2011年7月1日，我国第一部社保领域的综合性法律《社会保险法》正式实施。上述法律法规政策对我国收入分配领域产生了较大影响。

2012年11月，中共中央总书记胡锦涛代表第十七届中央委员会作题为《坚定不移沿着中国特色社会主义道路前进　为全面建成小康社会而奋斗》的十八大报告，报告提出"到2020年实现国内生产总值和城乡居民人均收入比2010年翻一番"，这是历次党代表会上首次明确实现居民收入翻一番的目标。

2013年2月，国务院批转发展改革委、财政部、人力资源社会保障部《关于深化收入分配制度改革的若干意见》，该意见从深化收入分配制度改革的重要性和艰巨性、总体要求和主要目标、重点内容、组织领导等七个方面，对深化收入分配改革提出明确要求。国务院办公厅同时印发《关于深化收入分配制度改革重点工作分工的通知》，对贯彻落实《意见》明确分工和提出具体要求。2013年11月，中国共产党第十八届中央委员会第三次全体会议通过《中共中央关于全面深化改革若干重大问题的决定》（以下简称《决定》），《决定》提出形成合理有序的收入分配格局，着重保护劳动所得，努力实现劳动报酬增长和劳动生产率提高同步，提高劳动报酬在初次分配中的比重。健全工资决定和正常增长机制，完善最低工资和工资支付保障制度，完善企业工资集体协商制度。改革机关事业单位工资和津贴补贴制度，完善艰苦边远地区津贴增长机制。健全资本、知识、技术、管理等由要素市场决定的报酬机制。扩展投资和租赁服务等途径，优化上市公司投资者回报机制，保护投资者尤其是中小投资者合法权益，多渠道增加居民财产性收入。

2014年11月，中共中央、国务院印发《关于深化中央管理企业负责人薪酬制度改革的意见》。该意见提出要按照企业负责人分类管理的要求，合理确定国有企业负责人的薪酬结构和水平，完善综合考核评价办法，规范薪酬支付和管理，规范福利性待遇及健全监督监管机制等方面做出明确规定。

2015年4月，中共中央、国务院印发《关于构建和谐劳动关系的意见》，系统阐述了构建中国特色和谐劳动关系的重大意义、指导思想、基本原则、目标任务和政策措施。该意见提出要切实保障职工取得劳动报酬的权利，完善并落实工资支付规定，健全工资支付监控、工资保证金和欠薪应急周转金制度，探索建立欠薪保障金制度，落实清偿欠薪的施工总承包企业负责制，依法惩处拒不支付劳动报酬等违法犯罪行为，保障职工特别是农民工按时足额领到工资报酬。

（二）"十二五"期间工资收入分配取得重大成效

1. "十二五"期间国民经济保持中高速增长

"十二五"期间，我国国民经济发展成就斐然，2011~2015年GDP增长速度分别达到9.5%、7.9%、7.8%、7.3%和6.9%，由高速增长转为中高速增长。"十二五"期间，我国经济年均增长7.9%[①]，不仅高于同期世界2.5%的年均增速[②]，在世界主要经济体中也名列前茅。

2015年，我国人均国内生产总值49992元（见图1），2011年以来人均国内生产总值实际年均增长7.3%。根据世界银行数据，我国人均国民总收入由2010年的4300美元提高至2015年的7956美元[③]，在中上等收入国家中的位次不断提高。

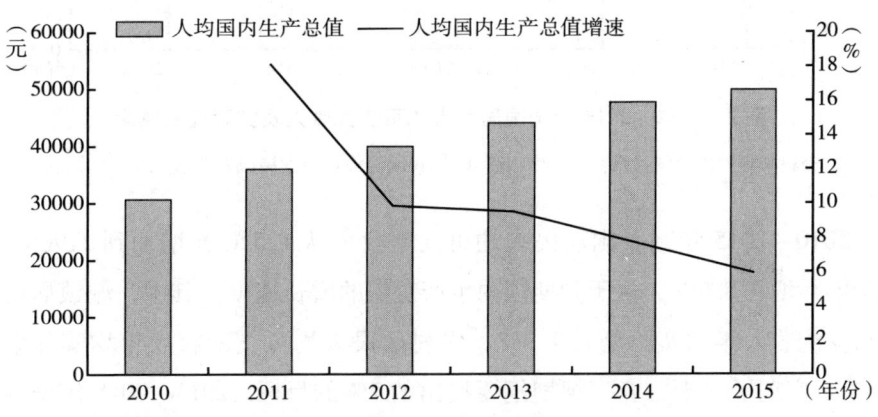

图1　2010~2015年人均国内生产总值及增长速度

资料来源：根据国家统计局相关年份统计年鉴整理。

2. 城乡居民人均可支配收入稳步增加

"十二五"以来，收入分配制度改革加快推进，收入分配调节力度明显

---

① 根据中国统计年鉴2016年数据计算。
② 《国家统计局："十二五"我国经济增速在世界名列前茅》，人民网，2015年10月14日，http://politics.people.com.cn/n/2015/1014/c1001-27695458.html。
③ 尹国涛，《从"十二五规划"的完成畅谈十八大以来我国经济建设的伟大成果》，北京老科学技术工作者总会，2017年4月10日，http://sest.bast.net.cn/art/2017/4/10/art_11249_338167.html。

加大,城乡居民收入持续较快增长,收入分配结构不断优化。"十二五"规划纲要首次提出"努力实现居民收入增长和经济发展同步、劳动报酬增长和劳动生产率提高同步"的战略目标。2011~2015年全国居民人均可支配收入及实际增长速度情况见图2。

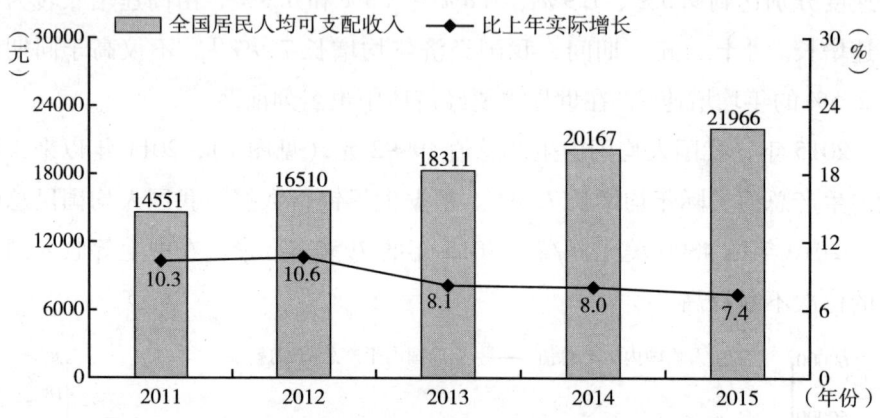

图2 2011~2015年全国居民人均可支配收入及实际增长速度

资料来源:国家统计局《"十二五"时期我国经济社会发展成就斐然》。

2010~2015年,全国居民人均可支配收入从12520元增加到21966元,年均实际增长8.9%,快于同期国内生产总值的增长速度。其中,城镇居民人均可支配收入年均实际增长7.7%,农村居民人均可支配收入年均实际增长9.6%,实现了"十二五"规划纲要提出的7%的目标。2013~2015年全国居民人均可支配收入及构成见表1,2011~2015年城乡居民收入变化情况见表2。

表1 2013~2015年全国居民人均可支配收入及构成

单位:元

指标	2013年	2014年	2015年
全国居民人均可支配收入	18310.8	20167.1	21966.2
1. 工资性收入	10410.8	11420.6	12459.0
2. 经营净收入	3434.7	3732.0	3955.6
3. 财产净收入	1423.3	1587.8	1739.6
4. 转移净收入	3042.1	3426.8	3811.9

资料来源:根据国家统计局相关年份统计年鉴整理。

我国工资收入分配现状及改革发展趋势

表2 2011~2015年城乡居民收入变化情况

年份	城镇居民人均可支配收入		农村居民人均纯收入	
	绝对数(元)	指数(1978=100)	绝对数(元)	指数(1978=100)
2011	21809.8	1046.3	6977.3	1063.2
2012	24564.7	1146.7	7916.6	1176.9
2013	26955.1	1227.0	8895.9	1286.4
2014	29381.0	1310.5	9892.0	1404.7
2015	31790.3	1396.9	10772.0	1510.1

资料来源：根据国家统计局相关年份统计年鉴整理。

3. 城镇单位职工工资保持较快增长

"十二五"期间城镇单位在岗职工平均工资水平由2011年的42452元增加到2015年的63241元，年均增长速度为11.2%（以2010年数据为基数），扣除消费物价指数影响，2011~2015年在岗职工实际工资水平年均增长率为8.2%（以2010年数据为基数）（见表3）。

表3 2011~2015年城镇单位（含私营）就业人员及在岗职工平均工资情况

单位：元

年份	城镇单位就业人员平均工资	城镇私营单位平均工资	城镇在岗职工平均工资	国有单位就业人员平均工资	城镇集体单位就业人员平均工资	其他单位
2011	41799	24556	42452	43483	28791	41323
2012	46769	28752	47593	48357	33784	46360
2013	51483	32706	52388	52657	38905	51453
2014	56360	36390	57361	57296	42742	56485
2015	62029	39589	63241	65296	46607	60906

资料来源：根据国家统计局相关年份统计年鉴整理。

私营单位就业人员平均工资水平由2011年的24556元增加到2015年的39589元，年均名义增长速度高达13.8%（以2010年数据为基数），比城镇单位在岗职工名义工资增长速度高出2.6个百分点。私营单位平均工资增速快于非私营单位。2015年全国城镇私营单位就业人员年平均工资同比名义增长8.8%（见图3），增速比2014年回落2.5个百分点，扣除物价因素，2015年全国城镇私营单位就业人员年平均工资实际增长7.2%。

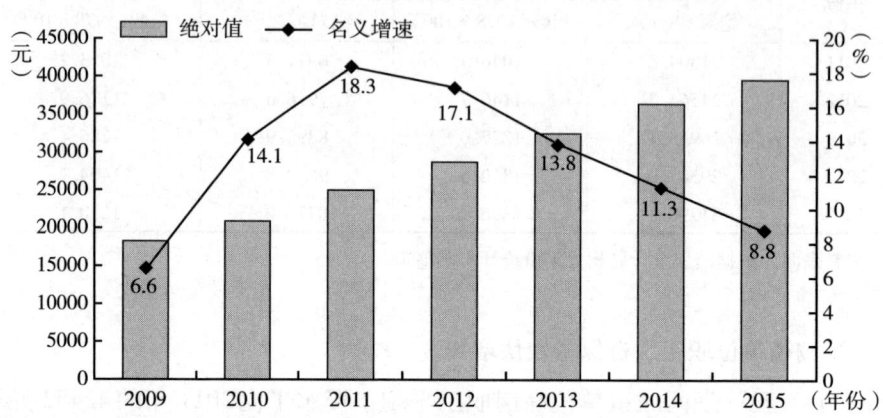

图3　2009~2015年城镇私营单位就业人员平均工资及名义增速

资料来源：国家统计局2016年城镇单位工资统计分析。

2011~2015年，全国依次分别有25个、25个、27个、19个、27个地区调整了最低工资标准，调增地区平均调增幅度分别为22.1%、20.1%、17%、14.1%、14.9%，在一定程度上促进了普通职工工资收入水平的较快增长。

4. 农民工工资实现较快增长

"十二五"期间，农民工工资稳步增长，从2011年的人均2049元/月增长到2015年的人均3072元/月（见表4），年均增速12.7%（以2010年数据为基数）。其中，东部地区农民工工资增速最快，西部地区次之，中部地区增速最慢，东部、中部与西部地区之间工资的差距由2011年的1.03倍扩大到2015年的1.1倍。

分行业看，2011年外出农民工收入水平较高的是交通运输、仓储和邮政业以及建筑业的农民工，月均收入分别为2485元和2382元；收入较低的分别是住宿和餐饮业，居民服务、修理和其他服务业以及制造业的农民工，月均收入分别为1807元、1826元和1920元。2015年，交通运输、仓储和邮政业农民工工资水平仍然排名最高，居民服务、修理和其他服务业排名靠后（见表5）。

表4 2011~2015年农民工工资水平、增速及地区差异

单位：元，%

年份	月均收入	比上年增长	东部地区	中部地区	西部地区	地区间工资比率
2011	2049	21.2	2053	2006	1990	1∶0.97∶0.96
2012	2290	11.8	2286	2257	2226	1∶0.98∶0.97
2013	2609	13.9	—	—	—	—
2014	2864	9.8	2966	2761	2797	1∶0.93∶0.94
2015	3072	7.2	3213	2918	2964	1∶0.90∶0.92

资料来源：根据国家统计局相关年份农民工监测报告整理。

表5 分行业农民工人均月收入及增幅

单位：元，%

	2014年	2015年	增长率
合计	2864	3072	7.2
制造业	2832	2970	4.9
建筑业	3292	3508	6.6
批发和零售业	2554	2716	6.4
交通运输、仓储和邮政业	3301	3553	7.7
住宿和餐饮业	2566	2723	6.2
居民服务、修理和其他服务业	2532	2686	6.1

资料来源：国家统计局《2015年农民工监测调查报告》。

5. 城乡、地区和行业工资差距不断缩小

2010~2015年，全国居民收入基尼系数从0.481下降到0.462。城乡居民收入倍数由2010年的2.99倍缩小到2015年的2.73倍。国民收入分配格局有所优化，居民可支配收入在国民可支配收入中的比重和劳动报酬在初次分配中的比重均有所提高。

"十二五"期间地区间工资分配差距有所下降。"十一五"末期的2010年，全国31个省份中，城镇单位在岗职工工资水平最高省份为最低省份的2.47倍，2011年下降到2.35倍，2012年进一步下降到2.27倍，2013年和2014年虽然又有所扩大，达到2.42倍，2015年达到2.45倍，但仍然比2010年低，总体呈降低趋势。2010年城镇私营单位就业人员工资水平最高

省份为最低省份的1.92倍，2011年和2012年均为2.05倍，2013年为2.01倍，2014年为2.02倍，2015年为2.11倍。

"十二五"期间，行业间工资差距保持平稳，总体差距缩小。2011年，分行业门类看，年平均工资最高的三个行业分别是金融业91364元，信息传输、计算机服务和软件业70619元，科学研究、技术服务和地质勘查业65238元。年平均工资最低的三个行业分别是农、林、牧、渔业20393元，住宿和餐饮业27847元，水利、环境和公共设施管理业30750元。年平均工资最高行业（金融业）与最低行业（农、林、牧、渔业）之比为4.48:1。2016年，年平均工资最高的三个行业分别是信息传输、软件和信息技术服务业122478元，金融业117418元，科学研究和技术服务业96638元。年平均工资最低的三个行业分别是农、林、牧、渔业33612元，住宿和餐饮业43382元，居民服务、修理和其他服务业47577元。最高与最低行业平均工资之比为3.64，与2015年的3.59相比，差距略有扩大。

（三）2016年工资收入分配的主要特点

1. 国有企业负责人薪酬制度改革稳步推进

2016年是各地全面落实国家《中央管理企业负责人薪酬制度改革方案》的重要一年，按照党中央、国务院关于深化中央管理企业负责人薪酬制度改革的要求，中央管理企业负责人薪酬从2015年1月1日开始，企业负责人的基本年薪已经按照有关薪酬审核部门核定的标准发放。总的来看，2016年中央企业负责人薪酬比改革前有所下降，有的下降幅度还比较大。

根据人力资源和社会保障部公开数据，自中央管理企业负责人薪酬制度改革实施以来，企业负责人的基本年薪目前已经按照有关薪酬审核部门核定的标准发放。人社部已督促各薪酬审核部门抓紧核定2015年度中央企业负责人的绩效年薪，并且按要求在本单位和企业官方网站等公开渠道向社会披露。

在地方层面，全国31个省份自2015年以来都陆续实施省管企业负责人薪酬改革。2016年，海南、甘肃、广西、西藏4个地方也公开表示，相关改革方案已出台实施。有的省份还配套出台了企业负责人绩效考核办法，以及规范企业负责人履职待遇业务支出等相关文件。

据公开资料，在全国各地实施的改革中，有河北、山西、山东、陕西、辽宁、吉林、黑龙江、江苏、浙江、江西、福建、湖北、湖南、四川、贵州、云南、广东、海南、甘肃、青海、内蒙古、新疆、西藏、广西、宁夏等25省份向社会公开了它们的改革方案，对省属国企负责人的薪酬进行合理规范。

这些方案中大多数地区都将国企负责人的基本年薪限制在了企业职工的2倍以内；同时引入任期激励收入，将包括基本年薪、绩效年薪和任期激励收入在内的3部分收入确定在了10.4倍以内。限制幅度最大的宁夏，将企业负责人的全部年薪限制在了职工的5倍左右。

2. 治理农民工工资拖欠取得显著成效

2016年1月，国务院办公厅印发《关于全面治理拖欠农民工工资问题的意见》，提出了一揽子、一系列的治标治本的解决农民工工资拖欠问题的措施。各地认真落实这个文件，取得了非常明显的成效。到2016年年底，各省区市政府普遍出台了相应实施意见，完善了工作协调机制，还有许多地区把解决农民工工资问题纳入政府考核评价范围和社会治安综合治理的考核内容，对治理拖欠农民工工资问题高度重视。为推动从全国层面切实解决拖欠农民工工资问题，国务院部署各省（区、市）开展解决拖欠农民工工资问题专项督查，全面检查各地贯彻落实国务院常务会议精神和《国务院办公厅关于全面治理拖欠农民工工资问题的意见》情况。

根据国家统计局《2016年农民工监测调查报告》的统计，被拖欠工资的农民工比重下降。2016年，被拖欠工资的农民工人数为236.9万人，比上年减少38.9万人，下降14.1%。被拖欠工资的农民工比重为0.84%，比上年下降0.15个百分点。尽管被拖欠工资的农民工人数减少了，但人均被拖欠工资的数额达到11433元，比上年增加1645元，比重增长16.8%。2016年被拖欠的工资总额为270.9亿元，比上年增加0.9亿元，比重增长0.3%；与2015年被拖欠的工资总额增长35.8%相比，拖欠情况出现好转。

2016年的劳动保障监察工作取得显著成绩,实现了"十三五"良好开局。治理拖欠农民工工资等违法问题取得新成效。2016年全国主动检查用人单位190.8万户次,办结各类违法案件32.3万件,为劳动者追发工资等待遇350.6亿元,补缴社保费17.3亿元。截至2017年春节前,共为149.6万名农民工追讨欠薪140.3亿元,2016年各地人社部门共向公安部门移送涉嫌欠薪犯罪案件5079件,公安部门立案3595件,法院一审审结1890件。人社部通过主流媒体和门户网站向社会公布了三批次欠薪违法案件,并要求各地加大欠薪案件社会公布力度,对欠薪企业形成了有力震慑。

3. 工资正常增长机制逐步完善

2016年10月,国务院印发《关于激发重点群体活力带动城乡居民增收的实施意见》(以下简称《意见》),《意见》瞄准技能人才、新型职业农民、科技人员等增收潜力大、带动能力强的七大群体,推出差别化收入分配激励政策,包括技能人才、新型职业农民、科研人员、小微创业者、企业经营管理人员、基层干部队伍、有劳动能力的困难群体等七大激励计划。

表6 2016年19省份企业工资指导线一览

单位:%

省份	上线	基准线	下线
海 南	11.3	10.4	3.5
贵 州	15.0	10.0	4.0
天 津	16.0	9.0	3.0
北 京	15.0	9.0	4.0
上 海	14.0	9.0	4.0
内蒙古	13.6	8.5	3.0
甘 肃	14.0	8.0	4.0
河 北	13.0	8.0	3.0
四 川	13.0	8.0	3.0
山 东	13.0	8.0	3.0
云 南	13.0	8.0	3.0
广 西	12.0	8.0	3.0

续表

省 份	上线	基准线	下线
福 建	12.0	8.0	2.0
新 疆	10.5	8.0	3.0
江 西	不设上线	8.0	3.0
宁 夏	不设上线	8.0	零增长
青 海	13.0	7.0	3.0
山 西	11.0	7.0	4.0
陕 西	11.0	7.0	3.0

资料来源：东方财富网。

2016年，各地通过调整工资指导线推动地区职工工资稳步增长。截至12月，已有海南、北京、山东、山西、内蒙古、天津、河北、四川、云南、陕西、江西、新疆、上海、贵州、广西、青海、福建、甘肃、宁夏等19个省（区、市）公布了今年的工资指导线（见表6）。与2015年相比，经济下行压力加大、企业发展面临多重压力的情况下，多个省份的指导线数值都有所下降。

4. 最低工资调整频率适当放缓、调整幅度合理控制

2016年，我国经济发展进入新常态的特征更加明显。各地区适当放缓调整节奏，合理控制调整幅度，全国共有9个地区调整最低工资标准，调增地区平均调增幅度为10.7%。相比较"十二五"期间，2016年最低工资标准调整节奏明显放缓，调增幅度明显降低，适应了新常态下经济下行压力较大、企业盈利能力下降的情况（见表7）。

表7　2016年全国各省份和城市最低工资标准情况一览

单位：元

地区	标准实行日期	月最低工资标准				
		第一档	第二档	第三档	第四档	第五档
北京	2016.09.01	1890				
天津	2016.07.01	1950				
河北	2016.07.01	1650	1590	1480	1380	
山西	2015.05.01	1620	1520	1420	1320	

续表

地区	标准实行日期	月最低工资标准				
		第一档	第二档	第三档	第四档	第五档
内蒙古	2015.07.01	1640	1540	1440	1340	
辽宁	2016.01.01	1530	1320	1200	1020	
吉林	2015.12.01	1480	1380	1280		
黑龙江	2015.10.01	1480	1450	1270	1120	1030
上海	2016.04.01	2190				
江苏	2016.01.01	1770	1600	1400		
浙江	2015.11.01	1860	1660	1530	1380	
安徽	2015.11.01	1520	1350	1250	1150	
福建	2015.08.01	1500	1350	1230	1130	
江西	2015.10.01	1530	1430	1340	1180	
山东	2016.06.01	1710	1550	1390		
河南	2015.07.01	1600	1450	1300		
湖北	2015.09.01	1550	1320	1225	1100	
湖南	2015.01.01	1390	1250	1130	1030	
广东	2015.05.01	1895	1510	1350	1210	
其中:深圳	2015.03.01	2030				
广西	2015.01.01	1400	1210	1085	1000	
海南	2016.05.01	1430	1330	1280		
重庆	2016.01.01	1500	1400			
四川	2015.07.01	1500	1380	1260		
贵州	2015.10.01	1600	1500	1400		
云南	2015.09.01	1570	1400	1180		
西藏	2015.01.01	1400				
陕西	2015.05.01	1480	1370	1260	1190	
甘肃	2015.04.01	1470	1420	1370	1320	
青海	2014.05.01	1270	1260	1250		
宁夏	2015.07.01	1480	1390	1320		
新疆	2015.07.01	1670	1470	1390	1310	

资料来源：人力资源和社会保障部网站。

二 我国工资收入分配改革面临的主要问题和挑战

（一）工资收入分配存在的主要问题

工资收入分配领域仍然存在一些亟待解决的问题，主要包括以下三个方面。

1. 工资分配格局的一些不合理状况没有根本改变

劳动报酬占初次分配的比重依然偏低。2015年我国劳动报酬占比虽略回升至50%以上，但低于53%的历史较高水平，比起多数发达国家和发展中国家60%上下的平均水平也还存在较大差距；2016年，平均工资最高与最低行业的差距虽然缩小到3.6倍，但这一差距仍然比多数发达国家2～3倍的水平要大；私营企业工资水平仅相当于城镇单位的64%，差距始终较大；31个省份机关事业单位工资差距高达3倍以上。

2. 工资决定和正常增长机制不健全

工资集体协商质量不高，制度不完善，体现劳动力市场主体双方意愿的集体协商机制还没有在企业工资决定和增长过程中发挥基础性作用，特别是在非公有制企业中较为突出，企业主单位方决定工资的现象普遍存在，劳动者对薪酬的合理诉求难以实现，随着社会主义市场经济体制逐步健全，国有企业改革不断深化，现行国有企业工资总额管理体制难以适应新的发展需要，国有企业工资总额管理政策不完全适应深化国有企业改革的要求，存在市场化分配程度不高、与现代企业制度不相适应、监管体制须进一步健全等突出问题，反映劳动力市场供求关系和企业经济效益的工资水平决定机制和正常增长机制没有完全形成。公务员和企业相当人员工资水平调查比较制度还没有建立，机关事业单位的工资水平定位不能很好地体现单位工资性质和工作人员的人力资本价值，工资的保障与激励作用发挥不足。

3. 工资分配秩序不规范的问题仍然存在

侵害劳务派遣工等弱势劳动者合理报酬权益的现象不同程度存在，同工不同酬现象比较普遍，拖欠农民工工资问题尚未得到根治。各地机关事业单位工资发放中存在私设项目、滥发津贴补贴项目、变相提高津贴补贴水平现象。

4. 工资收入分配宏观调控手段不完备

与市场经济体制改革和政策职能转变相适应的工资收入分配调控手段较少、体系不健全，在"扩中"方面发挥作用比较有限。工资指导线、人力资源市场工资指导价位、人工成本信息服务等不同调控政策工具的协同作用和市场引导作用发挥不够。国有企业工资收入宏观调控手段与建立现代企业制度的要求还不适应。机关事业单位工资管理体制与国家财政管理体制不相匹配。

（二）工资收入分配工作面临的主要挑战

当前和今后一个时期，我国经济发展将进入新常态，经济向形态更高级、分工更优化、结构更合理的阶段演进，为改善工资收入分配格局和提高工资收入提供了重要的机遇，但也将面临新的挑战。

一是经济增长放缓抑制工资增长。经济增长是提高工资水平的根本动能，是劳动者更好分享成果的保证。在经济新常态下，如何降低经济运行成本、保持经济中高速增长，同时又要保证劳动者工资增长合理，实现2020年全面建成小康社会的目标是当前分配工作面临的重大任务。

二是经济调整转型加大工资分配结构调整的难度。经济下行压力能够直接传导到分配环节。在有限的增量条件下，初次分配中企业、劳动者和政府三者的分配关系会出现变化，增长和分配、资本和劳动、效率和公平的分配矛盾会更加突出；部分地区产能过剩和需求结构升级矛盾突出，经济增长内生动力不足、企业生产经营困难问题集中等造成发展空间的不平衡；产能过剩行业转型阶段性影响部分劳动者获得的工资收入，而部分新兴产业创富能力较强、职工工资上涨空间较大，将进一步拉大工资收入差距，使调整工资分配格局、缩小不合理工资差距的难度增加，扩大中等收入者比重，形成"橄榄形"分配格局的任务艰巨。

三是企业生产经营成本上升压缩工资增长空间。部分行业从高利润时代向微利时代转变，使企业利润空间被大幅度压缩，从而抑制了人工成本的增加，制约了企业可分配资源的增长，会导致用工数量和工资水平增长迟缓。随着相关劳动法律法规的逐步健全，实施的力度不断加大，企业用于社会保障、教育培训、劳动保护等方面的间接人工成本的支出会整体较快增长，在短期内和一定程度上影响企业工资支付能力的提高，一些充分竞争行业、劳动密集型微利企业的成本承受能力较弱，都会影响工资水平的持续增长。

三　我国工资收入分配的改革发展趋势

（一）"十三五"工资收入分配规划的主要目标

一是城乡居民收入翻番。在提高发展平衡性、包容性、可持续性的基础上，到2020年国内生产总值和城乡居民人均收入比2010年翻一番，主要经济指标平衡协调，发展质量和效益明显提高。"十三五"时期，城镇单位在岗职工工资增长速度保持在7.3%以上。

二是收入差距缩小，中等收入人口比重上升。实行有利于缩小收入差距的政策，职工工资水平保持合理增长幅度，明显增加低收入劳动者收入，扩大中等收入者比重，提高劳动报酬占初次分配的比重和居民收入占国民收入的比重。努力缩小城乡、区域、行业、企业内部收入分配差距，各地区最低工资标准均达到并保持在当地社会平均工资水平的40%以上；重点控制垄断性高收入行业工资过快增长，城镇单位在岗职工工资最高行业与最低行业倍数降低到4倍以内；国有企业主要负责人薪酬平均水平控制在国有企业职工平均工资的10倍以内，工资收入分配关系进一步改善，不合理的工资收入差距得到进一步消除。

三是收入分配秩序明显改善，收入分配格局趋于合理。规范收入分配秩序，合法收入得到有力保护，过高收入得到合理调节，隐性收入得到有效规范，非法收入予以坚决取缔。通过不断深化收入分配制度改革，逐步形成"橄榄形"的收入分配格局。

(二)工资收入分配制度改革的主要任务

要坚持按照市场机制调节、企业自主分配、平等协商决定、政府监督指导的原则,进一步完善有关体制机制,为规范工资收入分配、增加低收入劳动者收入、扩大中等收入者比重、调整不合理的过高收入,保护合法收入提供制度保障。

第一,健全反映人力资源市场供求和企业经济效益的科学的工资水平决定机制、正常增长机制。一是要改革国有企业工资决定机制,实行国有企业工资总额分类管理办法,对部分收入过高、具有垄断性质的商业类国有企业和公益类国有企业,严格实行工资总额和工资水平双重调控政策。二是要完善工资集体协商制度,在非国有企业和竞争性商业类国有企业推行工资集体协商机制。

第二,健全国有企业负责人薪酬管理制度。建立与企业负责人选任方式相匹配、与企业功能性质相适应、与经营业绩相挂钩的差异化薪酬分配办法,按照中央改革要求严格规范组织任命负责人的薪酬,对市场化选聘的职业经理人加快建立市场化薪酬制度,实现薪酬结构合理、水平适当、管理规范,形成科学的薪酬激励和约束机制。同时,指导国有企业深化内部分配制度改革,建立健全更加符合不同岗位特点的、体现要素贡献的分配办法,完善劳动、技术、管理等要素参与分配的机制。

第三,完善最低工资制度。一是把握"保基本"功能定位,坚持从我国社会主义初级阶段基本国情出发,充分考虑国民经济转为中高速平稳增长,特别是部分小微企业经营困难的实际,统筹处理好维护劳动者权益与促进企业发展的关系。二是要完善最低工资增长机制,使最低工资标准与各地相关经济社会发展指标相协调,保证最低工资标准的长期可持续增长。三要加强最低工资标准调整的指导,进一步制度化最低工资的指导评估机制,建立事前"窗口"指导、事后备案评估的最低工资工作衔接运转机制。

第四,健全企业工资收入分配宏观指导制度。进一步完善工资指导线制度,加快建立统一规范的企业薪酬调查和信息发布制度,为企业合理进行工资收入分配提供信息引导和服务。

第五,健全工资分配法治保障。要尽早出台工资法(条例)、工资集体协商条例、工资支付保障条例等法律法规;进一步修订完善最低工资立法等法律法规,探索国有企业工资管理、工资宏观调控体系等领域立法的可行性;加强协调劳动关系三方协商机制建设,完善协调处理工资集体协商争议的办法,有效调处相关争议和集体停工事件;做好行政执法和刑事司法的衔接工作,加大劳动保障监察对违反最低工资制度、工资拖欠案件的查处力度。

(三)深化工资收入分配制度改革的基本路径和策略

基本路径是,从增加居民的劳动收入、财产性收入和转移性收入等方面综合施策,从初次分配调节和再分配调节两个环节同时着力。首要任务还是要努力实现工资收入翻番和缩小差距。虽然近年来居民的财产性收入和转移性收入比重逐渐增加,但城镇居民的绝大部分收入仍然来自于劳动报酬,农村居民收入的50%以上也来自工资性收入。

主要策略是,一是坚持"两同步"原则,即坚持居民收入增长和经济增长同步、劳动报酬提高和劳动生产率提高同步。二是科学处理好政府和市场的关系。一方面,要充分尊重企业的分配主体地位,由企业根据劳动力供求关系和经济效益自主确定工资,政府一般不直接干预企业工资收入分配,进一步使市场在工资收入分配中起决定性作用。另一方面,政府也要有所作为,但主要不是靠层层实行行政指令的方式去作为,而是按照更好发挥政府作用的要求,重点在"完善市场评价要素贡献并按贡献分配的机制"上下功夫,加快完善人力资源市场等市场体系,加大行政垄断行业改革力度,规范市场化分配的制度环境,同时综合运用法律、经济、信息手段以及必要的行政手段进行必要的调控,有效解决生产要素配置低效率和收入分配不公问题。三是既要维护职工劳动报酬权益,又要促进就业。要始终优先把就业放在最重要的位置,坚持劳动报酬提高和劳动生产率提高同步,避免因工资收入增长过快给企业带来压力甚至导致失业,进一步扩大工资收入差距。

四 缩小工资收入分配差距的政策建议和措施

（一）持续完善工资宏观调控政策体系

加强工资指导线制度建设。持续优化工资指导线决定机制，为推动工资指导线制度缩小工资收入分配差距提供制度保障。建立工资指导线全国协调机制，合理收窄不同区域工资增长基准水平差距，调节不同区域工资收入分配差距。探索不同行业工资指导线确定机制，建立工资指导线行业协调机制，合理收窄不同行业工资增长基准水平差距，调节不同行业工资收入分配差距。探索不同所有制企业工资指导线确定机制，为相同行业不同所有制企业合理调整工资增长提供指导，调节不同所有制企业工资收入分配差距。科学确定工资增长基准线、上线、下线，合理调节不同企业工资收入分配差距。适应资本性收入、股权收入等收入多元化的现实，研究扩大工资收入调控指导范围，提升工资指导线对各类工资收入合理增长给予调控指导的实际功能。

加强劳动力市场工资指导价位制度建设。进一步深化、细化劳动力市场工资指导价位，持续推出基于行业、所有制、规模等的指导价位，提升劳动力市场工资指导价位对于劳动力跨行业、跨所有制、跨企业规模流动的引导作用，调节行业、所有制、不同规模企业工资收入分配差距。进一步优化基础信息统计调查流程，及时做好劳动力市场工资指导价位的制定和发布工作，提高时效性；进一步加大宣传力度、优化基础信息的审核工作，推动企业提供工资数据的真实性和准确性；进一步深挖劳动力市场工资指导价位统计数据，进一步扩充工资指导价位内容序列，将不同职业的企业报价、求职者报价、市场均衡价、市场最低价、市场最高价等纳入统计调研和披露序列，最大限度地发挥工资指导价位服务企业招聘、服务劳动者选择职业的信号作用，切实推动不同职业劳动力的正常流动，合理配置劳动力资源，调节不同职业劳动力的工资收入分配差距。

加强企业人工成本预测预警制度建设。持续加强企业人工成本预测预警制度建设，优化调查方法，加大对企业的宣传力度，及时披露人工成本预测预警信息，提升人工成本数据的代表性、真实性和及时性，为行业企业开展人工成本管理、调节人工成本提供参考，逐步缩小工资分配的区域差距、行业差距、企业差距。

加强最低工资保障制度建设。完善最低工资保障制度，引导各地区合理有序地调节最低工资标准，稳步提升低收入群体的工资水平，切实保障低工资收入群体的基本生活与合法权益。加强地区之间最低工资标准调整的相互协调，透过最低工资推动经济单位向低收入地区合理流动，提升低收入地区整体收入水平，调节地区之间工资收入差距。

加强相关执法监督检查制度建设，及时处理劳动违法、违规事件，保障企业正常支付员工工资，避免因工资拖欠所导致的工资分配差距的产生。

（二）不断健全工资正常增长和决定机制

不断深化工资收入分配制度改革，建立健全劳动力市场，提升工资收入分配的市场化水平，建立市场化的工资决定机制，推动员工工资决定切实反映劳动力市场的供需关系及其变化，透过劳动力市场价格信号，实现劳动力由低工资部门向高工资部门流动、由低工资行业向高工资行业流动、由低工资区域向高工资区域流动，缓解工资收入分配差距。

积极鼓励企业加强内部工资分配制度改革，着力建立健全员工工资同企业经济效益、企业劳动生产率直接联系的制度，在企业经济效益提高或企业劳动生产率提高的同时，提高员工工资，保证员工工资增长同企业经济效益和劳动生产率相协调，形成员工工资增长对于员工工作积极性的强有力激励。

（三）进一步推进重点群体工薪收入增长

深入推进创新创业战略，持续提升就业水平，增加劳动力需求，实现劳动力市场在更高工资水平的均衡。不断推进低收入群体向中等收入群体流动，扩大中等收入群体规模，实现更多的低收入群体转为中高收入群体；缩小低收入群体规模，提升低收入群体工资水平。

推进财政制度改革，降低中低收入群体税收负担，通过税收为中低收入群体让利，提高中低收入者收入水平。持续为小微企业提供税收优惠政策，推出小微企业友好型融资政策，促进小微企业更好发展，间接提升中低收入群体的就业水平和收入水平。

编制、实施针对中低收入群体尤其是低收入群体的培训计划。着力提高中低收入群体的技能水平和就业能力，增加中低收入群体的人力资本，最终实现中低收入群体劳动生产率和收入水平的双提升。

（四）深入推进国有企业工资管理制度改革

改革和完善国有企业工资决定机制。从我国社会主义初级阶段基本国情出发，适应国有企业的本质属性和国企改革进程，建立健全与劳动力市场基本适应、与企业经济效益和劳动生产率挂钩的工资决定和正常增长机制，维护国有资产所有者权益，规范收入分配秩序，形成既有激励又有约束、既讲效率又讲公平、既符合企业一般规律又体现国有企业特点的工资分配机制，激励国有企业活力，发挥国有企业在收入分配中的示范引领作用，推动形成合理有序的收入分配格局。

全面调整国有企业工资薪酬结构。利用全面深化国有企业改革的契机，依托同业对标、劳动力市场价位、劳动力市场供需情况等，科学确定员工直接薪酬，减少福利等间接薪酬比例，形成合理的国有企业工资薪酬结构，合理调节国有企业和非国有企业工资收入分配差距。

持续完善国有企业薪酬体系。鼓励国有企业根据公司业务的发展变化，深入开展工作岗位研究工作，通过开展岗位的分析、评价、评定，进一步明确工作岗位内容、任职资格等，科学确定岗位等级序列，完善岗位工资制度，形成以岗位工资制度为基础的新型薪酬体系，充分发挥薪酬制度的激励效果，为调节国有企业员工工资收入分配提供支撑。

完善国有企业绩效考核体系。推进国有企业分类考核，主业处于充分竞争行业和领域的商业类国有企业，重点考核经营业绩指标、国有资产保值增值和市场竞争能力；主业处于关系国家安全、国民经济命脉的重要行业和关键领域、主要承担重大专项任务的商业类国有企业，在考核经营业绩指标和国有资产保值增值情况的同时，加强对服务国家战略、保障国家安全和国民经济运行、发展前瞻性战略性产业以及完成特殊任务的考核；公益类企业重点考核成本控制、产品服务质量、营运效率和保障能力。推进全员绩效考核，以业绩为导向，科学评价不同岗位员工的贡献，合理拉开收入分配差距，切实做到收入能增能减和奖惩分明，充分调动广大职工积极性。推进国有企业结合岗位工作实际，建立客观的、规范化的、定量化的考核标准，切实实现员工考核同岗位工作内容的契合；推动国有企业基于员工贡献和创造价值，开展客观、公正的员工绩效考核；鼓励国有企业建立健全基于绩效的薪酬制度体系，形成对员工积极工作的全方位和更有效的激励。

（五）加强工资立法

加快修订完善《劳动法》和《劳动合同法》，加强工资收入分配的法制化建设。进一步提升工资相关规定的立法层次，在加大《最低工资规定》《工资支付暂行规定》《建设领域农民工工资支付管理暂行办法》《工资集体协商试行办法》等规章条例执法力度的基础上，着力提高立法层次，增强相关规定的约束力。适时制定并颁布《工资法》《社会保障法》《工资集体协商法》等法律法规，系统发挥国家的立法、司法和行政权威，规范工资收入分配行为，形成对"工资收入分配"等领域的企业违法、违规行为的极大威慑，提升对企业员工尤其是低收入员工的保护力度，提高收入水平。

五 深化工资收入分配需要处理好的几个关系

一是注意处理好工资增长与劳动生产率增长的关系。工资增长高于或低于劳动生产率增长，从长远看都是不可持续的；只有工资增长与劳动生产率同步协调增长，二者才能相互促进，共同促进国民经济发展。但是，国家在经济发展的不同时期，应该执行不同的政策。在改革开放初期，我国经济发展面临的最大问题是投资资金不足，企业规模小，效益低，这时候执行工资增长低于劳动生产率增长的措施，对促进国民经济发展，实现国有企业做大做强，切实保障职工的长远利益，是非常必要的。随着我国进入经济新常态时期，经济增速趋缓，经济下行压力较大，这时候就需要执行工资增长与劳动生产率同步的措施，提高职工收入，扩大内需，改变内需不足的困境，促进国民经济良性发展。

1992年，国务院发布的《全民所有制工业企业转换经营机制条例》提出"两低于"原则，"企业必须坚持工资总额增长幅度低于本企业经济效益增长幅度、职工实际平均工资增长幅度低于本企业劳动生产率增长幅度"。"两低于"原则在我国执行了20年，在促进我国国有企业从小到大，从弱到强方面发挥了历史性作用。但是，长期实行"两低于"原则，劳动者实际获得的工资收入长期低于其价值创造与价值贡献。随着我国经济发展，劳动者收入偏低，内需不足的矛盾凸显出来。为此，2012年，党的十八大明确提出"两同步"原则，"坚持居民收入增长和经济增长同步、劳动报酬提高和劳动生产率提高同步"。"两同步"取代"两低于"后，劳动要素获得的收益会有较大提高，将从根本上解决劳动者收入偏低问题，收入提高扩大内需，形成经济发展与工资增长的良性循环。

二是注意处理好提高职工工资收入水平与降低企业成本的关系。直观上看，职工工资收入水平与企业成本之间是正相关关系，职工工资收入水平高，企业成本高；职工工资收入水平低，企业成本低。但是，实际情况不尽如此。一方面，职工工资收入水平过低，企业吸引人才、留住人才的难度将大大增加，职工工作积极性不高，士气不振，企业运行效率将大大降低，企业运行成本也会不断提高。长此以往，将会形成职工工资低、企业成本高、企业效益不好、进一步降低职工工资的恶性循环。另一方面，职工工资水平过高，企业成本过高，没有经济效益，也是不可持续的。

因此，在工资收入分配制度改革过程中，不能简单地为了降低企业成本就单方面降低职工工资或执行降低职工工资的政策，也不能不考虑企业成本单方面提高职工工资或执行提高职工工资的政策。而是要辩证处理职工工资收入水平与降低企业成本关系，在收入分配制度改革及政策置顶过程中，通过深入调研和细化研究，保持职工工资收入水平处于一个合理水平，既要在企业可承受范围内，又要能够有利于企业吸引和留住人才，提高职工士气，促进企业与员工双赢良性发展。

三是注意处理好最低工资增长与经济增长间的关系。一方面，最低工资增长，可以保障和改善低收入者生活，调动低收入群体的工作积极性，促进经济增长；另一方面，最低工资增长可能给劳动密集型企业增加负担，间接影响就业。因此，要正确处理最低工资增长与经济增长的关系，最低工资增长既要满足低收入劳动者及其赡养人口的基本生活需要，也要加强最低工资标准调整与人均 GDP 增长、劳动生产率提高相协调，不影响甚至促进经济发展。

在收入分配制度改革过程中，要结合经济新常态时期的特点来完善最低工资增长机制，建立最低工资评估机制。在经济下行压力依然较大的背景下，"兜底线、差别化、可持续"将成为未来一个时期最低工资调整的基本原则，尤其需要对最低工资标准调整频率和幅度进行更审慎的判断，科学处理最低工资增长和经济增长关系，实现最低工资增长与经济增长相协调、相促进。

参考文献

[1] 贾理奇、廖辉：《国有企业工资总额调控的问题及对策分析》，《华北电力大学学报》（社会科学版）2008 年第 6 期。

[2] 刘俊茹、吴海云：《国有企业工资总额预算管理改革探索》，《中国劳动》2005 年第 11 期。

[3] 王红茹：《央企工资将被"双控"助长垄断行业高收入、加剧行业收入差的"工效挂钩制"将寿终正寝》，《中国经济周刊》2009 年第 42 期。

[4] 田园、林玳玳、高毅蓉：《对垄断性国有企业进行工资调控的几个视角》，《生产力研究》2008 年第 7 期。

[5] 邱健：《关于在煤炭企业内部实行工效挂钩的研究》，《现代物业》（中旬刊）

2010年第9卷第3期。

[6] 李汝萍:《国有企业工资总额改革路在何方》,《现代商业》2009年第4期。

[7] 朱琪、陈乐优:《垄断企业工资分配的规制合谋》,《经济社会体制比较》2009年第1期。

[8] 国有企业工资收入分配调研组、李东明:《北京市部分国有企业收入分配问题的调查与思考》,《北京市工会干部学院学报》2006年第2期。

[9] 亓长东:《大型企业集团分配控制和激励改革研究》,《经济研究参考》2003年第17期。

[10] 曹秋丽:《构建具有激励约束机制的国有企业工资制度模式研究》,《科技促进发展》2009年6月。

[11] 唐伶:《国有企业工资制度改革的回顾与思考》,《特区经济》2010年第6期。

[12] 王星丽:《国有企业如何建立合理的薪酬管理体系》,《市场周刊》(研究版),2005年第4期。

[13] 杨美成:《国有企业收入分配制度变迁及思考》,《中国集体经济》2009年第8期。

[14] 聂淼:《国有企业收入分配中存在的问题分析》,《商场现代化》2008年第23期。

[15] 孙文斌:《国有企业薪酬管理现状和解决方法》,《企业导报》2010年第5期。

[16] 丁志强:《国有企业薪酬制度存在的问题及对策》,《当代经济》2004年第7期。

[17] 丁志强:《国有企业薪酬制度存在的问题及对策2》,《当代经济》2004年第7期。

[18] 黄跃明:《国有企业薪酬制度改革探析》,《科技情报开发与经济》2010年第20卷第5期。

[19] 四川省国资委课题组、彭渝、梁志仓、骆筱虹:《深化国有企业收入分配制度改革问题研究——基于四川省属国有企业收入分配情况的调查与思考》,《调查与思考》2009年第4期。

[20] 周连婷:《谈国有企业工资制度》,《时代经贸》(下旬刊)2007年第3期。

[21] 宋晶、刘明、任冰:《完善国有企业薪酬制度的几点思考》,《大连海事大学学报》(社会科学版)2009年第10期。

[22] 宋宝福、曹健、徐龙臣:《关于国有企业工资总额预算管理的探讨》,《中国集体经济》2017年第7期。

[23] 朱石磊:《河南能化集团调整优化薪酬结构》,《中国煤炭报》2017年第2期。

[24] 吴向军:《浅谈国资委监管企业工资总额预算管理》,《企业研究》2012年第22期。

[25] 王一农:《国有企业工资总额预算管理的深化和拓展》,《中国人力资源开发》

2014年第14期。
[26] 刘颖：《论央企工资总额预算管理制度中的问题及对策》，《人力资源管理》2016年第6期。
[27] 马小丽：《企业如何对工资总额进行有效管理》，《中国劳动》2016年第2期。
[28] 左宏：《国有企业工资总额确定方法的改革思路》，《经济研究参考》2008年第70期。
[29] 宋晶、孟德芳：《企业工资决定：因素、机制及完善对策研究》，《财经问题研究》2013年第5期。
[30] 邢春冰：《不同所有制企业的工资决定机制考察》，《经济研究》2015年第6期。
[31] 刘俊茹、吴海云：《国有企业工资总额预算管理改革探索》，《中国劳动》2005年第11期。
[32] 卢锋：《我国劳动生产率增长及国际比较（1978~2004）》，北京大学中国经济研究中心讨论稿（No. C2006004），2006。
[33] 卢锋：《我国工资与劳动力成本变动及国际比较（1978~2004）》，北京大学中国经济研究中心讨论稿（No. C2006008），2006。
[34] 都阳、曲玥：《劳动报酬、劳动生产率与劳动力成本优势——对2000~2007年中国制造业企业的经验研究》，《中国工业经济》2009年第5期。
[35] 曲玥、都阳：《中国制造业竞争优势与产业结构的转型升级研究》，《改革与战略》2014年第10期。
[36] 曲玥、蔡昉、张晓波：《"飞雁模式"发生了吗？——对1998~2008年中国制造业的分析》，《经济学》（季刊）2013年第3期。
[37] 曲玥：《制造业产业结构变迁的路径分析——基于劳动力成本优势和全要素生产率的测算》，《世界经济文汇》2010年第6期。
[38] 魏浩、郭也：《中国制造业单位劳动力成本及其国际比较研究》，《统计研究》2013年第8期。
[39] 魏浩、李翀：《中国制造业劳动力成本上升的基本态势与应对策略》，《国际贸易》2014年第3期。
[40] 王燕武、李文博、李晓静：《基于单位劳动力成本的中国制造业国际竞争力研究》，《统计研究》2011年第10期。
[41] 姚先国、曾国华：《劳动力成本对地区劳动力生产率的影响研究》，《浙江大学学报》（人文社会科学版）2012年第5期。
[42] 罗来军、史蕊、陈衍泰、罗雨泽：《工资水平、劳动力成本与我国产业升级》，《当代经济研究》2012年第5期。
[43] 金三林、朱贤强：《劳动力成本上升对制造业出口竞争力的影响》，《开放导报》2013年第1期。

［44］曾国华、王跃梅：《劳动力成本与工业竞争力——理论模型及实证检验》，《财经论丛》2011年第3期。

［45］王万珺、沈坤荣、叶林祥：《工资、生产效率与企业出口——基于单位劳动力成本的分析》，《财经研究》2015年第7期。

［46］张国庆、林玳玳：《劳动报酬的提高必然降低我国劳动力成本优势吗——基于2002年以来我国制造业的数据分析》，《宏观经济研究》2016年第9期。

Ⅱ 国有企业改革篇

国有企业薪酬制度改革报告：
平衡企业效率与社会公平

常风林*

摘　要： 改革开放以前，中国国有企业工资分配的显著特征是长期实行平均主义色彩浓厚的"低工资"制度。改革开放以来，国有企业工资制度演进的总体趋势是市场化，以持续完善市场化薪酬分配机制从而提高企业效率为主线。但是，由于国有企业长期以来一直承担经济发展战略引领和促进社会公平的双重作用，近年来国有企业薪酬改革在强调企业效率的同时，更多地突出了促进社会公平的政策导向。总体而言，1978～2015年中国国有企业薪酬制度改革的逻辑主线是持续平衡企业效率与社会公平，"十三五"时期乃至未来更长的一段时间，国有企业薪酬制度改革仍必须面对和妥善解决企业效率

---

* 常风林，人社部劳动工资研究所综合室副主任，副研究员，主要研究方向为企业工资收入分配、高管薪酬激励约束机制、公司治理、财政税收政策等。

与社会公平的"两难"挑战。

关键词： 国有企业　薪酬制度　企业效率　社会公平

国有企业是我国国民经济的重要支柱，长期以来一直承担着经济发展战略引领和促进社会公平的双重作用。改革开放以来，中国国有企业薪酬制度随着国家发展战略、政府国有资产管理体制、国有企业管理体制等的变化而发生了深刻变化。

一　改革开放以来国有企业薪酬制度改革基本情况

改革开放以来，国有企业薪酬制度的重大变革大致可概括为四个阶段。

（一）1983~1992年，在"政企分开"改革背景下，国企薪酬制度改革以克服计划经济体制下的平均主义分配导向、初步体现企业工资分配与经济效益挂钩为主线

经过1956~1976年"工资冻结的20年"[①]后，随着1978年开始改革开放，为了调动国有企业劳动者的积极性，克服平均主义，国家对职工工资[②]进行了一系列调整，"文化大革命"期间被废止的按劳分配工资制度、计件工资制度和奖励制度等逐渐得到恢复。

1979年7月，国务院发布了《关于扩大国营工业企业经营管理自主权的若干规定》，国有企业获得了一定的经营自主权和部分分配决策权。

[①] 《居民收入差距的来龙去脉》，载赵人伟，《紫竹探真：收入分配及其他》，上海远东出版社，2007，第139页。这是同"大跃进"和"文化大革命"造成的特殊背景有关的，可以说是计划经济的中国式特殊形态所产生的特殊现象。

[②] 由于理论和实践中对工资、薪酬不同人员称谓主要依据个人偏好，尽管现有国家政策框架中工资、薪酬的定义不尽相同，但由于对本研究报告的研究内容没有根本影响，因此本报告中对企业工资、薪酬等说法不作区分。

1981年起，以《关于实行工业生产经济责任制若干问题的意见》和《关于当前完善工业经济责任制的几个问题的报告》为代表，中央政府决定在全国实行工业经济责任制。国家和企业的分配关系得到确立：一是利润留成和利润包干；二是盈亏包干；三是以税代利，自负盈亏。这使得国有企业的奖励分配权得到进一步扩大，同时计件工资制和个人业绩在工资中逐渐得到体现。这使得国有企业的员工工资与个人贡献开始挂钩，提高了员工工作的积极性。但由于奖励的额度不大，与企业总体经营的业绩好坏仍没有紧密联系起来。

1983年国务院批转劳动人事部《关于一九八三年企业调整工资和改革工资制度问题的报告》，其基本原则是"调整工资必须实行调改结合的方针，把调整工资和改革工资制度结合起来，把调整工资同企业经济效益的好坏、同职工个人劳动成果的大小挂起钩来，并在国家计划安排的工资增长指标范围内，在提高经济效益的基础上，通过调整工资和改革工资制度，使企业的多数职工能够在一九八三、一九八四两年内增加工资，部分工资偏低、起骨干作用的中年知识分子较多地增加工资。"这次工资制度调整，不仅提高了职工的工资水平，而且通过实施"调整工资要同企业的经济效益相结合"，为国有企业的工资决定初步引入了市场因素。

1984年10月，在党的十二届三中全会通过的《中共中央关于经济体制改革的决定》中，提出了国有企业工资分配的具体规定，包括由企业根据经营状况自行决定企业职工资金，使企业职工的工资和奖金同企业经济效益的提高更好地联系起来。

1985年1月，国务院印发《关于国营企业工资改革问题的通知》（国发〔1985〕2号），标志着全国第三次全国性工资改革的全面展开。这次工资改革的主要特征，是国家将工资决定权逐渐下放给企业，开始实行国有企业工资总额与经济效益挂钩即所谓"工效挂钩"[①]，国家只管控国有企业的工资

---

① 工效挂钩的主要做法是将企业工资总额增长与企业的经济效益增长紧密联系起来，由政府有关部门逐年核定企业工资总额基数、经济效益基数和挂钩比例（两基数、一比例）。

总额，不再统一安排企业内部的工资调整。国有企业拥有分配自主权，可以自主确定企业内部的工资制度。

"工效挂钩"制度进一步加大了企业经营业绩与工资的联系，但企业还是不能自主决定企业工资总额，只能采取与经济效益挂钩的办法。政策具体化为工资总额与利润总额的挂钩，或工资总额增长与利润总额增长的挂钩，一般做法是利润总额每增长1%，工资总额增长0.65%~0.75%。[①] 截至1987年，全国大部分国有企业已实行工资总额与经济效益挂钩的工资总额管理办法。

1992年，国务院《全民所有制工业企业转换经营机制条例》第十九条进一步明确规定"企业享有工资、奖金分配权。企业的工资总额依照政府规定的工资总额与经济效益挂钩办法确定，企业在相应提取的工资总额内，有权自主使用、自主分配工资和奖金。"

工效挂钩制度本质上是与国有企业经营承包责任制相匹配的工资分配制度，由于这一时期资源的配置仍由国家控制，企业利润等经济效益指标受国家政策支配，企业的利润并不是在市场竞争中通过市场机制形成的，因此导致工效挂钩仍具有计划经济的色彩，同时，由于各个企业之间经济效益横向比较的可比性较差，导致企业只能与自身的历史利润情况做纵向对比，这就需要逐步核定企业工资总额和经济效益基数及比例，这就避免不了国有企业与政府主管部门之间的讨价还价和行政协调。同时，工效挂钩也是20世纪80年代后期以来国有企业之间工资攀比和"工资侵蚀利润"的主要原因。另外，这一期间，国有企业领导人尽管尚不敢把自己的薪酬与普通职工的收入拉得太大，以免激化矛盾，但是为了弥补现金薪酬激励的不足，隐性收入与职务消费急剧增加。

1985~1992年，国有企业工效挂钩的工资制度基本构建了"国家宏观调控、分级分类管理、企业自主分配"的工资分配制度。工效挂钩制度实际上一直持续到2009年各级国资委的工资总额预算管理制度开始实施。

---

① 宋晓舒：《我国现阶段国有企业工资制度研究》，博士学位论文，吉林大学，2013。

(二)1993~2002年,国企"产权改革"背景下,国企薪酬制度改革尤其是国企负责人薪酬制度以进一步体现市场化分配机制为主线

1992年,原劳动部发布《关于从一九九三年起普遍实行动态调控的弹性劳动工资计划的通知》(劳计字〔1992〕82号),规定从1993年起,在全国各省、自治区、直辖市及计划单列市普遍实行动态调控的弹性劳动工资计划,即劳动部对各地区不再下达指令性的年度职工人数、工资总额和技工学校招生等计划指标,而将这些指标都改为指导性计划,主要以弹性计划对地区企业工资总额实行动态比例控制。实施弹性计划后,国家将按照投入产出的综合效益指标调控地区企业工资总额,通过调控工资总额间接调控职工人数。

为充分发挥国有企业管理者的积极作用,打破平均主义大锅饭的制约,这一期间,国有企业高管的工资分配制度开始发生重大变化。1992年,原劳动部和国务院经济贸易办公室下发了《关于改进完善全民所有制企业经营者收入分配办法的意见》,提出要对承包经营企业、租赁经营企业及其他经营形式企业的经营者在实绩考核的基础上确定经营者年收入。1992年,上海市轻工局选定所属的上海英雄金笔厂等3家企业在全国率先试行年薪制。1993年,国家开始在部分国营企业试行经营者年薪制,对经营者年薪结构进行了初步划分,并规定了年薪总额的上限。1994年9月,深圳市出台了《企业董事长、总经理年薪制试点办法》,随后,四川、江苏、北京、河南、辽宁等省市也开始了年薪制试点。

1995年6月,为配合现代企业制度试点工作,劳动部和国家经贸委联合下发的《现代企业制度试点企业劳动工资社会保险制度改革办法》(劳部发〔1995〕258号)明确规定试点企业的"企业经营者试行年薪制。经营者年薪与职工工资收入分离,与企业生产经营成果(主要依据利润或减亏指标)、责任、风险和资产保值增值相联系。实行公司制的企业,经营者年薪由企业董事会确定,劳动行政部门应对经营者年薪水平提出指导意见;未实行公司制的企业,经营者年薪由劳动行政部门会同经贸、财政部门确

定。"年薪制的实行逐渐将经营者年薪和工人工资收入相分离,而与企业生产经营效果和资产保值增值相联系。经营者收入分为基本工资和风险收入两部分,基本工资不与效益挂钩,主要根据企业规模和效益、地区收入水平等因素确定,按月发放。风险收入与企业经营业绩挂钩,每年年终企业经济效益核算后一次发放。年薪制的实行对企业经营者起到一定的激励作用,但也存在一些负面影响。

1999年9月22日,党的十五届四中全会通过的《中共中央关于国有企业改革和发展若干重大问题的决定》明确提出:"建立与现代企业制度相适应的收入分配制度,在国家政策指导下,实行董事会、经理层等成员按照各自职责和贡献取得报酬的办法;企业职工工资水平,由企业根据当地社会平均工资和本企业经济效益决定;企业内部实行按劳分配原则,适当拉开差距,允许和鼓励资本、技术等生产要素参与收益分配。"

国家经贸委、人事部、劳动和社会保障部2001年3月13日发布的《关于深化国有企业内部人事、劳动、分配制度改革的意见》(国经贸企改〔2001〕230号)中提出,"企业职工工资水平,在国家宏观调控下由企业依据当地社会平均工资和企业经济效益自主决定。"

(三)2003~2012年,国企"国资管理"体制改革背景下,国企薪酬制度改革以工资分配与经济效益紧密挂钩、着力提高企业经济效率为主线

2003年,国务院国资委及地方政府国资委相继成立,国务院和地方人民政府依照法律、行政法规的规定,分别代表国家对国家出资企业履行出资人职责,享有出资人权益。《关于印发国资委监管企业工资分配管理工作交接有关问题纪要的通知》(国资厅分配〔2003〕34号)规定,国资委承担其监管国有企业工资分配管理职能,主要包括"(一)拟订国资委监管企业经营者收入分配政策,审核国资委监管企业主要负责人工资标准。(二)审核国资委监管企业工资总额工作,包括工资总额计划和工效挂钩方案。(三)指导国资委监管企业内部分配制度改革工作"等。2003年年底,国务

院国资委颁布了《中央企业负责人经营业绩考核暂行办法》（国资委令第2号），2004年出台了《中央企业负责人薪酬管理暂行办法实施细则》，对企业负责人实行了以业绩为导向的年度薪酬制度。

2010年5月25日，国务院国资委印发《中央企业工资总额预算管理①暂行办法》（国资发分配〔2010〕72号），规定中央企业围绕发展战略，依据年度生产经营目标、经济效益情况和人力资源管理要求，对年度工资总额的确定、发放和职工工资水平的调整，做出计划安排并进行有效控制和监督。国资委对中央企业工资总额预算实行核准制和备案制（针对法人治理机关健全、内部自我约束机制完善等具备条件的中央企业），企业根据生产经营特点与内部绩效考核制度、薪酬分配制度，自行决定所属企业工资总额调控方式、内部收入分配结构和水平。

（四）2013年以来，在国企"国资管理"体制改革背景下，在仍然强调企业效率的同时，国企薪酬制度改革更多突出以缩小收入差距、促进社会公平为主线

2013年11月12日，党的十八届三中全会《中共中央关于全面深化改革若干重大问题的决定》提出，要"形成合理有序的收入分配格局"，"规范收入分配秩序，完善收入分配调控体制机制和政策体系，建立个人收入和财产信息系统，保护合法收入，调节过高收入，清理规范隐性收入，取缔非法收入，增加低收入者收入，扩大中等收入者比重，努力缩小城乡、区域、行业收入分配差距，逐步形成橄榄形分配格局"。

对于企业（包括国有企业）、企业职工等市场主体，要"推动国有企业完善现代企业制度""健全资本、知识、技术、管理等由要素市场决定的报酬机制""积极发展混合所有制经济""允许混合所有制经济实行企业员工持股，形成资本所有者和劳动者利益共同体"。

---

① 其主要方法是国有企业围绕发展规划，依据年度生产经营目标、经济效益情况和人力资源管理需要，对年度工资总额的确定、发放和职工工资水平的调整，做出计划安排，国有资产监管机构依法行使出资人职责，对出资国有企业工资总额进行审批确定。

对于国有企业高管,要"健全协调运转、有效制衡的公司法人治理结构。建立职业经理人制度,更好发挥企业家作用。深化企业内部管理人员能上能下、员工能进能出、收入能增能减的制度改革";明确要求"国有企业要合理增加市场化选聘比例,合理确定并严格规范国有企业管理人员薪酬水平、职务待遇、职务消费、业务消费。"①

概括而言,改革开放以来,国有企业工资制度演进的总体趋势是市场化,国有企业工资分配的主体由国家(中央政府和各级地方政府)逐步演变为国有企业自身,国有企业分配制度由国家通过政策、规章制度管制每一个职工工资标准及工资增长,发展到国家只调控国有企业工资总额而国有企业内部在工资总额限额内完全自主分配。总体而言,这是一个逐步市场化的过程,也是中国逐步确立社会主义市场经济体制的内在要求。

二 "十二五"时期国有企业薪酬制度改革的主要内容与成就

(一)国有企业工资决定机制和内部自主分配机制趋于完善,薪酬分配的自主决定权得到了较好体现

总体而言,目前国有企业工资决定机制遵循出资者决定企业工资总额、企业在工资总额范围内自主分配的工资决定机制。

目前,国有企业设立的法律依据可分为两类。一是根据《中华人民共和国公司法》(以下简称《公司法》)②设立。《公司法》第三十七条第(五)款规定,股东会行使"审议批准公司的年度财务预算方案、决算方案"职权,第(六)款规定股东会行使"审议批准公司的利润分配方案和弥补亏损方案"职权。上述职权中蕴含了确定公司职工工资总额的内容,也就是说受《公司法》管辖的国有企业,其职工工资是由公司股东会(及

---

① 2013年11月12日,党的十八届三中全会《中共中央关于全面深化改革若干重大问题的决定》。
② 1993年12月29日公布,1994年7月1日施行。

其董事会）来决定的。实践中，国有独资、国有控股等国有企业由于是各级国资委代表国家行使出资人股东的权利，因此目前按公司法成立的非金融国有企业的工资总额通常是由国资委以工资总额预算管理等方式予以确定。二是根据《中华人民共和国全民所有制工业企业法》（以下简称《企业法》)[1] 设立。《企业法》第十三条规定，"企业贯彻按劳分配原则。在法律规定的范围内，企业可以采取其他分配方式"，第二十九条规定"企业有权确定适合本企业情况的工资形式和奖金分配办法。"国务院《全民所有制工业企业转换经营机制条例》（以下简称《条例》)[2] 第十九条规定"企业享有工资、奖金分配权。企业的工资总额依照政府规定的工资总额与经济效益挂钩办法确定，企业在相应提取的工资总额内，有权自主使用、自主分配工资和奖金。企业有权根据职工的劳动技能、劳动强度、劳动责任、劳动条件和实际贡献，决定工资、奖金的分配档次。企业可以实行岗位技能工资制或者其他适合本企业特点的工资制度，选择适合本企业的具体分配形式。"按《企业法》设立的国有企业，其工资总额目前是由人力资源和社会保障部等负责管理。《条例》第二十四条规定"企业职工工资总额基数的确定与调整，应当报政府有关部门审查核准"，人力资源和社会保障部负责按政府内部审批事项履行"非国资委管理国有企业工资总额审批"[3] 职责。

从实践来看，国有企业薪酬分配的自主决定权得到了较好实现，国有企业按市场化要求进行内部自主分配的机制趋于完善，有力地促进了国有企业的持续发展。

（二）国有企业负责人薪酬制度改革逐步推进，薪酬水平适当、结构合理、管理规范、监督有效的目标初步实现

21 世纪初期，与经营业绩相挂钩的国有企业负责人年薪制初步确立，

---

[1] 1988 年 4 月 13 日公布，1988 年 8 月 1 日施行。
[2] 1992 年 7 月 23 日中华人民共和国国务院令第 103 号公布，自发布之日起施行。
[3] 2015 年 5 月 14 日发布的《国务院关于取消非行政许可审批事项的决定》（国发〔2015〕27号）规定，将原属于非行政许可审批事项的"非国资委管理国有企业工资总额审批"调整为政府内部审批事项。

其薪酬水平有了显著提升，有力调动了国有企业负责人的积极性。

2009年，经国务院同意，人力资源和社会保障部会同中央组织部、监察部、财政部、审计署、国资委等六部门下发了《关于进一步规范中央企业负责人薪酬管理的指导意见》（人社部发〔2009〕105号，以下简称《指导意见》），提出了社会主义市场经济下规范中央企业负责人薪酬分配的基本原则，明确了负责人薪酬分配的结构和水平，确定了相关部门的监管职责。《指导意见》实施后，人力资源社会保障部门加强指导协调，财政部、国资委等各薪酬审核部门不断改进业绩考核，包括中央企业在内的国有企业认真执行有关政策规定，国有企业高管薪酬管理工作取得了积极成效。

2014年11月5日，中共中央、国务院印发《关于深化中央管理企业负责人薪酬制度改革的意见》（中发〔2014〕12号），对中央企业负责人薪酬制度进行改革，并要求地方所属国有企业负责人薪酬制度改革参照12号文精神，积极稳妥推进。总体来看，2015年国有企业高管薪酬水平增幅放缓，结构趋于合理。另外，中共中央办公厅、国务院办公厅《国有企业领导人员廉洁从业若干规定》（中办发〔2009〕26号），国务院国资委《中央企业负责人职务消费管理暂行规定》（国资发分配〔2011〕159号）等有关文件，对国有企业高管的廉洁从业、职务消费等进行了初步规范。随着改革的推进，近年来，部分国有企业市场选聘高中层管理人员（职业经理人）已开始实施谈判工资制（协议工资制）等市场化薪酬分配机制，对市场化选聘的职业经理人实施股权激励等中长期激励机制，同时建立严格业绩考核机制和退出机制。

（三）持续平衡企业效率与社会公平的国有企业薪酬制度改革的逻辑主线逐步确立

概括来说，改革开放以来，我国国有企业工资制度演进的总体趋势是：政府持续简政放权，企业越来越全面地行使内部薪酬分配权；分配机制日趋市场化，以持续完善市场化薪酬分配机制从而提高企业效率为主线。

但是，由于国有企业是我国国民经济的重要支柱，长期以来一直承担着经济发展战略引领和促进社会公平的双重作用，因此，总体而言，改革开放以来国有企业薪酬制度改革的逻辑主线是持续平衡企业效率与社会公平。特别是，近年来国有企业薪酬改革在仍然强调企业效率的同时，更多地突出了促进社会公平的政策导向。

三 当前国有企业薪酬制度改革面临的主要问题

当前，我国国有企业薪酬制度改革面临的突出问题主要有以下几点。

（一）国有企业内部薪酬分配中的市场化导向仍须强化

由于长期受计划经济体制的束缚，部分国有企业职工思想观念比较保守，市场意识、危机意识、风险意识和竞争意识淡薄，普通员工同高、中层管理人员、核心技术骨干等关键岗位职工在薪酬收入方面片面攀比的现象依然存在，薪酬分配中的平均主义观念仍较突出，还不适应市场经济机制运行的需要。比如，国有企业中相对低端岗位（如小车司机、简单体力劳动岗位等）的薪酬水平通常远高于同期劳动力市场价位，而部分关键管理、专业技术等岗位人员的薪酬水平则低于劳动力市场价位，形成所谓"高岗低薪、低岗高薪"现象，明显背离了劳动力市场价值规律，不利于建立充分、有效激励约束的国有企业薪酬分配机制。

（二）国有企业工资总额管理方式亟须改进和完善

截至目前，国有企业工资总额管理方式大致可分为两种方式：一是工资总额预算管理，二是工效挂钩。现行工资总额管理存在的主要问题，一是部分垄断性因素较明显或效益较好的国有企业，其工资快速增长的需求难以得到满足，而效益较差国有企业的工资总额由于受到政府有关部门维护稳定、保持就业等政策的影响，存在刚性难以降低；二是无论是工资总额预算管理还是工效挂钩，由于信息不充分客观存在，政府部门与国有企业之间的讨价还价始终存在，行政审批色彩相对浓厚，与当前政府机关简政放权的要求有一定冲突，工资分配政府干预过多与国企分配秩序失控并存。为此，迫切需要从顶层设计角度出发，改进和完善现有工资总额管控方式，既充分体现国有出资者的利益，又更符合市场机制要求。

（三）国有企业职业经理人市场化薪酬分配机制建设亟须加快推进

2015年1月1日开始，通过贯彻落实《关于深化中央管理企业负责人薪酬制度改革的意见》（中发〔2014〕12号，以下简称《意见》），国有企业特别是中央企业负责人的薪酬制度进一步规范优化，国有企业负责人中组织任命者的激励约束机制建立健全。通过规范国有企业收入分配秩序，对不合理的偏高、过高收入进行调整，组织任命负责人初步构建了以薪酬激励、政治责任和社会责任激励相结合的激励约束机制。《意见》同时明确规定，建立与中央企业负责人选任方式相匹配、与企业功能性质相适应的差异化薪酬分配办法，中央企业市场化选聘的职业经理人实行市场化薪酬分配机制。从机制设计角度而言，《意见》实际上试图形成"组织任命国企负责人负责国家利益，国企职业经理人负责商业利益"的利益协同机制、"组织任命国企负责人以薪酬激励、政治责任和社会责任统筹激励，以政治责任和社会责任为主，国企职业经理人以薪酬激励为主"的激励约束机制，保障国家利益、商业利益和股东利益的共同优化。目前存在的突出问题，一是国有企业职业经理人制度建设相对滞后，国有企业职业经理人制度建设需要通过试点积累经验从而逐步推开，这需要一个过程，需要尽快找到一条可行、高效的职业经理人制度改革路径。二是如何有效协调平衡组织任命负责人与职业经理人之间客观上将存在的薪酬差距，从而在组织任命负责人与职业经理人两者事实形成的"双轨制"中充分调动两个群体的积极性。

（四）提高国有企业效率与兼顾社会公平的"两难"挑战依然严峻

国有企业薪酬制度的建立健全，根本目的是持续提升国有企业的效率，同时通过促进就业、优化收入分配格局等来促进社会公平。但是，效率与公平本身存在一定程度的不相容，要提高效率就可能牺牲公平，促进公平可能就会影响效率。目前这个方面存在的主要问题是垄断因素带来的国有企业偏高的工资水平加剧了整个社会的分配失衡，既影响了效率又导致了社会不公，提高国有企业效率与兼顾社会公平的"两难"挑战依然严峻。从市场竞争和社会公平角度而言，所有制类型差异不应当成为不同性质企业职工收入水平差异的主要决定因素。同等素质的劳动力如果仅仅因体制差异就产生收入上的显著差距，就明显违背了劳动力市场公平原则，从而导致社会不平等和市场机会的不公。但是，截至目前，国有企业特别是垄断因素较明显的国有企业薪酬水平相对偏高的问题仍较突出，拉大了收入差距，加剧了整个社会的分配失衡。贾康等的研究表明，2004年以后，国有企业的人均"劳动报酬"超过并越来越高于私营企业和非国有企业，差距达到30%~60%。[1]

四 深化国有企业薪酬制度改革的政策建议

（一）进一步强化国有企业市场化薪酬分配导向，健全反映劳动力市场供求关系和企业经济效益的工资决定及正常增长机制

认真贯彻落实《意见》的要求，深化中央企业内部管理人员能上能下、员工能进能出、收入能增能减的制度改革，健全反映劳动力市场供求关系和企业经济效益的工资决定及正常增长机制，规范企业内部分配行为，合理拉开内部工资分配差距。对部分收入过高的企业，要严格实行工资总额和工资水平双重调控。

以现行各级政府部门发布的工资指导线、劳动力市场价位为基础，结合我国企业薪酬调查制度的建立健全，构建以充分反映劳动力市场价格为主要内容、以工资集体协商为核心的科学、合理的国有企业工资正常增长机制。

---

[1] 贾康主编《收入分配与政策优化、制度变革》，经济科学出版社，2012年7月第1版，第112~113页。

通过建立健全科学、合理的国有企业工资正常增长机制,来确保国有企业工资分配过程和分配结果的科学、合理以及社会公平。

(二)结合国有企业的功能定位和分类,进一步改进和完善国有企业工资总额管理方式

以行业工资利润率等(如国务院国资委每年发布的全国国有企业全行业、分行业及分地区的大类、中类、小类的《企业绩效评价标准值》,以及国外部分行业机构公布的相关数据等)形式改进和完善国有企业工资总额挂钩方式,从而体现与行业经济效益指标对标,充分体现市场机制在工资分配中发挥主要作用的政策导向,通过科学合理的工资总额管理努力实现提高国有企业效率和促进社会公平的政策目标。

(三)以"双轨制"推进国有企业负责人薪酬制度改革,促进职业经理人队伍建设

结合国家积极发展混合所有制以及国有企业分类管理、差异化薪酬管理等政策,建立与国有企业负责人选任方式相匹配、与企业功能性质相适应的差异化薪酬分配办法。推进国有企业负责人薪酬管理"双轨制",严格规范组织任命的国有企业负责人薪酬分配,同时对国有企业市场化选聘的职业经理人实行市场化薪酬分配机制。探索完善中长期激励机制,促进职业经理人队伍建设。

同时,按照党的十八届三中全会提出的"允许混合所有制经济实行企业员工持股,形成资本所有者和劳动者利益共同体"的决策部署,对部分具备条件国有企业实行员工(包括国有企业高管)持股,加大国有企业薪酬分配中的市场化导向和中长期激励力度。

(四)以国有企业分类改革为基础,实施差异化战略,应对国有企业效率与兼顾社会公平的"两难"挑战

应对国有企业效率与兼顾社会公平的"两难"挑战,要伴随整个国有

企业改革进程渐进推进。在可选择的政策措施中，综合考虑适应当前国情与国际环境、降低执行难度、扩大落实效果等因素，以国有企业分类改革为基础，实施差异化战略，对商业类、公益类国有企业分别主要赋予经济效率、社会公平职责具有现实合理性和可操作性。国务院国资委、财政部、国家发改委联合印发了《关于国有企业功能界定与分类的指导意见》，将国有企业界定为商业类和公益类。商业类国有企业以增强国有经济活力、放大国有资本功能、实现国有资产保值增值为主要目标，按照市场化要求实行商业化运作；公益类国有企业以保障民生、服务社会、提供公共产品和服务为主要目标，积极引入市场机制，不断提高公共服务效率和能力。根据商业类、公益类的功能界定差异，对其工资收入分配制度改革方案，可分别主要赋予其经济效率、社会公平的职责，设计实施有针对性、差异化的政策措施，以应对国有企业效率与兼顾社会公平的"两难"挑战。①

参考文献

［1］贾康主编《收入分配与政策优化、制度变革》，经济科学出版社，2012。
［2］金碚、刘戒骄、刘吉超、卢文波：《中国国有企业发展道路》，经济管理出版社，2013。
［3］林毅夫、蔡昉、李周：《充分信息与国有企业改革》，格致出版社、上海三联书店、上海人民出版社，2014。
［4］苏海南等著《合理调整工资收入分配关系》，中国劳动社会保障出版社，2013。
［5］杨春学、杨新铭：《"十三五"时期国有企业改革重点思路》，社会科学文献出版社，2016。

---

① 2015年12月7日印发的《关于国有企业功能界定与分类的指导意见》中明确提出，"有关方面在研究制定国有企业业绩考核、领导人员管理、工资收入分配制度改革等具体方案时，要根据国有企业功能界定与分类，提出有针对性、差异化的政策措施。"

国有企业工资总额管控报告

杨飞刚*

摘　要： 为建立健全国有企业工资总额决定机制和正常增长机制，工资总额课题组通过调研，对国有企业工资总额管理现状进行梳理，找出存在的问题并进行分析，初步提出国有企业工资总额改革建议。

关键词： 工资总额　国有企业　工资总额管控

建立健全国有企业工资总额决定机制和正常增长机制，不仅是全面深化国有企业改革的主要工作任务，更是全面深化国有企业改革的推进剂和催化剂。党的十八届五中全会明确提出"健全科学的工资水平决定机制"的要求。《中共中央、国务院关于深化国有企业改革的指导意见》（中发〔2015〕22号）进一步明确提出"建立健全与劳动力市场基本适应、与企业经济效益和劳动生产率挂钩的工资决定和正常增长机制。"为做好国有企业工资总额管理办法改革工作，本书对国有企业工资总额管控现状、存在问题等方面进行研究分析，初步提出国有企业工资总额改革建议。

一　为何要管控国有企业工资总额

（一）法理依据

《中华人民共和国公司法》明确规定：公司股东依法享有资产收益、

---

* 杨飞刚，人社部劳动工资研究所研究二室副主任，主要研究方向为企业薪酬分配和绩效考核。

参与重大决策和选择管理者等权利。

对于国有独资企业，《中华人民共和国公司法》明确规定：国有独资公司不设股东会，由国有资产监督管理机构行使股东会职权。国有资产监督管理机构可以授权公司董事会行使股东会的部分职权，决定公司的重大事项。

对于国有控股企业，无论是战略决策，还是人事任免，都要由董事会决定，政府不得以行政力量干预。在国家控股企业中，国家意图可以通过国有资产管理机构派出的董事来体现。

总之，我国政府各级国有资产监督管理部门，有权利、有义务对国有企业工资总额实施管理。对国有独资企业，可以直接行使工资总额管理职权或授权公司董事会行使部分职权；对于国有控股企业，可以通过董事会行使职权，体现政府部门管控意图。

（二）理论依据

1. 工资水平决定的微观机理

工资水平决定的微观核心机理包括两种理论。一种是亚当·斯密的供求理论，该理论认为，工资是财产所有者与劳动者相分离的情况下，作为非财产所有者的劳动者的报酬。因此，工资水平的高低取决于财产所有者即雇主与劳动者的力量对比。二是工资集体协商理论，该理论认为，工资决定于劳动力市场上劳资双方的力量对比，是劳资双方在工资谈判中交涉力量抗衡的结果。

在上述两种机制基础上，产生了"市场价位决定企业工资总额的理论"，即企业各岗位工资水平，是由市场决定的劳动力市场价位最终决定的。

2. 工资市场分配机制存在缺陷

但是，在实际经济运行中，微观机理决定的市场分配结果是存在缺陷的，政府部门必须要加强宏观调控。

一是劳动力市场的不完全竞争性导致市场工资率失灵。在实际经济运行中，绝大多数劳动力供给市场是相对完全竞争的，劳动力需求市场是相对具有垄断性的，因此，正常供求机制确定的劳动力价格普遍偏低。但是，对于市场紧缺的少部分人员，由于其稀缺性，企业又不得不支付非常高的工资，从而经常出现高工资侵蚀低工资，高工资侵占企业利润等情况。因此，市场最终分配结果总体上工资水平偏低；其中，绝大多数人工资水平偏低，少部分人工资水平偏高。

为了有效地解决上述问题，市场通过自动修复机制发挥作用，即建立工资集体协商机制。集体协商机制是对供求机制结果不合理方面的修订，劳动力方组织起来成为一方参与工资谈判，劳动力供给与劳动力需求市场都有一定的垄断性，与供求机制相比，劳动力工资水平将有所提高，结果趋向相对合理。但是在实际经济运行中，不仅劳资双方谈判成本高昂，而且经常会出现企业大面积停工、职工罢工等极端情况，严重损害了国民整体利益。

因此，政府部门有必要通过宏观调控加以改变，比如建立最低工资制度、工资正常增长机制、限高措施等，国有企业工资总额管理就是其中关键手段之一。

二是行业企业效益不同导致市场工资率"两极分化"。在国民经济发展的不同阶段，行业之间、企业之间经济效益相差非常大。高利润行业或企业就有更多的空间、更大的动力来为职工增加工资；低利润行业或企业大都只能在低成本基础上简单维持，增资空间小。长此以往，行业、企业之间工资水平、分配差距将越来越大，分配差距扩大化最终将对国民经济和社会总体发展造成损害。

我国政府部门对国有企业工资总额的管理，恰恰体现了我国制度的优越性。美国等发达国家由于对市场工资分配结果调节的"抓手"少，主要是税收调节一种手段，调控力度远远不足，收入分配差距扩大化在所难免。我国对国有企业工资总额的调控，一方面有利于缩小国有企业和社会分配的差距；另一方面可以发挥示范作用，带动社会其他类型企业调整内部分配关系，促进整个社会分配关系趋向合理。

3. 新的分配理念的提出

麻省理工学院的马丁·魏茨曼教授提出分享工资理论，该理论认为，分享工资是指对企业的利润分享，因此也可以看作是分红工资。它是工人的工资与某些经济效益指标挂钩、随经济效益水平而同比例增减的劳动报酬制度。对我国国有企业来说，职工分享企业经济发展成果是我国经济制度优越性的体现，是调动职工主动性、积极性的有效途径，是促进国有企业发展的基本条件。在此分配过程中，政府部门加强对国有企业工资总额的总体调控，有利于广大职工共享工资分配成果。

我国"十三五"发展规划纲要也明确提出：正确处理公平和效率的关系，坚持居民收入增长和经济增长同步、劳动报酬提高和劳动生产率提高同步，持续增加城乡居民收入，规范初次分配，加大再分配调节力度，调整优化国民收入分配格局，努力缩小全社会收入差距。这些提法充分体现了让人民分享改革发展成果，实现社会主义"共同富裕"目标的基本理念，必须通过政府部门宏观调控加以落实。

总之，政府部门对国有企业工资总额管理一方面是基于国有企业产权所决定的法理上的需要；另一方面也是我国收入分配整体调控目标"调高、扩中、提低"的需要，通过国有企业工资总额管理，努力扭转收入分配扩大化的趋势，促进国民经济和社会的良性发展。

二 当前国有企业工资总额管控的主要方法

当前，国有企业工资总额管控主要有三种方法，分别为工效挂钩办法、绩效工资总额管理办法、工资总额预算管理办法等。

（一）工效挂钩办法

所谓工效挂钩办法即企业的工资总额与经济效益挂钩的方法。具体做法是，企业根据人力资源和社会保障部门、国资部门、财政部门及其他主管部门核定的工资总额基数、经济效益基数和挂钩浮动比例，按照企业经济效益增长的实际情况提取工资总额，并在主管部门指导下按以丰补歉、留有结余的原则合理发放工资。企业根据主管部门要求，结合企业实际情况，选择能够反映企业经济效益和社会效益的指标，作为与工资总额挂钩的指标，编报工资总额同经济效益挂钩方案，报主管部门审核后批准下达执行。主管部门每年对企业工效挂钩的实施情况进行清算。工效挂钩办法实施以来，一方面国有企业主动性、积极性得到了很好的释放，国有企业经济效益大幅提升；另一方面也出现了部分国有企业工资增长太快、工资水平过高等问题。为解决部分企业经济效益增长太快、工资水平增长过快的问题，国家工资主管部门逐步对工效挂钩办法进行了部分改进，如对企业的新增效益工资分档计提以降低提取比例，控制或压低挂钩浮动系数等方法，但工效挂钩办法的核心思想和主要方式并未改变。目前，工效挂钩办法仍是国有企业工资总额管控的主要方法之一，在中央和地方国有企业工资总额管理过程中广泛使用。

（二）绩效工资总额管理办法

所谓绩效工资总额管理办法是指企业工资总额按照工资增长低于经济效益增长的原则，根据企业经济效益完成情况确定的办法。绩效工资总额管理办法是在工效挂钩基础上进行改进完善的一种办法，属于广义的工效挂钩办法范畴，由人力资源和社会保障部制定，主要适用于人力资源和社会保障部门分管的国有企业。绩效工资总额管理办法具体内容见《关于报送2004年企业绩效工资总额的通知》（劳社部函〔2004〕56号）文件的有关规定。绩效工资总额管理办法包括比例法和含量法两种方法。

1）比例法按下述公式核算企业绩效工资总额：绩效工资总额＝上年确定的绩效工资总额＋新增（减少）绩效工资总额＋调整因素。其中，新增（减少）绩效工资总额＝经济效益主要考核指标增长（下降）比例×工资总额与经济效益相联系浮动比例×上年确定的绩效工资总额＋辅助考核指标调整因素。

2）含量法按下述公式核算企业绩效工资总额：绩效工资总额＝上年的经济效益实际完成数×单位经济效益工资含量＋调整因素。

浮动比例和工资含量主要根据企业经济效益指标的特点、难易程度以及企业工资水平等因素确定。其中，工资含量指实现利润工资含量、经营利润工资含量等。

3）同时，为加强对工资水平过高、工资增长过快的国有企业工资增长的宏观调控，在绩效工资总额管理办法基础上，人力资源和社会保障部逐步引入工资水平调控办法，逐年根据国民经济增长情况，企业经济效益增长情况结合工资收入分配调控要求等，核定企业工资增长上限，保持国有企业工资水平合理增长，促进形成国有企业合理工资分配格局。

（三）工资总额预算管理办法

所谓工资总额预算管理是指在主管部门依法调控下，国有企业围绕发展战略，依据年度生产经营目标、经济效益情况和人力资源管理要求，对年度工资总额的确定、发放和职工工资水平的调整，做出计划安排并进行有效控制和监督的活动。从2008年开始，国资委在所属部分央企探索试行工资总额预算管理办法，目前大部分央企及全国大部分地区的国资管理范围内的国有企业已经试行工资总额预算管理办法。试行的工资总额预算管理办法核心内容如下。

1）中央企业工资总额预算以上年实际发放工资总额为基础编制。工资总额预算增长根据企业经济效益预测情况、企业发展战略、国资委发布的工资增长调控线、工资效益联动机制等因素综合确定。

2）职工工资增长与企业效益相协调，职工工资水平与企业竞争力、人工成本承受能力相适应。企业在充分预测当年经济效益的基础上，依据现有人工成本投入产出水平、工资水平与行业的对标分析状况，在本企业适用的工资增长调控线（由国资委分行业制定）范围内，按照工资与效益联动机制合理预测确定职工工资增长幅度，经国资委核准或备案后确定。

3）同时，为创新工资总额预算管理调控方式，国资委在国资企业中探索实行周期预算管理办法，即为了进一步落实企业收入分配自主权，采用3年为一周期的周期工资总额预算管理，规避工资总额管理的短期效应。

（四）其他工资总额管理办法

除上述工资总额管理办法外，全国各地都在探索适合本地区的工资总额管理办法。比如上海市探索推行"工资指导线法"、山东省探索推行"三项制度法",两地都不再实行工效挂钩办法;再比如河北省在工效挂钩办法基础上,逐步在一些规模较小的国有企业探索推行"工资集体协商确定法";广东省探索的国有企业工资总额利润增长分段挂钩的办法,这些探索都取得一定效果,在促进地方国有企业发展方面发挥了重要作用。

1)上海市探索建立工资指导线模型,按照地方经济增长、物价指数等科学确定工资指导线上中下线,作为上海市国有企业工资宏观调控的有效抓手。上海市"工资指导线法"亮点主要体现在两个方面:一是把企业利润增长、人均工资增长与工资指导线上中下线紧密结合起来,科学发挥工资指导线宏观调控的作用;二是在操作上改审批制为备案制,尊重企业的市场化选择,政府部门重点关注宏观调控。

2)山东省建立工资指导线、最低工资标准和工资分配"三项"备案制度,作为山东省国有企业工资宏观调控的有效抓手。山东省"三项制度法"亮点主要体现在三个方面。一是明确规定国有企业的工资水平根据企业经济效益、工资指导线、本地区经济发展、职工平均工资水平和同行业平均利润率等因素综合确定。二是适当控制少数国有垄断企业工资水平过高、增长过快。山东省规定,国有企业在岗职工平均工资水平原则上不超过本地区企业在岗职工平均工资的3倍。三是合理调节国有企业负责人与职工的分配关系。明确规定国有企业负责人收入要与企业效益、规模和职工工资增长幅度挂钩。

3)河北省对大型国有企业工资总额管理坚持工效挂钩办法的同时,逐步在一些规模比较小的国有企业通过工资集体协商确定工资总额办法,由企业自主确定工资总额,人社部门监督履行。

各地方在改革国有企业工资总额管理办法的探索、试点、推行过程中,都贯彻了"市场机制调节、政府部门调控"的整体思路,在一定程度上减少了对国有企业工资总额的直接管理,鼓励和支持国有企业自主决定工资总额,政府部门逐步从直接管理的事务性工作中解脱出来,逐步加大重点国有企业的监管和宏观调控的力度。

三　国有企业工资总额管控存在问题

（一）从管理体系上看，国有企业工资总额管理办法"政出多门"，人社部牵头作用发挥不到位，无法形成合力

目前，中央、地方不同政府部门对国有企业工资总额管理的办法存在多样化。比如，人社部门采用绩效工资管理办法、国资部门采用工资总额预算管理办法、上海市采用工资指导线方法等，其他中央主管部门或地方主管部门的方式方法更加多种多样。这些办法的管理思路、管控力度、管理水平等差异较大。多样化的管理办法使得政府部门对国有企业工资总额管理体系总体显得比较混乱，系统性不强，人社部作为牵头部门也没有发挥应有作用，国有企业工资总额管理无法有效形成合力。

工资总额课题组在课题调研中，山东省指出，目前国有企业工资总额管理自上而下普遍存在指导、监督和管理职能脱节的问题。人力资源和社会保障部门不参与管理工资，不掌握企业工资分配的实际情况，指导、监督就难免成为纸上谈兵、空对空；黑龙江省也指出，目前人力资源社会保障部门基本参与不到国资部门监管的国有企业工资分配中来，无法对国有企业工资分配实施有效监管；浙江省财政厅提出，国有企业监管部门不同，缺乏统一政策指导，部分国有企业工资管理比较规范，部分国有企业工资管理基本无人过问；江苏省、吉林省也存在类似问题。

（二）从管理办法上看，工效挂钩办法已经不能满足社会主义市场经济条件下国有企业发展的需要

1985年，国务院2号文规定国有企业实行工资总额与经济效益挂钩以来，已运行33年。工效挂钩办法在促进国有企业、国民经济和社会发展方面做出巨大贡献。但是，由于工效挂钩办法归根到底还是计划经济时代的产物，在我国社会主义市场经济体制不断完善、国有企业改革不断深化的今

天，已经出现了一系列不相适应的问题，亟须进行调整。主要体现在以下几个方面。

一是工效挂钩形成的工资总额运行轨迹与企业要求稳定的工资增长机制不相匹配。企业经济效益增长具有周期性，企业工资增长具有相对刚性，两者运行轨迹并不完全相同，当两者同向运动时，工效挂钩的作用比较明显，当两者反向运动时，工效挂钩办法则很难发挥作用。二是"两低于"原则，使得企业职工很难共享经济发展成果。工效挂钩办法要求国有企业工资总额增长低于经济效益增长，职工平均工资增长低于劳动生产率增长。长期下来，职工工资总额占国民收入的比重逐年下降，职工不能完全共享经济发展成果。三是采取环比挂钩的方式不太合理。对经济效益好的企业，有"鞭打快牛"的效应，挂钩指标目标值越来越高，企业终有不堪重负的一天，当经济效益在高位运行的时候，工效之间就逐渐"挂"不动了；对于经济效益差的企业，挂钩指标目标值相对较低，工效挂钩办法有向低效益企业倾斜的趋势。四是工效挂钩办法单一，与经济效益指标挂钩不太合理。企业真正的支付要求和支付能力不仅与经济效益挂钩，而且还与企业劳动生产率挂钩；有些企业不但需要考虑其经济效益，也要考虑其社会效益；企业工资增长不仅受经济效益增长影响，还受物价等多种因素的影响，工效挂钩办法对此考虑不足。五是工效挂钩分档计提办法与企业实际激励方向脱节，在分档计提办法下，业绩越好，分档回报比率降低，但企业实际激励方向应是业绩越好，分档回报比率越高。六是工效挂钩办法无法适应企业千差万别的情况。全国国有企业数量多，情况复杂，采用工效挂钩一种办法很难适应千差万别的国有企业情况，工效挂钩缺乏灵活性也使得其很难适应不同时期企业的经营状况。七是工效挂钩办法管理滞后。工效挂钩办法一般是在下一年度才能确定上年度工资总额，缺乏时效性，对企业激励作用不明显。八是工效挂钩办法单一考虑企业内部经济效益指标，未考虑与外部行业、标杆企业等的经济效益比较情况，不利于企业市场化改革及积极参与市场竞争。

（三）从新探索的管理办法上看，国资委和各地试行的管理办法尚需进一步研究论证

国资委提出的工资总额预算管理办法、上海市提出的工资指导线管理办法、山东省提出的三项制度管理办法等，其实际作用和实施效果尚需在理论和实践中进一步进行研究和论证。

比如，国资委目前提出的工资总额预算管理办法，对工效挂钩办法进行了部分改进，取得了一定的成效。但是，工资总额预算管理办法在试点运行过程中，也逐渐暴露了一些问题，需要进行研究改进。一是对经济效益增长稳定的企业来说，其工资总额预算比较容易安排，预算调整幅度较小，预算结果和实际情况比较一致；但对于经济效益增长受国家宏观调控政策影响较大、受经济周期因素影响较大的企业来说，其工资总额预算很难安排，预算调整幅度较大，预算结果和实际情况差别很大，预算也就失去了意义。工资总额课题组调研中有些钢铁企业就提出，目前市场化国有企业面临的市场形势变化很大，预算很难科学预测市场发展。二是与工效挂钩相比，工资总额预算挂钩指标不够刚性，企业讨价还价的空间较大，人为因素明显增加。三是工资总额预算主要是工作流程，其进行的事前事中事后管理，管理工作量和管理难度较大。对于政府部门来说，事后控制是必要的，事前事中控制是否需要尚需进一步进行研究论证。四是工资总额预算的核心挂钩指标仍然类似工效挂钩的指标，工效挂钩中存在的一些问题，仍然没有真正得到有效解决。

对上海市提出的工资指导线办法、山东省提出的三项制度办法和河北省提出的工资集体协商办法等，在肯定其积极意义的同时，也需要在理论和实践中进一步研究论证。

（四）从管理内容上看，工资总额、合理薪金等的定义不清晰

现行《关于工资总额组成的规定》是由国家统计局在1990年发布的，一直沿用至今。随着国企改革的不断深入，人社部、财政部、税务总局、国家统计局等分别从工资管理、财务核算、税务缴纳、统计核算等不同出发点增加了有关国有企业工资总额的新规定，这些新规定在工资项目、福利费用、劳务派遣费用等各方面尚没有统一认定的规范标准，从而在实际执行中带来了很多问题和困惑，亟须进行统一和规范。

2008年以前，内资企业所得税工资税前扣除政策实行"计税工资"和"工效挂钩工资"两种标准并行的方式，外资企业实行据实扣除政策。2008年起，《中华人民共和国企业所得税法》及其实施条例取消了内外资企业工资薪金税前扣除政策的差异，放宽了工资薪金税前扣除的标准，规定"企业发生的合理的工资薪金支出，准予扣除"。调研中有的地方税务部门认为目前税法对于"合理工资薪金"的规定较为原则，不便于实际操作，尤其对于"工资薪金制度符合行业及地区水平"的原则也缺乏有效的数据依据和支撑。此外，按照税法规定，"工资薪金总额"不包括企业的职工福利费、职工教育经费、工会经费、社会保险费和住房公积金。但在政策执行过程中，部分企业税前扣除工资的范围不符合这些规定，如将应在福利费列支的补贴、补助等费用计入税前扣除，对已参加社会统筹的退休人员仍有工资项目支出，将劳务费用按临时用工计入税前扣除等情况。

（五）其他问题

工资总额其他问题主要包括：我国很多国有企业游离在监管体系之外、国有企业内部二次分配不够规范、国有企业工资总额内外收入监管体系不健全等问题。

1. 我国很多国有企业游离在监管体系之外

目前，全国国有企业有11万多户，但实际上纳入国有企业工资总额监管的只有万余户，很多国有企业长期游离于政府部门管控体系外。尤其是在税务部门出台"合理薪金"可以在税前扣除的规定后，国有企业纳入工效挂钩管理的积极性进一步削弱，挂钩企业越来越少。

2. 国有企业内部二次分配不够规范

主要体现在：一是经营者为了实现个人业绩，有企业业绩侵占职工工资总额的情况；二是企业内部中高层管理人员收入与普通职工尤其是一线职工工资分配差距太大；三是企业内部工资正常增长机制尚未科学建立，工资集体协商机制尚未到位；四是目前我国的工资指导线、劳动力市场工资指导价位、行业人工成本信息等制度体系科学性还不够，指导性、可参考性还不强，需要进一步优化提升等。

3. 国有企业工资总额内外收入监管体系不健全

一是企业内部监管体系包括内部审计体系、内部职工代表大会制度、内部集体协商制度、内部薪酬专业委员会制度等尚不健全；二是企业外部监管体系包括外部审计体系、政府部门监管体系等也不够健全，都须在今后进一步完善。

四 改革国有企业工资总额管控的办法建议

（一）理顺政府部门之间的管理职责权限

政府有关部门要在国务院授权范围内进一步明确各自职责分工，相互加强配合协作，努力消除政出多门、多头管理和监管不到位现象，不断改进监管和调控的方式方法，努力提高监管和调控效率。

具体来说，就是要进一步明确人力资源和社会保障部作为国有企业工资总额管理的牵头单位和政策制定单位，明确国家人社部门、国资委、财政部门、税务部门等的管理范围和职责权限，明确地方人社部门、国资委、财政部门、税务部门等的管理范围和职责权限；在理顺职责权限过程中，横向需要理顺中央和地方两个层面的人社部门、财政部门、税务部门、国资部门等部门之间的关系，理顺中央企业监管与地方企业监管之间的关系；纵向需要理顺牵头部门与协同部门、中央政府部门与地方政府部门、地方政府部门与二级和三级地方政府部门之间的关系等。

通过明确职责权限，理顺关系，加强协作，建立合作和共享机制，多方配合，形成合力。

（二）科学界定管理范围和国有企业工资总额定义

在工效挂钩办法下，企业是否实行工效挂钩主要由企业自行确定。在税务部门出台"合理薪金"可以在税前扣除的规定后，国有企业纳入工效挂钩的积极性进一步削弱，挂钩企业越来越少。目前，真正纳入政府部门监管体系的国有企业不到国有企业数量的十分之一，政府部门对国有企业工资分配监管职能大大弱化。

为此，为了实现对国有企业工资分配进行整体、系统、有效的监管，建议所有国有企业皆纳入调控范围。结合国有企业商业类、公益类分类，推行不同的工资总额管控办法。

此外，人力资源和社会保障部牵头组织财政部、税务总局和国家统计局四部委一起，共同确定并统一平衡工资总额定义和口径，明确规定工资总额中职工工资和企业福利构成项目、标准，为深化国有企业工资总额管理改革、规范企业工资收入分配秩序创造条件。

（三）积极推进国有企业工资总额管理办法分类改革进程

充分结合国有企业改革发展的需要，理清政府宏观调控与企业微观确定的关系，完善既有激励又有约束、既讲效率又讲公平、既符合企业一般规律又体现国有企业特点、既具有操作性又简便易行的分配机制。根据《关于国有企业功能界定与分类的指导意见》，对国有企业工资总额实行分类监管。

1）坚持市场化改革方向，把政府宏观调控与企业自主分配结合起来。在目前我国国有企业产权制度尚不健全，现代企业制度尚不完善，收入分配差距仍然较大，收入分配秩序仍然比较混乱的前提下，政府部门作为国有企业资产的所有者，有权力、有责任、有义务对国有企业工资总额进行管控。但是，政府部门对国有企业工资总额的管控要坚持市场化改革方向，要充分尊重并赋予企业自主分配的权利。不过，由于市场本身的不完备和缺陷，政府部门要积极发挥宏观调控功能，在市场机制失灵的地方多做文章。比如，调控行业收入分配差距，规范收入分配秩序等。

2）对商业类中的充分竞争类国有企业，要管放结合，以放为主，企业根据经济效益情况、劳动生产率水平来自主决定工资总额。主管部门主要对工资水平过高的情况进行必要调控。政府部门要积极推进具备完全市场竞争的、现代企业制度和产权制度健全的、自我激励和约束机制比较完善的国有企业自主决定工资总额的改革进程。同时，推进国有企业自主决定工资总额改革进程，对部分具备条件的国有企业由政府放开工资总额管理，是国有企业工资制度改革的一项重要目标，符合党中央提出的建立与现代企业制度相适应的收入分配制度的要求，也符合分类改革和分类调控的思路。

3）对商业类的"主业处于关系国家安全、国民经济命脉的重要行业和关键领域、主要承担重大专项任务"的国有企业，一是全面提高工资总额投放的效率效益，尽量把工资总额投向投入产出效率效益高的企业，优化工资总额使用效率，从全局上提升国有资本收益水平，做强做优做大国有资本。二是要理顺工资分配关系，合理安排行业间工资总额增长幅度，缩小行业之间、企业之间工资分配差距，不断向理想调控目标靠拢。三是要充分考虑本类国有企业社会效益等的完成情况，要把社会效益纳入考核并与工资总额兑现进行必要挂钩。

4）对公益类国有企业，建立公益类国有企业工资总额兑现与经济效益、社会效益双挂钩的机制，在公益类国有企业中建立工资总额导向，促进公益类国有企业优化资源分配、提高运营效率，为社会提供更优质、更高效的服务。

（四）积极推进国有企业内部分配制度改革

一是企业需要积极推进劳动、人事、分配三项制度改革，实现员工能进能出、职位能高能低、薪酬能增能降。二是企业需要逐步建立体现岗位价值度大小、员工能力高低、业绩贡献多少，并与外部劳动力市场价位紧密衔接的基本薪酬分配制度，实现薪酬分配内部公平性和外部竞争性的有效统一，积极发挥薪酬制度的杠杆作用，帮助企业有效吸引、留住和激励人才，全面促进企业可持续发展。三是企业在基本工资制度基础上，可以根据岗位工作性质不同、人才类别不同、人员层次不同、人才需求程度不同等建立必要的补充薪酬制度，包括年薪制、中长期激励制、员工持股和分红制、协议工资制、计件计时工资制、销售提成工资制、市场价位工资制等，在整体薪酬策略下，全面加强薪酬体系激励效果。四是企业需要全面加强对标管理工作，寻找行业标杆企业或先进的非行业对标企业，全面进行业绩对标、管理对标、技术对标和分配对标等，逐步缩小和标杆企业差距，最终实现跨越式发展。在薪酬分配制度方面，需要结合企业效益和劳动生产率情况，根据企业发展需要和承受能力，参照对标企业情况，制定企业整体薪酬分配策略和岗位薪酬竞争策略，特别是要积极实现通用岗位的薪酬外部对标，全面支撑企业发展战略目标的实现。

（五）尽快建立国有企业内外部收入监督机制

企业内部尽快完善职代会、经理办公会、董事会三会制度，建立薪酬专业委员会，加强内部审计和内部监督。企业外部建立由人力资源、财政、审计、监察等部门组成联合办公机构，明确工作规程和各部门的工作职责，定期开展监督检查工作，监督检查结果作为对国有企业负责人奖惩考核和国有企业工资总额管理的重要依据。

（六）加强其他配套机制的建设

改进和完善国有企业工资总额管理是深化国有企业分配制度改革的一项重要内容，应该以国有企业制度改革为基础，以其他相关制度改革为配套条件，并保持目标方向的一致性和进程速度的协调性。

一是继续深化国有企业制度改革。加快国有企业产权多元化和现代企业制度建设进程。二是认真实施国家颁布的《反垄断法》。政府部门应以此为依据研究确定政府部门重点监管的垄断企业，尽快成立反垄断委员会和监督实施部门，严格禁止、打击和制裁各类垄断行为，积极消除造成垄断行为产生的基本因素，努力创建市场经济条件下企业公平竞争的平台，从而为加强监管垄断企业工资总额、规范分配秩序、理顺行业工资关系创造必要条件。三是加强工资指导线、劳动力市场工资指导价位及行业人工成本信息制度建设，三项制度今后将成为国有企业工资总额管理的重要抓手。

参考文献

[1] 劳动和社会保障部：《关于报送 2004 年企业绩效工资总额的通知》（劳社部函〔2004〕56 号）。

[2] 国务院国有资产监督管理委员会：《关于印发〈中央企业工资总额预算管理暂行办法〉的通知》（国资发分配〔2010〕72 号）。

[3] 刘军胜：《反思工效挂钩》，《企业管理》2005 年第 6 期。

[4] 贾理奇、廖辉：《国有企业工资总额调控的问题及对策分析》，《华北电力大学学报》（社会科学版）2008 年第 6 期。

[5] 刘俊茹、吴海云：《国有企业工资总额预算管理改革探索》，《中国劳动》2005 年第 11 期。

[6] 王红茹：《央企工资将被"双控"助长垄断行业高收入、加剧行业收入差的"工效挂钩制"将寿终正寝》，《中国经济周刊》2009 年第 42 期。

[7] 孙琛：《出资人视角下青岛市国有企业收入分配问题研究》，硕士学位论文，中国海洋大学，2009。

[8] 田园、林玳玳、高毅蓉：《对垄断性国有企业进行工资调控的几个视角》，《生产力研究》2008 年第 7 期。

[9] 朱琪、陈乐优：《垄断企业工资分配的规制合谋》，《经济社会体制比较》2009 年第 1 期。

[10] 国有企业工资收入分配调研组、李东明：《北京市部分国有企业收入分配问题的调查与思考》，《北京市工会干部学院学报》2006 年第 6 期。

[11] 亓长东：《大型企业集团分配控制和激励改革研究》，《经济研究参考》2003 年第 17 期。

[12] 曹秋丽：《构建具有激励约束机制的国有企业工资制度模式研究》，《科技促进发展》2009 年第 6 期。

[13] 盛志杰：《关于国有企业工资管理改革的几点思考》，《内蒙古科技与经济》2009 年第 7 期。

[14] 唐伶：《国有企业工资制度改革的回顾与思考》，《特区经济》2010 年第 6 期。

[15] 杨美成：《国有企业收入分配制度变迁及思考》，《中国集体经济》2009 年第

8 期。

[16] 聂淼:《国有企业收入分配中存在的问题分析》,《商场现代化》2008 年第 23 期。

[17] 孙文斌:《国有企业薪酬管理现状和解决方法》,《企业导报》2010 年第 5 期。

[18] 丁志强:《国有企业薪酬制度存在的问题及对策》,《当代经济》2004 年第 7 期。

[19] 黄跃明:《国有企业薪酬制度改革探析》,《科技情报开发与经济》2010 年第 5 期。

[20] 马冬梅、于志强、张林萍:《浅论建立健全国有企业科学的工资分配制度》,《科技创新导报》2007 年第 36 期。

[21] 四川省国资委课题组:《深化国有企业收入分配制度改革问题研究——基于四川省属国有企业收入分配情况的调查与思考》,《中共四川省委省级机关党校学报》2009 年第 4 期。

[22] 吴向军:《浅谈国资委监管企业工资总额预算管理》,《企业研究》2012 年第 11 期。

[23] 王一农:《国有企业工资总额预算管理的深化和拓展》,《中国人力资源开发》2014 年第 7 期。

[24] 刘颖:《论央企工资总额预算管理制度中的问题及对策》,《人力资源管理》2016 年第 6 期。

[25] 马小丽:《企业如何对工资总额进行有效管理》,《中国劳动》2016 年第 2 期。

[26] 左宏:《国有企业工资总额确定方法的改革思路》,《经济研究参考》2008 年第 12 期。

[27] 宋晶、孟德芳:《企业工资决定:因素、机制及完善对策研究》,《财经问题研究》2013 年第 5 期。

[28] 邢春冰:《不同所有制企业的工资决定机制考察》,《经济研究》2005 年第 6 期。

[29] 刘俊茹、吴海云:《国有企业工资总额预算管理改革探索》,《中国劳动》2005 年第 11 期。

我国企业工资宏观调控体制机制评估分析

狄 煌*

摘 要： 从企业工资调控体制中的职能体系、法律体系、制度和手段体系、调控组织体系等四个方面，分析政府工资调控职能不到位和越位的问题，缺少工资专项法律规范和行政法规过多过乱的问题，非常规调控较多和综合配套调控手段缺少的问题，各级各类政府部门间缺少相互协作与政策配套问题。从企业工资调控机制中的最低工资调控机制、工资增长指导机制、市场信息引导机制和国有企业工资监督调控机制四个方面，分析调控目标不明确、调控方式不合理和调控程序不规范等问题。提出的改进完善思路和政策措施包括：在市场决定基础上，进一步明确政府工资调控职责，完善政府依法调控的法律法规体系，确定合理的工资调控目标，选择有效的综合调控方法，建立多方协作的工作机制，使政府调控企业工资的各项职责得到落实，各项制度安排得到改进，逐步形成"职责到位、目标明确、方法科学、制度完备"的体制机制，更好地发挥政府调控职能作用，促进形成合理有序的分配格局。

关键词： 工资调控 工资调控体制 工资宏观调控

---

* 狄煌，人社部劳动工资研究所研究三室主任，研究员。主要研究方向为工资分配、收入分配、劳动关系、人工成本、人力资源管理等。

党的十八届三中全会通过的《中共中央关于全面深化改革若干重大问题的决定》（以下简称《决定》）对经济体制和收入分配等重大改革都提出了明确要求。其核心内容是：处理好市场与政府的关系，使市场在资源配置中起决定性作用和更好发挥政府作用。改进和完善政府调控企业工资分配体制机制，是工资收入分配领域全面深化改革的一项重要内容，应当按照全会提出的宏观调控目标制定和政策手段运用机制化，形成合理有序的收入分配格局等新要求加以全面推进。

一 全面深化改革对企业工资宏观调控提出的新要求和新任务

（一）新要求

1. 处理好市场决定机制与政府工资调控的关系

在成熟的市场经济体制中，市场机制和政府宏观调控在调节经济社会运行方面拥有各自的功能，分别发挥着不同作用。我国仍然处于经济社会转轨时期，需要重新定位市场和政府在经济社会发展中的功能和作用。

2. 实现政府对企业工资分配的依法调控

市场经济是法治经济。党的十八届四中全会明确提出了"全面推进依法治国"的要求。企业工资宏观调控是国家宏观调控的一个组成部分，应努力做到让市场主体"法无禁止即可为"，让政府部门"法无授权不可为"。

3. 推进宏观调控目标制定和政策手段运用机制化

实现企业工资宏观调控机制化，要从政府工资调控的基本职能出发，以市场缺陷在处理公平与效率协调关系方面易带来的负面影响为着眼点，首先实现调控目标制定的合理化和标准化；从立法执法、经济调节和必要的行政干预入手，研究和探索政府能够从宏观方面依法调节市场关系和市场行为的一套制度化、规范化并行之有效的调控机制。

4. 形成合理有序的收入分配格局

《决定》把形成合理有序的收入分配格局作为全面深化改革的目标之一，为改进企业工资宏观调控提出了新的要求。通过合理有效地调控企业工资分配，对规范收入分配秩序，完善收入分配调控体制机制和政策体系，保护合法收入，调节过高收入，清理规范隐性收入，取缔非法收入，增加低收入者收入，扩大中等收入者比重，努力缩小城乡、区域、行业收入分配差距，发挥积极促进的作用。

（二）新任务

1. 合理界定政府调控企业工资分配的职能和权限

要避免出现政府对市场过度干预或完全放任市场决定两种极端现象。为此，应协调处理好市场与政府的关系，对政府宏观层面调控企业工资分配的职能进行合理定位，进而明确政府工资调控的目标任务和体制机制。

2. 健全企业工资分配法律法规

市场经济需要完善的法律法规体系和严格有效的执法监督体系，以确保市场经济正常运行。建立完备的法律法规体系既是宏观调控的重要职能，也是宏观调控的重要依据。

3. 理顺政府调控企业工资分配的组织体系

政府调控企业工资分配应当在现有政府职能分工基础上进行。只有政府部门的相互协作，明确各自的职责任务，才能充分发挥应有作用，实现企业工资分配调控目标。

4. 丰富创新政府调控企业工资分配的手段

全面深化改革背景下，政府部门应该创新思维和理念，不断丰富宏观调控手段。党的十八届五中全会通过了《国民经济和社会发展第十三个五年规划纲要（草案）》，提出了创新和完善宏观调控方式，在区间调控基础上加大定向调控力度。这一新论断对丰富创新政府调控企业工资分配具有重要指导意义。

5. 改进和完善政府调控企业工资分配机制

在市场经济条件下调控企业工资分配，政府部门只有根据调控目标要求并在相关调控制度中对调控机制进行合理安排，使之与市场调节机制形成良性互动，才能实现调控目标，提高调控效率，降低调控成本。

二 政府工资调控体制现存问题及原因分析

政府调控企业工资分配的体制是指，政府部门在国家法律规定的职责和权限范围内，对各类企业工资分配实施调控的组织体系和制度形态。政府工资调控体制可以从职能体系、法律体系、制度和手段体系、组织体系四个方面进行分析。

（一）政府调控与市场调节相互关系中的问题及原因分析

1. 问题分析

（1）政府工资调控的具体职能还存在"不到位"问题

与企业工资调控相配套的法律法规体系很不完备。国内至今既没有一部较为系统的工资法典，也没有较为系统的劳动关系或劳资关系法典①。政府部门对国有企业工资分配仍然是多头管控，以致权力分割、体制不顺、职责不清，不仅缺乏统一调控政策和调控方式，影响了调控的整体协调性，而且对部分企业（如金融企业）缺乏严格监管，有些企业甚至存在监管空白。政府部门对调控各类工资差距仍然缺少有效的调控制度和调节手段，工资调控手段与其他经济调控手段缺少协作与配套，难以解决市场工资分配机制缺陷及失灵所产生的社会热点问题。

（2）政府工资调控时常出现"越位"问题

一些地区在推进工资集体协商、促进企业工资增长和设置某些津贴项目方面时常出现政府"越位"干预的不当调控现象。

2. 原因分析

一些政府部门在工资调控中出现"不到位"或"越位"问题，究其原

---

① 这里的法典是指同一门类的各种法规经过整理，编订而形成的系统的法律文件。

因，有传统观念方面的惯性思维影响，有传统做法方面的束缚，有对工作目标急功近利式的追求，以及迫于上级行政命令和任务压力之下的无奈。

（二）政府工资调控法治体系中的问题及原因分析

1. 问题分析

（1）工资分配和工资调控缺少法律的系统规范

我国至今没有工资专项立法，现只有《劳动法》、《劳动合同法》和《企业国有资产法》三部法律中涉及相关内容，与一些成熟市场经济国家的以《劳资关系法》《劳动基准法》《国有企业法》为主体的规范和调控企业工资分配的法律体系存在差距。

（2）工资调控行政法规呈多、散、乱状态

企业工资分配调控的法规都是中央所属部门和地方政府制定和发布的，还没有以国务院名义制定和发布的。规章多，层次低，内容不一致，工作重复，成本较高，难以适应调控需要。

2. 原因分析

一是各方面对政府工资调控的体制机制仍然缺少明确和统一的认识；二是希望通过放慢某些方面立法进程给渐进式改革留下一定空间；三是没有重视对现有法规的及时修订工作。

（三）工资调控制度体系和手段体系的问题及原因分析

1. 问题分析

（1）工资调控的非常规制度较多

既有常规性的工资支付保障制度，又有防止拖欠农民工工资的专项法规和应急手段；既有集体协商法规，又有地方党委政府推进集体协商的组织行为方式；既有工资增长指导线，却又有地方要求企业将工资增长落实方案上报政府部门备案并督促企业执行等。

（2）缺少综合性特别是经济杠杆式的调节手段

至今政府对市场工资分配机制运行和市场工资率形成过程实施间接调节的手段几乎空白。负责工资调控的部门不可能直接掌握和使用那些需要综合运用的经济杠杆。

2.原因分析

一是现有市场工资调节机制和企业工资分配微观机制都不够健全，微观工资分配所产生的一些问题对政府压力较大；二是市场工资调节机制本身并不受公平世界观的支配，而且对一些群体的工资水平及整体工资关系的调节周期较长，难以较快解决问题；三是我国市场经济体系还不完善，企业类型和经营方式都很复杂，工资调控难度大；四是各部门难以形成统一认识。

（四）工资调控组织体系问题及原因分析

1.问题分析

（1）人社部门纵向工作关系在某些局部不够协调

现有体制还不能确保中央政府能够及时制止地方政府在调控企业工资分配中的不当行政干预和相互攀比行为；现有体制使各地政府无法调控本地区中央国有企业的工资分配，也不可能通过调控措施，使中央国有企业与地方各类企业的工资水平、工资增长和工资差别实现相互协调。

（2）各部门对国有企业工资调控的关系不够协调

在政府部门对国有企业分割监管下，国有企业工资分配信息互不畅通，难以在此基础上制定统一的、合理的调控政策；相关部门难以形成共识；各部门之间协作调控难。

（3）不同部门在定向调控和相机调控中缺少协作配合

影响企业工资分配的经济和社会因素众多，各类经济要素和宏观调控工具分别由不同政府部门掌控，在难以形成共识的前提下，各部门在调控政策上难以进行协作配合。

2.原因分析

一是现有法律法规对中央和各地区在工资调控中能够做什么并按照什么程序做没有明确细致的规定；二是国有企业分割监管体制存在较大缺陷；三是宏观经济调控与工资调控缺少经常性的衔接与互动。

三 政府工资调控机制现存问题及原因分析

政府调控企业工资分配的机制是指,政府部门在调控企业工资分配过程中为实现调控目标所做的制度安排,或者是采取相关措施中的调控目标和调控手段之间的作用机理。目前我国政府调控企业工资分配有四个主要目标:一是提供最低工资保障;二是引导企业工资增长与经济社会发展相协调;三是保持合理的工资关系,调节不合理的行业企业工资差距;四是监管国有企业工资分配,使其工资水平及增长与其他类型企业相协调,与企业自身发展及经济社会整体发展相协调。

(一)最低工资标准调节机制中的问题及原因分析

1. 问题分析

(1) 最低工资标准的保障目标尚不明确

我国最低工资标准应将劳动者个人及其家庭成员的基本生活应该保障到一个什么样的程度,从而明确相应的调控目标,现有制度规定比较模糊。

(2) 现在多数地区最低工资标准尚未达到城镇居民最低收入户 1.5 人生活费用支出水准

这是一个在市场经济中较低的保障程度,但部分地区现有最低工资标准还达不到这样的保障程度。

(3) 确定和调整最低工资标准的方法存在缺陷

一是保障程度定位不明确;二是基本测算与调整方法不统一;三是就业者家庭人口赡养系数概念和设置存在偏差;四是测算公式中对各因素的考虑和相关参数设置不合理、不统一;五是最低工资适度标准的验证方式有缺陷;六是现有规定中缺少有关最低工资标准调整的紧急启动机制,难以符合相机调控和定向调控的需要。

(4) 调整最低工资标准缺少规范的前期评估与征询意见程序

2. 原因分析

主要是对最低工资保障目标的认识还不大一致；对最低工资标准调整机制的法制规范程度偏低。

（二）工资指导线调控机制问题及原因分析

1. 问题分析

（1）缺少全国性的工资增长目标导向

国家层面没有形成工资增长的整体目标导向，以指导、协调各地区的工资增长引导目标。

（2）工资指导线的调控目标导向过于宽泛

对工资指导线设置上线和下线难以实现对企业工资增长的合理引导与调控。设置上线对调控国有企业和非国有企业均无实质意义：国有企业有专门的调控机制，调控目标与此有偏差；非国有企业在特定情况下自主安排增资也可能会超过预警线。有的地区将下线设置为工资负增长或零增长更不适合政府角色、调控目标及相关政策。

（3）缺少与调控目标相适应的引导手段

让工资指导线发挥指导作用，争取达成政府预期的工资增长调控目标，没有与之相配套的其他政策引导手段是难以做到位的。

2. 原因分析

主要是工资增长指导与经济调节手段脱节；缺少与工资指导相衔接的在工资集体协商方面的法律上的强制规定。

（三）对信息引导机制问题及原因分析

1. 问题分析

（1）部分地区劳动力市场工资价位数据偏少

部分地区发布工资价位的职业（工种）数量偏少，使工资价位的引导作用相应降低。

（2）现有工资价位尚不具备指导性

信息使用者难以把握其工资水平变动趋势，并对市场主体的行为方式进行相应引导。

（3）行业人工成本重要指标数据有缺漏

一是普遍缺少劳动分配率、人事费用率、人工成本利润率这三项投入产出指标，使用者难以全面掌握行业人工成本信息，合理决策；二是各地区现有指标体系不同，让信息使用者难以对不同地域同行业指标数据进行对比分析。

（4）行业人工成本数据大都未按企业类型和规模分类

降低了信息数据的针对性和实用性。如果一个企业只是参照同行业人工成本的平均水平进行决策，就很可能导致决策失误。

（5）工资价位和人工成本数据质量还不高

信息失真或不准确的情况仍然普遍存在。一些公布的数据并不符合客观实际的变动规律，从理论上和实践上都无法解释清楚，容易产生误导。

2. 原因分析

一是调查统计方式方法不大合理，在数据采集阶段就容易出现偏差；二是对信息指标体系缺少合理、统一规范；三是信息发布不及时且周期较长，与政府调控引导工作不匹配、不协同，难以满足市场主体需要。

（四）国有企业工资水平调控机制现存问题及原因分析

1. 问题分析

（1）尚未将工资关系的合理性与公平性放在优先调控位置

过去和目前的做法只是把处理企业工资和经济效益之间的关系放在确定调控目标的优先位置，而不是将妥善处理企业工资水平与社会工资或市场工资水平的相互关系放在确定调控目标的优先位置。这点与成熟市场经济国家的做法和有益经验存在很大差别。这种做法也在客观上拉大了工资的不合理差距。

（2）未能明确调控国有企业工资水平所应达到的合理程度

在市场经济环境下，政府部门仍不清楚将国有企业的工资水平及工资增长幅度控制到什么程度比较合适，只是不希望其工资水平太高，工资增长太快。不能明确国有企业工资水平及增长的适度性,就不能合理构造适用于国有企业的工资调控的机制。

(3) 工效挂钩机制已经不符合工资调控需要

现行工效挂钩及绩效工资调控机制,都是依据国有企业当期经济效益指标增长情况对其工资增量和工资总量加以调控的机制,并不是调控企业工资水平及其增长与社会工资水平及其增长之间的相互协调关系,解决不了效率和公平兼顾的问题。

(4) 工资总额预算管理办法也难以合理调节国有企业工资水平

这种调控办法的重点调控对象仍然是工资总额及其增长幅度,而不是工资水平,并不能理顺企业工资水平与同行业其他类型企业的工资水平关系。

2. 原因分析

一是对国有企业工资调控的特殊性缺乏深刻认识;二是国有企业改革不到位;三是国有企业监管调控体制改革不到位。

四 改进和完善企业工资宏观调控的基本思路和重点措施

(一)基本思路

在充分发挥市场决定机制的基础上,进一步明确政府工资调控职责,完善政府依法调控的法律法规体系,确定合理的工资调控目标,选择有效的综合调控方法,建立多方协作的工作机制,使政府调控企业工资的各项职责得到落实,各项制度安排得到改进,逐步形成"职责到位、目标明确、方法科学、制度完备"的体制机制,更好地发挥政府调控企业工资分配的职能作用,促进形成合理有序的分配格局。

(二)重点措施

1. 明确政府调控企业工资分配的职责和任务

(1) 明确四项基本职责

工资立法和执法监督。确保市场工资决定和调节机制正常发挥作用,给予政府工资调控明确和充分授权,使工资调控有法可依。

确定和调整必要的市场工资基准。依据《决定》提出的政府需要承担促进共同富裕、弥补市场失灵的职能,政府有必要设置最低工资和加班工资等法定工资基准。

政策指导、信息引导和杠杆调节。依据《决定》提出的政府需要承担的保持宏观经济稳定、加强和优化公共服务、推动可持续发展的职能,政府应当利用推进经济社会发展的有利地位,总揽全局所能获得的相对充分的信息资源,以及可以使用的经济杠杆,对市场主体的工资决策行为施加影响,通过引导和帮助,使市场主体行为趋向调控目标。

监控国有企业工资分配。对于那些具有特殊经营职能,或者处于市场垄断地位、拥有经济资源和政策资源优势的国有独资、控股企业,只要是决策体制不完备,不完全适用于市场机制调节,或者在市场机制作用下会产生不良的经济社会效应,政府还应当担负起监管调控其工资分配的职责。

(2) 确定职责范围内的重点工作任务

为贯彻党的十八届三中全会《决定》对处理好市场与政府的相互关系提出的着力解决市场体系不完善、政府干预过多和监管不到位问题的要求,有必要确定以下《政府调控企业工资分配工作任务总表》,并据此履行相应职责,对目前缺位工作进行补充,对目前越位工作进行调整或清理,对目前还难以确定的工作任务继续进行探索。

表1 政府调控企业工资的职责-任务清单

基本职责	工作任务	工作机构	决策机构
立法规范和执法监督	配合制订、修改涉及工资分配的综合性和专项法律	国家人力资源和社会保障部门提出草案或建议	全国人大
	制订、修改涉及工资分配的综合性和专项法规	国家人力资源和社会保障部门提出草案或建议	国务院
	制订、修改全国性实施工资分配法律法规的规章	国家人力资源和社会保障部门制定	国务院
	制订、修改地区性实施工资分配法律法规的规章	地区人力资源和社会保障部门制定	地方政府

续表

基本职责	工作任务	工作机构	决策机构
立法规范和执法监督	监督法律法规执行情况①	国家和地区人力资源和社会保障部门	
	调解和仲裁市场主体工资分配争议和纠纷	国家和地区人力资源和社会保障部门调解及仲裁机构	
制订调整工资基准	依法建立健全最低工资保障制度	国家人力资源和社会保障部门提出方案及建议	国务院
	适时调整最低工资标准	地方人力资源和社会保障部门提出方案及建议	地方政府
	依法调整加班工资及特殊情况下工资支付的基数和比例	国家人力资源和社会保障部门提出方案及建议	全国人大
政策指导、信息引导和杠杆调节	制订国家中长期工资增长规划目标和年度工资调控预期目标	国家人力资源和社会保障部门提出方案及建议	国务院
	制订调整地区年度工资调控预期目标	地方人力资源和社会保障部门提出方案及建议	地方政府
	统计发布年度行业企业工资、职工薪酬、人工成本水平及劳动生产率等指标数据	国家和地区人力资源和社会保障部门协作调查统计	国家人力资源和社会保障部门发布全国数据;地区人力资源和社会保障部门发布地区数据
	运用财税、金融等经济杠杆协助工资调控	国家和地区人力资源和社会保障部门商政府相关部门提出方案及建议	国务院;地方政府
监控国有企业工资分配	建立健全中央国有企业负责人薪酬制度	国家人力资源和社会保障部门提出制度方案和实施方案	党中央;国务院
	建立健全地区国有企业负责人薪酬制度	地区人力资源和社会保障部门提出制度方案和实施方案	地区党委;地方政府
	建立健全中央国有企业工资水平和工资总额调控制度	国家人力资源和社会保障部门提出制度方案和实施方案	国务院
	建立健全地区国有企业工资水平和工资总额调控制度	地区人力资源和社会保障部门提出制度方案和实施方案	地方政府

① 包括对市场主体执行法律法规情况的监督,以及政府对于国有企业工资分配专项监督检查工作。

2.完善政府调控企业工资分配的法律体系

（1）制定颁布工资集体协商法律法规

可以考虑优先制定并争取由全国人大颁布《集体合同法》。如果在将来一段时间内仍不能做出这样的安排，可以先考虑由国务院制定颁布《工资集体协商条例》。在其中加入正常启动集体协商的强制性规定，不能只在宏观层面进行一般性号召和引导，更不应靠行政命令行事。可考虑修订《中华人民共和国劳动争议调解仲裁法》，加入对集体协商重大争议做出特别仲裁的规定。

（2）制定颁布《最低工资条例》

由国务院颁布《最低工资条例》，或尽早补充修订现有《最低工资规定》。

（3）制定颁布《工资支付条例》

由国务院颁布实施适用于各地区的《工资支付条例》，改变各地区出台本地区规定的状况。

3.完善城乡就业者工资和企业薪酬调查统计工作

（1）完善城乡就业者工资统计工作

尽快开展对城乡各类就业者及其整体工资水平、工资增长和工资关系的统计调查工作，使政府部门对全国工资分配情况进行全面及时研判，合理确定相应的调控目标，研究制定相关调控政策，稳步推进各项调控措施。

（2）加快推进企业薪酬调查统计工作

一是组建专职薪酬调查员与兼职薪酬调查员相结合的统计调查队伍；二是改进企业薪酬调查方式；三是组织开展对专职调查员和兼职调查员的调查统计培训工作；四是借鉴部分国家经验做法，建立健全包括各类企业工资、职业薪酬、人工成本、工作时间、劳动生产率和重点经营指标在内的相对完整的企业工资分配统计指标体系，由政府部门在对各项基础数据统计加工基础上向社会定期公开发布，发挥这些重要信息对企业工资分配的综合性引导作用。

4. 加紧完善最低工资标准制定和调整机制

要明确最低工资保障目标。目前各地区制定颁布的最低工资标准应当能够保障就业者本人及其家庭赡养人口的生活水平达到当地城镇居民10%最低收入户的平均生活消费支出水平。在制定《最低工资条例》或修订《最低工资规定》过程中，要依据最低工资标准保障目标调整相关制度安排，优化最低工资标准确定和调整机制。统一规定城镇居民家庭就业者平均赡养系数，可暂时规定为1.5。有必要在最低工资保障制度中加入特殊情况下的标准调整的紧急启动机制。可规定今后各地区在向中央政府报送本地区最低工资标准调整方案中必须同时签署政府、工会、企业联合会/企业家协会和工商联四方意见。

5. 改进政府工资指导机制

政府部门可以将现行制定发布年度工资指导线改为制定发布年度综合性工资增长调控指导政策，一方面集中精力制定好工资增长综合调控目标（类似于原工资增长基准线），不再制定发布工资增长线上线和下线；另一方面结合本地区经济社会发展趋势，围绕工资增长综合调控目标，制订发布有利于实现工资增长调控目标相配套的工资增长调控政策措施及相关建议，供市场主体在工资决定过程中做参考。加快覆盖城乡、合理分类的工资分配信息调查统计指标体系建设，改进与工资分配政策指导相配套的信息引导机制。政府部门有必要在工资分配信息引导方面加强与社会专业机构的分工协作。政府部门可以为企业开辟工资分配信息的窗口指导业务，通过各地区人力资源和社会保障公共服务平台，利用政府掌握的政策资源和信息资源，接受并答复各类企业相关政策咨询和信息咨询。在目前力量有限的情况下，可以先从向小微企业提供服务开始，逐步扩大政策和信息个性化指导服务的范围。

6. 全面改革国有企业监管调控体制

在合理区分国有企业监管和国有资本运营的基础上，尽快改变各政府部门对国有企业及其工资分配的分割监管体制。建议改组现有国务院国有资产监督管理委员会机构，组建国务院直接领导下的由中央相关部门领导参加的国务院国有企业资产联合监督管理委员会,作为统一对中央及地方国有企业资产进行监督管理的决策审议机构。

7. 改进政府对国有企业工资监管调控机制

第一,政府要在整合对国有企业及其工资分配监管体制的基础上,统一规范对各类国有企业工资分配和企业负责人薪酬分配的监管制度和调控机制,彻底打破长期以来政府部门分头监管调控、各行其是的格局。

第二,对应纳入政府部门监管调控范围的国有企业不再使用现行工资总额与经济效益挂钩、绩效工资核定和工资总额预算等调控机制,应当建立一套以合理调控工资水平为目标、兼顾社会公平与企业效率的国有企业工资水平增长调控机制。一是由调节工资总额增量转为工资水平增量,将国有企业年度工资水平增长率作为工资调控核心目标,在企业目前工资水平基础上调整确定工资水平调控基数,做好新老调控机制的平稳衔接;二是借鉴发达经济体的成熟经验做法,将国内同行业私营企业年度工资水平增长率作为确定国有企业年度工资水平增长率的参照系或基本依据,先行实现国有企业工资增长与私营企业工资增长的相互关联;三是测算国有企业年度经营业绩与国内同行业私营企业经营业绩的比值,合理评估国有企业较为真实的经营业绩提高程度,以此作为工资增长的一个重要调节系数,从而在私营企业年度工资增长率基础上进一步调增或调减国有企业年度工资水平增长率;四是可将国有企业年度工资增长率的调控底线设置为本地区城镇 CPI 指数,对于营业额保持稳定的企业允许保持实际工资水平不降低。

第三,为将国有企业工资水平逐步调整到与其他企业相对合理的程度,有必要按照分类调控方式,在调控机制中再加入一个分类调控系数,有效控制对不同类型国有企业工资水平增长的调控力度。目前可以按照调控对象工资水平相当于同行业私营企业工资水平的倍数进行初步分类,然后再在每个类别中,按照调控对象工资水平前 3 年年平均递增速度与私营企业同期工资水平增长速度的比照关系再划分出两个档次,分别确定不同的调控系数,作为分类调控国有企业工资水平增长的补充依据。

第四,为做好国有企业工资水平调控工作,应与政府相关机构密切配合,先抓紧完善对国内私营企业工资水平及关键经营指标的统计体系,尽快提高统计数据的质量。

8.加强政府部门之间和与相关社会组织之间的协作关系

政府在调控指导企业工资分配过程中应当加强政府部门之间和相关社会组织之间的协作关系,发挥各自优势,形成优势互补,对企业工资分配给予全方位、多层次的调控与引导。承担企业工资调控指导主要责任的政府部门应加强对宏观经济社会发展形势的研判,特别是研究分析国家战略决策、重点改革举措和宏观经济调控政策对企业工资分配以及调控工作的各种影响,从而确定与之相适应的企业工资分配调控指导目标及政策措施,形成"彼此呼应、相互配合"的格局。在企业工资分配调控指导方面,各级政府可以促进劳动关系三方协调机制发挥更大作用。一是可以由三方指定人员组成工作组共同研究提出各地区最低工资调整方案,或者由三方认定的专业机构研究提出各地区最低工资调整方案;二是支持行业工会和行业协会依法开展行业层面的集体协商,对工资增长和劳动定额等内容做出约定,并向双方提供需要的政策和信息等方面的指导;三是可以与本地区劳资双方的成员共同出面及时调解企业工资集体过程中出现的重大争议事件。

参考文献

[1] 尹蔚民:《民生为本 人才优先——人力资源社会保障事业十年发展(2002~2012)》,人民出版社、中国劳动社会保障出版社,2012。
[2] 邱小平主编《工资收入分配》,中国劳动社会保障出版社,2004。
[3] 李唯一:《中国工资制度》,中国劳动出版社,1991。
[4] 祝晏君等:《市场经济条件下的企业工资管理》,人民邮电出版社,1995。
[5] 刘杰三、练岑主编《中国工资体制改革和工资工作研究》,中国劳动出版社,1994。
[6] 劳动部工资司:《不同经济类型国家的工资管理》,劳动人事出版社,1988。
[7] 苏海南等:《合理调整工资收入分配关系》,中国劳动社会保障出版社,2013。
[8] 李连友:《经济主体收入分配格局与政府调控》,河北大学出版社,2010。

Ⅲ 企业人工成本篇

中国部分地区人工成本变动状况分析

狄 煌[*]

摘　要：　从2014年部分地区人工成本增长情况的分析中可以发现，各地区行业企业人工成本变动中的新常态特征明显增强，一是多数地区人工成本总体增长速度比前期有所回落，与全国工资总体增长趋势基本保持一致；二是不同地区同行业或同行业不同地区的人工成本增长速度差别很大，特别是工资水平较高的垄断性行业的人工成本增长速度比别的行业要快，但工资水平较低且竞争程度高的行业的人工成本增长速度相对较慢，行业工资收入差距仍然存在继续扩大趋势；三是以全国建筑业主要工种的人工成本增长为例，可见普通员工，特别是技术工人的人工成本上升速度继续保持了较快增长态势；四是不同规模企业人工成本增长速度开始呈现较明显的梯度

---

[*] 狄煌，人社部劳动工资研究所研究三室主任，研究员。主要研究方向为工资分配、收入分配、劳动关系、人工成本、人力资源管理等。

分布，即规模相对较大的企业人工成本增长速度相对较快，规模相对较小的企业人工成本增长速度相对较慢；五是企业人工成本上升压力普遍存在，对效益水平的负面影响不容忽视，需要在转方式、调结构中通过提高劳动生产率加以缓解和消化。

关键词： 人工成本　行业人工成本　人工成本分析

一　多数地区人工成本总水平增长速度有所回落

对上海、沈阳、青海和大连四个地区工资及人工成本数据进行统计分析中可以发现，相比2013年，2014年人工成本水平增长有一个新的特点，上海、沈阳和大连三个中东部城市的人工成本水平增长率有不同程度的回落，只有西部青海省人工成本增速快于2013年（见表1）。多数地区人工成本水平增幅出现明显回落，可反映出我国更为明显的经济新常态特征，不但与各地区经济增速回落情况相符合，而且与我国整体工资水平增长的大趋势基本吻合。

表1　2014年4个地区工资及人工成本水平增长情况

地区	职工平均工资(元)		人均人工成本(元)		工资增长率(%)		人工成本增长率(%)	
	2013年	2014年	2013年	2014年	2013年	2014年	2013年	2014年
上海	91477	100623	137421	152537	14.1	10.0	33.44	11.00
沈阳	52389	56590	76574	75178	5.0	8.0	8.22	-1.82
青海	52105	57804	53442	58402	11.3	10.9	6.8	9.3
大连	58946	63611	70697	72033	7.5	7.9	2.25	1.89

注：
①本表上海、沈阳、青海和大连为在岗职工平均工资。
②本表中人工成本总水平增长率根据各地区公布数据计算。
③工资和人工成本增长率均为名义增长率，未剔除物价变动因素。

2014年,全国城镇非私营单位和私营单位平均工资名义增长率分别为9.4%和11.3%,相比2013年的10.1%和13.8%,分别下降了0.7个百分点和2.5个百分点。根据表1观察,2014年上海和青海的名义工资增长在10%左右,沈阳和大连的名义工资增长只有8%。与2013年相比,上海和青海名义工资增速分别下降了4.1个百分点和0.4个百分点,沈阳和大连名义工资增速分别上升了3个百分点和0.4个百分点。2014年,上海和沈阳人工成本增速回落幅度较大,大连人工成本增速低且回落幅度小,青海人工成本增速有所上升但低于工资水平增速。由于各地区工资增长统计中包括有机关和事业单位,不同于人工成本增长统计只涉及企业。因此,各地区人工成本水平的变动幅度一般都要比本地区工资水平变动幅度大一些,相对于各地区经济发展状况,本地区人工成本的变动要比工资水平的变动更为敏感,因而可以更直接地反映出微观层面的工资收入分配状况。

二 行业人工成本水平变动差别较大

分析我国不同地区各行业人工成本水平增长情况,会发现两个较明显的特点:一是同一地区不同行业人工成本增长速度存在较大差别;二是不同地区同行业企业人工成本增长速度也存在较大差别。

表2 5个地区9行业人工成本水平及增长情况

地区	2013年平均人工成本(元)	2014年平均人工成本(元)	年度增长率(%)
北京	—	—	—
制造业	107455	119788	11.48
电力、燃气和水的供应业	157948	158490	0.34
建筑业	103026	119929	16.41
交通运输、仓储和邮政业	88850	101955	14.75
信息传输、计算机服务和软件业	162595	189362	16.46
批发和零售业	102855	117563	14.30
住宿和餐饮业	84654	77611	-8.32
金融业	258449	311893	20.68

续表

地区	2013年平均人工成本(元)	2014年平均人工成本(元)	年度增长率(%)
房地产业	96682	110951	14.76
上海	137421	152537	11.00
制造业	137005	148499	8.39
电力、燃气和水的供应业	217725	248549	14.16
建筑业	123810	139532	12.70
交通运输、仓储和邮政业	120502	137008	13.70
信息传输、计算机服务和软件业	212073	241695	13.97
批发和零售业	84427	90842	7.60
住宿和餐饮业	90820	100418	10.57
金融业	283876	322453	13.59
房地产业	63622	70995	11.59
沈阳	76574	75178	-1.82
制造业	77572	75307	-2.92
电力、燃气和水的供应业	78565	118624	50.99
建筑业	97078	79397	-18.21
交通运输、仓储和邮政业	64008	62204	-2.82
信息传输、计算机服务和软件业	96961	98496	1.58
批发和零售业	69314	68681	-0.91
住宿和餐饮业	64408	66218	2.81
金融业	133103	137520	3.32
房地产业	116955	86281	-26.23
青海	53442	58402	9.3
制造业	48501	51433	6.1
电力、燃气和水的供应业	67029	70946	5.8
建筑业	53768	58968	9.7
交通运输、仓储和邮政业	52808	66264	25.5
信息传输、计算机服务和软件业	58797	61343	4.3
批发和零售业	52054	53190	2.2
住宿和餐饮业	42011	42404	0.9
金融业	92812	101473	9.3

续表

地区	2013年平均人工成本(元)	2014年平均人工成本(元)	年度增长率(%)
房地产业	60683	68135	12.3
大连	70697	72033	1.89
制造业	68754	69550	1.16
电力、燃气和水的供应业	95053	101747	7.04
建筑业	83018	73428	−11.55
交通运输、仓储和邮政业	59740	68978	15.46
信息传输、计算机服务和软件业	88546	96272	8.73
批发和零售业	64175	66733	3.99
住宿和餐饮业	50709	60223	18.76
金融业	115475	147365	27.62
房地产业	79311	86625	9.22

注：
①本表根据这5个地区统计发布的行业人工成本年度抽样调查数据进行整理。
②本表在各地区统计发布的行业人工成本数据中只选取了9个有代表性和可比性较强的按国民经济大行业分类的行业人工成本数据。

从同一地区不同行业情况来看，2014年北京市9个行业中有7个行业的人工成本增长速度超过10%，说明多数行业人工成本增长较快。其中，增长最快的行业是金融业（20.68%），增长最慢的行业是住宿和餐饮业（−8.32%），行业差别近30个百分点。上海市2014年的情况与北京市基本相同，9个行业中也有7个行业人工成本增长速度超过10%。其中增长最快的是电力、燃气和水的供应业（14.16%），增长最慢的是批发和零售业（7.60%），但行业差别较小（不足7个百分点）。沈阳市2014年各行业人工成本增长情况与北京市和上海市明显不同，各行业呈大上大下的状态。其中，增长最快的是电力、燃气和水的供应业（50.99%），增长最慢的是房地产业（−26.23%），行业差别近80个百分点。青海省与众不同的是各行业人工成本水平都比去年不同程度上升，增长最快的是交通运输、仓储和邮政业（25.5%），增长最慢的是住宿和餐饮业（0.9%）。大连市2014年人工成本增长情况介于几个地区的中间状态。其中，增长最快的是金融业

(27.62%),增长最慢的是建筑业（-11.55%），行业差别近40个百分点，不是很大，但也不低。具体详见表2。

从上述5个地区9个的行业2014年人工成本增长情况看，可以从中发现一个较为普遍的现象，就是原有工资水平相对较高的行业（或者垄断程度较高的行业）的人工成本水平上升速度仍然相对较快；原有工资水平相对较低的行业（或者竞争程度相对较高的行业）的人工成本水平上升速度仍然相对较慢。这种情况说明，我国行业工资收入差距仍然存在进一步拉大的趋势，在现有经济结构下合理调控行业工资收入差距仍旧十分艰难，绝不能掉以轻心。

三 普通员工人工成本水平继续较快上升

暂以建筑行业目前定期发布的我国各省会地区主要建筑工种人工成本水平及增长情况为例，对建筑行业主要工种的人工成本增长情况进行追踪分析，从而可以从一个角度对企业普通员工的人工成本上升情况进行观察分析。

表3 全国省会地区建筑业主要工种人工成本水平及增长情况

单位：元/月，%

序号	工种	2013年1季度	2014年1季度	2014年增长率
1	建筑、装饰普工	1954	2253	15.3
2	木工（模板工）	2970	3361	13.2
3	钢筋工	2710	3192	17.8
4	混凝土工	2473	2860	15.6
5	架子工	2700	3116	15.4
6	砌筑工（砖瓦工）	2811	3249	15.6
7	抹灰工（一般抹灰）	2705	3182	17.6
8	抹灰、镶贴工	3013	3539	17.5
9	装饰木工	3164	3543	12.0
10	防水工	2407	2837	17.9

续表

序号	工种	2013年1季度	2014年1季度	2014年增长率
11	油漆工	2512	2902	15.5
12	管工	2513	2888	14.9
13	电工	2485	2910	17.1
14	通风工	2507	2847	13.6
15	电焊工	2612	3097	18.6
16	起重工	2367	2734	15.5
17	玻璃工	2385	2670	11.9
18	金属制品安装工	2450	2759	12.6
	平均	2597	2996	15.4

注：建筑工种人工成本项目包括基本工资、工资性补贴、生产工人辅助工资、职工福利费、生产工人劳动保护费。

根据表3，可以发现2014年18个建筑业工种中多数工种的人工成本增长速度均在15%以上。这种增长较快情况从2010年开始已经延续了4年。按照这个增速，只要5年就可以使人工成本水平翻一番，更何况在有的年份人工成本增长速度甚至超过了20%。当然，原来这些工种的工资及人工成本水平确实比较低，这几年翻了一番后多数工种的人工成本也只是达到每月3000元水平。但是，持续较快的人工成本上升速度客观上是难以通过提高企业劳动生产率进行消化吸收的，它的外溢效应势必加大企业生产经营的绝对成本和相对成本，并且在可能的情况下推动产品价格快速上升，或者继续消减企业原有的利润水平。

四 不同规模企业人工成本增速开始呈现梯度变化

以上海市为例，从表4中可以发现，与2013年情况不同的是，2014年上海市绝大多数行业的不同规模企业人工成本增长率已开始呈现一个较为明显的梯度分布，规模相对较大的企业人工成本增长速度相对较快，规模相对较小的企业人工成本增长速度相对较慢。

表4　上海部分行业不同规模企业人工成本水平增长情况

单位：%

行业及规模	2013年增长率	2014年增长率
总　计	33.4	11.0
一、制造业	26.8	8.4
1. 大型	27.2	10.6
2. 中型	30.0	8.6
3. 小型	14.8	8.0
二、电力、热力、燃气及水生产和供应业	11.8	14.2
1. 大型	13.9	15.7
2. 中型	5.3	13.6
3. 小型	16.4	14.0
4. 微型	9.9	12.5
三、建筑业	25.0	12.7
1. 大型	24.3	13.6
2. 中型	40.0	13.1
3. 小型	23.7	10.1
4. 微型	-46.2	11.0
四、批发和零售业	19.5	7.6
1. 大型	15.9	9.0
2. 中型	11.3	8.5
3. 小型	38.6	6.1
五、交通运输、仓储和邮政业	6.9	13.7
1. 大型	7.0	14.8
2. 中型	19.2	13.9
3. 小型	56.0	11.1
4. 微型	9.9	10.6
六、住宿和餐饮业	20.3	10.6
1. 大型	-2.5	12.5
2. 中型	34.4	10.2
3. 小型	44.0	9.6
七、信息传输、软件和信息技术服务业	16.8	14.0
1. 中型	71.5	-12.3
2. 小型	69.7	-9.3

续表

行业及规模	2013 年增长率	2014 年增长率
八、房地产业	14.1	11.6
1. 大型	19.5	13.7
2. 中型	1.2	11.3
3. 小型	4.9	9.2
4. 微型	-4.3	10.3

注：本表根据上海市发布的 2012~2014 年人工成本统计数据加工计算。

2013 年上海市绝大多数行业不同规模企业的人工成本水平增长速度还没有呈明显的梯度分布状态，很多行业的小微型企业人工成本水平增长速度甚至超过了大型企业。当然，从 2013 年上海市很多行业企业人工成本上升幅度过猛的情况看，无法排除其调查统计样本变动及数据失真的情况存在，但是在 2014 年这种情况确实得到了明显的改观。不仅是总体上各行业人工成本增长速度出现企稳的状态，而且各行业不同规模企业的人工成本增速上的梯度公布应该符合我国目前不同规模企业人工成本增长的正常状态。从同行业大型企业人工成本增速超过小型企业 2 个百分点的行业看，其中包括了制造业，建筑业，批发和零售业，交通运输、仓储和邮政业，住宿和餐饮业，房地产业 6 个行业，说明存在较大的普遍性。从同行业大型企业人工成本增速超过微型企业 3 个百分点的行业看，其中包括电力、热力、燃气及水生产和供应业，交通运输、仓储和邮政业，房地产业 3 个行业。虽然部分行业未统计微型企业，但是这种现象应该带有普遍性。

五 人工成本过快增长明显影响企业利润水平

人工成本过快增长一般是指人工成本超越了劳动生产率增长速度，可以从人工成本指数或者劳动分配率、人事费用率指标上升幅度和持续性中表现出来。各地区目前尚未设立人工成本指数统计指标，多数地区也没有统计公布劳动分配率指标。这里暂以上海市制造业为例,使用人事费用率和人工成本利润率这两个指标观察人工成本相对水平上升后对企业利润的负面影响。

表5 2014年上海市制造业人事费用率和人工成本利润率变动情况

单位:%

行　业	人工成本利润率变动幅度	人事费用率变动幅度
1. 食品制造业	-3.7532	0.3368
2. 酒、饮料和精制茶制造业	-0.0280	-0.0640
3. 纺织业	-3.0266	1.9969
4. 纺织服装、服饰业	-0.7100	2.6128
5. 皮革、毛皮、羽毛及其制品和制鞋业	2.1484	0.2624
6. 木材加工和木、竹、藤、棕、草制品业	26.6821	-1.4135
7. 家具制造业	5.2867	-0.6629
8. 造纸和纸制品业	-0.6970	0.4488
9. 印刷和记录媒介复制业	4.8367	-0.9550
10. 文教、工美、体育和娱乐用品制造业	-8.2371	1.5920
11. 石油加工、炼焦和核燃料加工业	8.3986	-0.0803
12. 化学原料和化学制品制造业	5.0319	-0.2958
13. 医药制造业	26.3477	-2.1691
14. 化学纤维制造业	4.2394	-0.1788
15. 橡胶和塑料制品业	-4.8783	0.3501
16. 黑色金属冶炼和压延加工业	4.0535	-0.2879
17. 有色金属冶炼和压延加工业	1.7813	-0.3125
18. 金属制品业	2.9064	-0.6165
19. 通用设备制造业	3.5966	-0.3170
20. 专用设备制造业	8.4641	-0.4893
21. 汽车制造业	-6.0721	-0.5837
22. 铁路、船舶、航空航天和其他运输设备制造业	53.8710	-4.7605
23. 电气机械和器材制造业	28.9082	-2.5049
24. 计算机、通信和其他电子设备制造业	-10.8271	5.1311
25. 仪器仪表制造业	2.3309	-0.8352
26. 其他制造业	-7.0476	0.3348
27. 金属制品、机械和设备修理业	-2.8077	0.4562

资料来源:本表根据上海市2013~2014年人工成本调查统计数据整理。

人事费用率可以反映人均人工成本水平与按销售额计算的劳动生产率之间的比值关系。从人事费用率的上升或下降中，可以间接反映出人工成本指数的变动状况。根据表5发现，2014年上海市制造业中有17个行业的人事费用率下降、10个行业人事费用率上升，当年降幅最大的是铁路、船舶、航空航天和其他运输设备制造业，升幅最大的是计算机、通信和其他电子设备制造业。同期，制造业中有16个行业的人工成本利润率上升，11个行业下降，当年上升幅度最大的是铁路、船舶、航空航天和其他运输设备制造业，下降幅度最大的是计算机、通信和其他电子设备制造业。因此，人事费用率和人工成本利润率明显呈反向变化关系，人事费用率降幅最大的行业正好是人工成本利润率升幅最大的行业，人事费用率升幅最大的行业正好也是人工成本利润率降幅最大的行业。通过相关分析发现，两者相关系数为-0.81，呈较显著的负相关关系。这说明，只要人工成本指数、劳动分配率、人事费用率上升，就会在一定程度上对企业利润形成负面影响，但具体影响到什么程度，还要看企业在提高效益水平和控制其他成本方面如何应对。

参考文献

［1］刘学民主编《中国薪酬发展报告（2015）》，中国劳动社会保障出版社，2015。

［2］《2013年一季度建筑工种人工成本信息》和《2014年一季度建筑工种人工成本信息》，https：//wenku.baidu.com/view1193115e31b765ce050814ac.html；https：//wenku.baidu.com/view/e95c2f99f76c661371af6.html。

制造业劳动力成本国际比较

钱 诚*

摘 要：在国际比较研究中，我们发现，中国的制造业劳动力成本和其他发达国家之间的差距（主要是亚洲国家）正在缩小，但单位劳动力成本优势依然存在。虽然绝对劳动成本水平已经超过了一些东南亚国家，但劳动生产率优势没变，中国仍然具有很强的竞争力。从单位劳动成本的角度来看，相对于新兴工业国家，制造业在中国的优势并不明显。

关键词： 劳动生产率 单位劳动力成本 国际比较

近年来，中国东南沿海一些地区的制造业企业因劳动力成本上升、生产经营困难等原因接连发生停产倒闭状况，或向越南、柬埔寨等一些东南亚国家转移，对中国制造业企业生存发展、产业转型升级和稳定地区就业等产生一定影响。劳动力成本上升一方面反映了制造业从业劳动者工资增长，对提高工薪劳动者收入，缩小收入分配差距和改善民生具有积极意义，另一方面，劳动力成本不断上升对劳动密集型制造业企业，尤其是中小企业，造成了一定程度的成本压力，对外商投资、地区就业和企业经营决策等带来一定负面影响。

制造业是中国经济社会发展的支柱产业之一，对国民生产总值、吸纳就业、上缴利税和环保节能等具有重要贡献。中国凭借丰富的劳动力资源和劳

---

* 钱诚，人社部劳动工资研究所助理研究员，主要研究方向为人力资源管理、劳动经济学及公共管理等。

动力成本比较优势，获得了"世界工厂"的声誉，随着经济社会环境的变化，中国制造业的劳动力成本近年来出现了较快增长，在全球第三次工业革命背景下，中国政府提出"中国制造2025"战略目标，"中国制造"能否继续保持劳动力比较优势，是实现"制造业大国"向"制造业强国"转变的重要影响因素，也是保持中国制造业国际竞争力的重要体现。在新的国际经济形势下，有必要比较中国与发达工业国家、典型发展中国家和周边国家的制造业劳动力成本情况，为政府制定相关产业政策、就业及收入分配政策提供参考。

一 制造业劳动力成本国际比较：已有观点

制造业劳动力成本比较历来受到一些国家和机构的重视，如美国劳工统计局（U. S. Bureau of Labor Statistics）开展的劳动生产率和劳动力成本项目（Labor Productivity and Costs），对本国及20多个世界主要经济体的主要部门生产率和小时劳动力成本开展监测，其中包括制造业劳动力成本的国际比较，对服务美国重大经济决策提供了有效的支撑。①

近年来，一些研究报告开始关注中国制造业的劳动力成本问题。2014年，经济学人智库（Economist Intelligence Unit）发布《优势依旧——中国制造业劳动力成本分析》报告，报告指出2001~2012年，中国每小时制造业劳动报酬的年均增幅为11.9%（按本币计算），尽管制造业劳动力成本大幅上升，但中国在国际上仍将保持很强的竞争力。2012年中国制造业工人的每小时工资平均为2.1美元，作为比较，美国的这一数据高达35.7美元，德国和法国分别达到45.8美元/小时和39.8美元/小时。报告预计中美两国制造业间的劳动力成本差距将会缩小，但到2020年时中国的劳动力成本仍将不足美国的12%，中国制造业劳动力成本仍会低于巴西、墨西哥和土耳其，但到2019年，中国制造业小时劳动力成本与越南、印度数据之比将分

---

① 参见美国劳工统计局"劳动生产率与劳动力成本"项目主页，http：//www.bls.gov/lpc/home.htm。

别从2012年的147%和138%上升至177%和218%。①

联合国工业发展组织（United Nations Industrial Development Organization，UNIDO）和世界经济论坛（World Economic Forum）联合发布的《制造业未来：驱动力，投资可能》（*The Future of Manufacturing: Driving Capabilities, Enabling Investments*）认为，未来5年内全球制造业价值链体系面临许多新挑战，其中之一是作为主要制成品供应国的中国面临劳动力成本的持续上升问题，其影响一是生产能力向潜在的低工资国家转移，二是中国制造向更高的价值链和市场升级。发达国家工资增长率仍将保持低速增长，而发展中国家的工资增长将加快，发展中国家和发达国家之间制造业工资差距将进一步缩小，然而，企业对于未来生产地点的选择将更多考虑贴近消费者市场和供应链，而不是工资差距。②

波士顿咨询集团（The Boston Consulting Group，BCG）发布《全球制造业的经济大挪移》（*The Shifting Economics of Global Manufacturing: How Cost Competitiveness Is Changing Worldwide*）显示，中国的制造成本已经与美国相差无几。在全球出口量排名前25位的经济体中，以美国为基准（100），中国的制造成本指数是96。一是因为中国工人的薪资提高，依据生产力调整后的工资水平，从2004年的4.35美元时薪涨到2014年的12.47美元，涨幅达187%。二是汇率变化，2004年至2014年人民币对美元的汇率升了35%。③同上述报告观点类似，牛津经济研究院（Oxford Economics）的一份报告也指出，中国的薪酬增长远远超过生产效率的增长，叠加人民币走强的影响，中国单位劳动力成本已经只比美国低4%。④

国内一些机构和学者也发布了许多制造业劳动力成本比较的成果。如

---

① 《优势依旧——中国制造业劳动力成本分析》，经济学人（中国），2014年11月，http://www.eiu.com/china。
② 《制造业未来：驱动力，投资可能》，世界经济论坛官网，2015年12月，http://www3.weforum.org/docs/Media/GAC14/Future_of_, Manufacturing_Driving_Capabilities.pdf。
③ 《全球制造业的经济大挪移》，波士顿咨询公司网站，2015年8月，http://www.bcgperspectives.com/content/articles/lean_manufacturing_globalization_shifting_economics_global_manufacturing/。
④ 《牛津经济研究院：中国制造业劳动力成本只比美国低4%》，财经网，2016年3月17日，http://economy.caijing.com.cn/20160317/4090475.shtml。

《中国工业发展报告 2014》指出，中国工资水平在过去 10 余年大幅增长，制造业平均工资超过大多数东南亚国家和南亚国家，劳动力成本优势已成往事。报告援引日本贸易振兴机构在 2013 年 12 月至 2014 年 1 月所做的调查数据指出，上海普通工人的月基本工资为 495 美元，分别是吉隆坡、雅加达、马尼拉、曼谷、河内、金边、仰光、达卡、新德里、孟买、卡拉奇、科隆坡的 1.15 倍、2.05 倍、1.88 倍、1.35 倍、3.19 倍、4.9 倍、6.97 倍、5.76 倍、2.2 倍、2.38 倍、3.21 倍、3.8 倍。[1] 中国人民银行 2012 年在四川的调查结果显示，1996 年以来四川省工业企业劳动力成本增速近年来开始超过劳动生产率增速，劳动密集型企业和中小企业单位劳动力成本上升明显，四川地区相比东部地区的劳动力成本优势开始显现等。曲玥和都阳（2014）、魏浩和郭也（2013）、王燕武（2011）等人的研究也表明，中国制造业小时劳动报酬、小时劳动生产率都表现为日益增加的态势，单位劳动力成本整体表现为先下降后逐渐增加的态势。

  总体来看，近年来随着制造业企业工资水平的较快增长和社会保险缴费的增加，中国制造业劳动力成本出现较为明显的上升趋势。制造业劳动力成本绝对水平的大幅提高已是不争的事实，然而，中国制造是否还具有比较优势，未来是否还具有成本上升空间，不仅要看绝对水平，还要考虑劳动生产率的提高等因素。针对中国制造业劳动力成本的国际比较，已有成果中观点不尽相同，这其中既有估算方法的原因，也不能排除一些机构研究立场的问题。本报告在借鉴已有研究成果的基础上，尝试回答中国制造业劳动力成本优势比较等问题。

  开展制造业劳动力成本的国际比较，首先要对中国制造业的劳动力成本做出基本判断，由于中国国家统计局及其他官方机构并未发布行业劳动力成本数据，因此需要借助相关数据对中国制造业劳动力成本进行估算。其次，国际比较主要依靠口径一致、连贯和具可比性的相关各国统计数据，然而，这一条件一方面受到统计数据匮乏的制约，另一方面还需要将不同时期的、

---

[1] 《中国制造业工资已超东南亚劳动力成本优势不再》，搜狐财经，2014 年 12 月 15 日，http://business.sohu.com/20141215/n406969822.shtml。

以本币为单位的各国数据进行换算，如基于汇率将各国货币转换为美元。最后，制造业劳动力成本的国际比较涉及一系列指标，如人均劳动力成本、小时劳动力成本以及单位劳动力成本等，这就需要掌握行业就业人数、工作时间以及劳动产出等一系列配套指标。

二 当前中国制造业劳动力成本估算

中国制造业劳动力成本估算是本项研究的第一个挑战。为了与其他国家进行比较，我们需要估算中国制造业劳动力成本水平，而为了获得水平情况，需要估算劳动力成本总量和从业人员数量。另外，为了比较小时劳动力成本和小时劳动生产率，我们还需要进一步掌握劳动时间和行业增加值（或产值）数据。

（一）估算方法

1. 以工资总额估算劳动力成本

国家统计局和其他官方机构并未发布过行业劳动力成本的数据，但官方统计年鉴中有翔实的分行业工资总额（2008年之前统计口径为劳动报酬）数据，根据中国官方的人工成本定义[①]，劳动力成本还包括社会保险费用、职工福利费用、教育费用、劳动保护费用、住房费用和其他人工成本等六个项目。根据中国政府关于社会保险费用等政策的规定（详见表1说明），结合行业经验和微观数据调查情况[②]，我们通过劳动力成本各项构成与工资总额的关联，以工资总额为基数估算劳动力成本。

严格来讲，按照经验比例估算数据是不准确的，理想的做法是对人工成本

[①] 1994年原劳动部和国家统计局联合制定的劳动统计指标解释中对人工成本的定义是：人工成本是指企业在生产经营和提供劳务活动中所发生的直接和间接人工费用的总和。后来在关于人工成本的制度文件中，明确提出人工成本包括：从业人员劳动报酬、社会保险费用、职工福利费用、教育费用、劳动保护费用、住房费用和其他人工成本七个项目。本文中的劳动力成本概念等同人工成本。

[②] 根据人力资源和社会保障部的调查数据，制造业人均人工成本构成中，从业人员劳动报酬约占70%左右。

各项构成原始数据进行加总。但是，从我国目前官方公开可利用的数据看，除劳动报酬外其他分项数据无法得到全国加总数据，因此只能通过估算获得。需要说明的是，估算存在两种偏离实际的可能：一是由于除劳动报酬外的其他各项比例均为法定最低标准，有的企业在实际执行过程中可能会高于这些比例，因此存在低估的倾向；二是也有些企业未能严格遵守国家法律，因此也可能存在高估。

2. 对制造业就业人员数的估算

制造业就业人员数是计算人均劳动力成本和劳动生产率的基础，因此，需要搞清楚，中国制造业就业人数究竟是多少？目前，国家统计局《中国统计年鉴2015》中有三张表反映了制造业就业人员数，分别是："表5 按行业分城镇单位就业人员数（年底数）""表6 分地区按行业分私营企业和个体就业人数（2014年年底）"和"表7 分地区按行业分城镇私营企业和个体就业人数（2014年年底）"，其中，表5和表7的加总可以得到制造业城镇单位就业人数，但缺陷是没有涵盖乡镇企业制造业就业人数，由于一些制造业工厂广泛分布于乡镇或城郊工业园区，因此，全口径的制造业就业人数需要进一步获得乡镇企业就业人数。

根据国家统计局《中国乡镇企业及农产品加工业年鉴》（2007年之前称《中国乡镇企业年鉴》）的数据，2010年乡镇企业和制造业企业从业人员年末人数为6557.5万，以2010年为例，综合城镇非私营单位、城镇私营单位和乡镇企业三部分就业人员数，2010年全口径制造业就业人数约为1.23亿。[①] 遗憾的是，《中国统计年鉴》自2009年才开始公布分行业城镇私营单位就业人数，而《中国乡镇企业及农产品加工业年鉴》公布的乡镇企业制造业就业人数只更新到2012年，因此，以这种方法计算制造业就业人数只能得到3年的数据。

另外一个制造业就业人数口径来自国家统计局发布的《中国高技术产业统计年鉴》，以2014年为例，其公布的2013年制造业从业人员平均人数为8614万

---

① 经济学人《优势依旧——中国制造业劳动力成本分析》报告中也是按照城乡两部门估算制造业就业人数，其估算的2011年乡镇制造业企业员工人数为4120万，城镇国有企业、集体企业员工人数为3930万，城镇私营和个体就业人数为2360万，三者合计制造业就业人数为1.04亿。

人。该统计口径是目前可以找到的官方发布的制造业全口径就业人数。这一数据具有以下特点:一是口径大于城镇单位从业人员数据,但并未明确是否包含乡镇单位从业人员;二是作为年度平均人数,与统计年鉴发布的年底数口径有所差异;三是该数据至少涵盖自1995年以来的历年数据,具有连续性。

由于我们估算劳动力成本时使用的是城镇单位从业人员工资总额,为保持口径一致,在计算小时单位劳动力成本时对应城镇单位口径的就业人数,且二者都不包含城镇私营单位数据。在估算劳动生产率时,由于国家统计局公布了全口径的行业增加值,因此需要对应全口径的制造业就业人数,在本文中,我们使用《中国高技术产业统计年鉴》的"制造业从业人员平均人数"。[①]

3. 制造业劳动生产率的核算口径

劳动生产率是衡量一国产业竞争力的一个重要指标,也是劳动力国际比较的一个重要维度。劳动生产率有多种计算方法,根据劳动生产率的定义,计算劳动生产率就是合理确定产出和劳动投入两个指标。在国民经济核算中,反映产出的指标有两个,分别是产值和增加值,我们在计算小时劳动生产率时主要采用制造业行业增加值作为产出指标,在计算单位劳动力成本时,考虑到各国制造业产值数据相对丰富,主要使用产值指标。劳动投入可以用参加生产活动的人数来反映,也可以用所使用劳动者的工作时间来确定,或者使用劳动的价值——劳动报酬来确定。在核算劳动生产率中,我们以就业人数为劳动投入指标,计算人均劳动产出。

4. 对制造业工时的估算

中国《劳动法》对工作时间有明确的规定,《劳动法》第三十六条明确规定,国家实行劳动者每日工作时间不超过8小时,平均每周工作不超过44小时的工时制度。然而,中国的制造业企业存在比较普遍的加班现象,《劳动法》第四十一条规定,用人单位由于生产经营需要,经与工会和劳动者协商后可延长工作时间,一般每日不得超过1小时,因特殊原因需要延长

[①] 前美国人口普查局国际项目中心的Judith Banister曾估算2002年制造业就业人数为1.09亿,当时中国官方公布的数据为8300万,参见《中国劳动经济学》2006年第1期。更多关于中国制造业就业人数估算的讨论可参见王德文、蔡昉和林松华的工作论文《中国制造业的无就业增长之谜》。

工作时间的,在保障劳动者身体健康的条件下延长工作时间每日不得超过3小时,但是每月不得超过36小时。

目前,官方没有关于制造业工作时间的详细数据,《中国人口和就业统计年鉴》中关于"劳动力抽样调查数据"的统计提供了"城镇就业人员调查周平均工作时间"和"按行业、性别分的城镇就业人员工作时间构成"。其中,2003~2011年的个别年份公布了制造业就业人员周平均工作时间,在没有公布的年份,我们根据工作时间构成数据,经综合权重换算得到劳动工时数据。如2014年,在全部城镇单位制造业就业人员中,周工作40小时的占30%,41~48小时的占27.1%,48小时以上的占37.9%。[①] 根据以上结构,分别按40小时(0.3)、44小时(0.27)和48小时(0.37)的工时和权重,估算得到2014年制造业周平均工时约为42小时。

(二)估算结果

根据估算,2005~2013年,中国制造业劳动力成本总量由0.7万亿元增加到3.4万亿元,年均增速为21.9%;人均劳动力成本由2.21万元/人增加到6.45万元/人,年均增速为14.3%,其中,金融危机之前增速较为平稳,2009年以来增速有加快趋势。

同期,制造业劳动生产率从2005年的18.95万元/人增加到2013年的33.45万元/人,年均增速7.4%,自2008年以来制造业人均劳动力成本发展速度已快于劳动生产率发展速度,2005~2013年两者比例为1:1.06(以劳动生产率发展速度为1)。

按照通行的劳动力成本优势估算方法,中国制造业人均劳动力成本与劳动生产率比值在2010年之前一直稳定在0.11左右,2010年之后快速增加,2013年达到0.19,对比过去,劳动力成本优势有所削弱,在国际上是否仍具有相对比较优势,需综合其他国家情况判断。

---

① 经济学人智库的报告使用的是国家人力资源和社会保障部的统计数据,2008年前制造业工人年工作天数平均为251天(50.2个工作周),2008年之后为250天(50个工作周)。

表1 我国制造业劳动力成本总额估算(1995～2014)

单位：亿元

年份	劳动力成本总额	工资总额	社会保险费用(30%)	职工福利费用(14%)	职工教育费用(2.5%)	劳动保护费用(1.5%)	住房费用(5%)	工会经费(2%)	其他成本(1%)
1995	4374.55	2804.20	841.26	392.59	70.11	42.06	140.21	56.08	28.04
1996	4655.04	2984.00	895.20	417.76	74.60	44.76	149.20	59.68	29.84
1997	4749.58	3044.60	913.38	426.24	76.12	45.67	152.23	60.89	30.45
1998	4355.68	2792.10	837.63	390.89	69.80	41.88	139.61	55.84	27.92
1999	4424.78	2836.40	850.92	397.10	70.91	42.55	141.82	56.73	28.36
2000	4628.05	2966.70	890.01	415.34	74.17	44.50	148.34	59.33	29.67
2001	4818.06	3088.50	926.55	432.39	77.21	46.33	154.43	61.77	30.89
2002	5216.48	3343.90	1003.17	468.15	83.60	50.16	167.20	66.88	33.44
2003	5885.41	3772.70	1131.81	528.18	94.32	56.59	188.64	75.45	37.73
2004	6733.58	4316.40	1294.92	604.30	107.91	64.75	215.82	86.33	43.16
2005	7888.30	5056.60	1516.98	707.92	126.42	75.85	252.83	101.13	50.57
2006	9415.85	6035.80	1810.74	845.01	150.90	90.54	301.79	120.72	60.36
2007	11296.27	7241.20	2172.36	1013.77	181.03	108.62	362.06	144.82	72.41
2008	13258.28	8498.90	2549.67	1189.85	212.47	127.48	424.95	169.98	84.99
2009	14511.43	9302.20	2790.66	1302.31	232.56	139.53	465.11	186.04	93.02

续表

年份	劳动力成本总额	工资总额	社会保险费用（30%）	职工福利费用（14%）	职工教育费用（2.5%）	劳动保护费用（1.5%）	住房费用（5%）	工会经费（2%）	其他成本（1%）
2010	17379.65	11140.80	3342.24	1559.71	278.52	167.11	557.04	222.82	111.41
2011	23448.98	15031.40	4509.42	2104.40	375.79	225.47	751.57	300.63	150.31
2012	27562.24	17668.10	5300.43	2473.53	441.70	265.02	883.41	353.36	176.68
2013	38323.90	24566.60	7369.98	3439.32	614.17	368.50	1228.33	491.33	245.67
2014	42137.78	27011.40	8103.42	3781.60	675.29	405.17	1350.57	540.23	270.11

资料来源：根据《中国统计年鉴》和《中国高技术产业统计年鉴》相关数据整理。

说明：

1. 从业人员劳动报酬即职工工资总额，统计口径为分行业城镇单位就业人员劳动报酬（亿元）。
2. 社会保险费用：以工资总额为基数，企业缴纳养老保险比例为20%，医疗保险比例为6%，失业保险比例为2%，工伤保险比例为1%，生育保险比例为1%，合计缴费比例为30%。
3. 职工福利费用：根据《企业所得税实施条例》第四十条规定：企业发生的职工福利费支出，不超过工资薪金总额14%的部分，准予扣除。
4. 职工教育费用：根据财税〔2006〕88号文件规定，对企业当年提取并实际使用的职工教育经费，在不超过计税工资总额2.5%以内部分，可在企业所得税前扣除。
5. 劳动保护费用：按工资总额的1.5%核算。
6. 住房费用：按经验值估算。
7. 工会经费：按《中华人民共和国工会法》，凡建立工会组织的，全部职工工资额的2%计提。

表2 我国制造业经营情况（1995~2013）

年份	固定资产投资额（亿元）	行业总产值（亿元）	行业增加值（亿元）	城镇单位从业人数（万人）	城镇私营和个体从业人员数（万人）	乡镇单位从业人员数（万人）	行业从业人员平均人数（万人）	劳动生产率（元/人）	城镇单位工资总额（亿元）	城镇单位平均工资（元）	利润总额（亿元）	主营业务收入（亿元）	行业总成本（亿元）
1995	3827.26	48700	12221	5425	—	—	7077	17269	2804	5169	1225	46207	42205
1996	5901.11	51301	13593	5289	—	—	6580	20658	2984	5642	761	45839	42362
1997	5702.93	59985	15756	5132	—	—	6452	24420	3045	5933	1111	54273	49979
1998	5544.74	59668	15260	3953	—	—	5099	29927	2792	7064	957	55020	50844
1999	5274.96	63954	16852	3639	—	—	4761	35396	2836	7794	1650	59890	54745
2000	5039.43	75108	19701	3391	—	—	4606	42772	2967	8750	2733	71698	64998
2001	6624.7	84421	22312	3160	—	—	4529	49265	3089	9774	3121	80272	72750
2002	9343.25	98326	26313	3040	—	7086.69	4617	56992	3344	11001	4146	94114	85023
2003	14689.53	127352	34089	2980.5	—	7537.23	4884	69797	3773	12671	6165	124035	111916
2004	19585.49	175287	51749	3050.8	—	7567.76	5667	91316	4316	14251	8662	171837	160868
2005	26575.97	217836	60118	3210.9	—	7848.28	5935	101294	5057	15934	9704	213844	195403
2006	34089.51	274572	71213	3351.6	—	7911.34	6347	112199	6036	18225	12811	270478	246813
2007	44505.13	353631	87465	3465.4	—	6325.68	6856	127574	7241	21144	19622	347890	314035
2008	56702.36	441358	102539	3434.3	—	6467.13	7732	132616	8499	24404	21674	432760	392709

续表

年份	固定资产投资总额（亿元）	行业总产值（亿元）	行业增加值（亿元）	城镇单位从业人数（万人）	城镇私营和个体从业人员数（万人）	乡镇单位从业人数（万人）	行业从业人员平均人数（万人）	劳动生产率（元/人）	城镇单位工资总额（亿元）	城镇单位平均工资（元）	利润总额（亿元）	主营业务收入（亿元）	行业总成本（亿元）
2009	70612.9	479200	110119	3491.9	1984.5	6406.42	7720	142641	9302	26810	27972	471870	422134
2010	88619.2	609558	130325	3637.2	2151.4	6557.5	8391	155315	11141	30916	42550	606300	536713
2011	102712.9	733984	153062	4088.3	2291.4	—	8054	190045	15031	36665	47843	729264	650458
2012	124403.9	785656	165653	4262.2	2357.9	—	8395	197323	17668	41650	48571	805662	—
2013	147705	—	177013	5257.9	2484.2	—	8614	205494	24567	46431	50706	901942	—

资料来源：根据历年《中国统计年鉴》和《中国高技术产业统计年鉴》数据整理。

说明：
1. 固定资产投资额口径为制造业固定资产投资。
2. 行业总产值产值口径为制造业总产值（亿元），数据来源为《中国高技术产业统计年鉴》（1995~2004）。
3. 行业增加值数据根据《中国统计年鉴》（2004~2012）整理，自2009年开始统计城镇私营和个体就业人数。
4. 城镇单位人数数据根据《中国统计年鉴》整理。
5. 劳动生产率计算方法：当年行业增加值/城镇从业人员年平均人数。
6. 平均工资口径为制造业城镇单位从业人员平均工资（元），数据来源为《中国劳动统计年鉴》。
7. 销售收入口径为制造业主营业务收入（亿元），数据来源为《中国高技术产业统计年鉴》。
8. 行业总成本＝销售收入－利税，数据来源为《中国高技术产业统计年鉴》。
9. 乡镇企业就业人数数据为《中国乡镇企业及农产品加工业年鉴》整理。

三 制造业劳动力成本国际比较情况

(一)制造业小时劳动力成本(Hourly compensation costs)

与发达国家相比,中国制造业小时劳动力成本上升较快,通过对美元汇率的换算,中国制造业小时劳动力成本从2005年的1.33美元增加到2013年的3.98美元。2005年,中国制造业小时劳动力成本约为同期美国制造业小时劳动力成本的4.58%、德国的3.54%、日本的5.31%,2013年这一比例分别上升到11.15%、8.69%和11.27%。尽管小时劳动力成本上升较快,但相比发达国家,中国制造业劳动力仍具有绝对比较优势。与东南亚国家相比,近年来中国制造业劳动力成本上涨幅度较大,绝对水平已经超过部分东南亚国家。以泰国和菲律宾为例,2005年,中国制造业小时劳动力成本为1.33美元,低于同期的泰国(3.42美元)和菲律宾(2.05美元),2013年中国制造业小时劳动力成本比菲律宾高1.88美元,比泰国低0.62美元(见表3)。

表3 中国与5个国家制造业小时劳动力成本和小时劳动生产率比较

单位:美元

国家	小时劳动力成本		小时劳动生产率	
	2005年	2013年	2005年	2013年
中国	1.33	3.98	6.25	12.68
美国	29.7	35.7	47.54	63.93
日本	25.6	35.3	41.14	49.78
德国	38.4	45.8	47.06	60.17
菲律宾	2.05	2.1	3.27	8.46
泰国	3.42	4.6	5.21	12.07

资料来源:中国制造业数据根据国家统计局相关年鉴整理估算得到,其他5国数据来自国际劳工组织(ILO)数据库。

从动态变化情况看,2000~2012年,中国制造业小时劳动力成本增长了6倍,年均增速16.5%。同期,美国、日本和德国制造业小时劳动力成本年均增速分别为3%、2.9%和5%,巴西、墨西哥、捷克和菲律宾制造业小时劳动力成本年均增速分别为8.1%、2.6%、11%和6.4%(见表4)。

表 4 制造业小时劳动力成本比较

单位：美元／（小时·人）

国家(地区)	2000 年	2005 年	2008 年	2009 年	2010 年	2011 年	2012 年
中　　国	0.71	1.33	2.47	2.73	3.03	3.76	4.43
以 色 列	12.3	13.3	18.5	17.6	19.2	21.1	20.1
日　　本	25.0	25.3	27.5	30.0	31.8	35.7	35.3
韩　　国	9.6	14.8	16.9	15.1	17.9	19.3	20.7
菲 律 宾	1.0	1.2	1.8	1.7	1.9	2.0	2.1
新 加 坡	11.7	13.3	18.9	17.5	19.4	23.1	24.2
加 拿 大	18.3	26.3	32.1	29.4	34.4	36.3	36.6
墨 西 哥	4.7	5.6	6.5	5.7	6.1	6.5	6.4
美　　国	25.0	30.1	32.8	34.2	34.8	35.5	35.7
阿 根 廷	8.2	5.5	10.0	10.2	12.8	16.0	18.9
巴　　西	4.4	5.0	8.4	8.1	10.0	11.7	11.2
捷　　克	3.4	7.3	12.2	11.4	11.4	12.7	12.0
法　　国	21.4	32.7	41.8	40.4	39.1	42.1	39.8
德　　国	25.4	38.0	47.5	45.8	43.8	47.4	45.8
意 大 利	16.6	27.7	35.1	34.3	33.6	36.2	34.2
荷　　兰	21.0	33.3	43.1	41.4	39.5	42.3	39.6
波　　兰	3.4	5.6	9.6	7.7	8.2	8.7	8.3
西 班 牙	12.4	20.7	27.8	27.9	26.7	28.4	26.8
英　　国	20.7	29.7	34.2	29.5	29.1	30.8	31.2
澳大利亚	16.5	28.6	35.9	33.4	39.7	46.5	47.7
新 西 兰	9.0	16.3	19.2	17.5	20.4	23.4	24.8

资料来源：中国制造业数据根据国家统计局相关年鉴整理估算得到，其他国家数据来自国际劳工组织（ILO）数据库。

（二）制造业劳动生产率（Labor Productivity）

与劳动生产率进行比较，参见表3，中国制造业小时劳动生产率从2005年的6.25美元增加到2013年12.68美元，2013年小时劳动力成本与小时劳动生产率比值为0.31，同期，美国、德国和日本制造业的小时劳动力成本与小时劳动生产率比值分别为0.56、0.76和0.71，远高于中国水平。因此，相对发达国家，中国制造业劳动力仍保持较大的相对比较优势。从相对比较优势方面看，根据表3和表5，2013年中国制造业小时劳动生产率分别是泰国的1.71倍，是菲律宾的2.44倍，年均创造增加值是印度尼西亚的2.7倍，巴基斯坦的6.5倍，泰国的1.47倍，越南的5.13倍，劳动力成本创利水平仍高于上述东南亚国家。因此，尽管近年来与东南亚国家相比，中国制造业劳动力成本已无绝对比较优势，但在劳动生产率方面仍保持较明显的比较优势。

根据表5，按人均年创造增加值口径的制造业劳动生产率比较，自2000年以来，中国制造业的劳动生产率年均增速11.38%。其中2000~2011年年均增速为9.11%，2011~2013年增速为24.7%。与同期本国劳动力投入比较，十年间，中国制造业劳动力成本增速（16.5%）快于劳动生产率增速（11.38%），但从近3年的情况看，劳动生产率增速比劳动力成本增速仍高出3.8个百分点。

（三）制造业单位劳动力成本（Unit Labor Cost）

综合考虑劳动力投入产出情况，根据表6，2004~2010年，中国制造业单位劳动力成本经历了先下降后上升的过程，从2004年的0.058下降到2007年0.046，后又升至2009年的0.054，2010年又略有下降。

与发达国家横向比较，美国制造业单位劳动力成本从2004年的0.162降至2008年的0.111，德国从2003年的0.191降至2009年的0.181，日本从2002年的0.096降至2007年的0.083。即便是在劳动力成本上升较快的情况下，中国制造业单位劳动力成本优势仍很明显。与印度、墨西哥、巴西和俄罗斯等新兴发展中国家比较，中国制造业单位劳动力成本也具有一定优势，但差距在缩小。与东南亚国家相比，一些国家如印度尼西亚、泰国等国的制造业单位劳动力成本已明显低于中国，菲律宾、斯里兰卡等国已接近中国的水平，个别国家如马来西亚水平高于中国。

基于对中国国家统计局公开数据的估算，结合国际劳工组织、世界银行和联合国工业发展组织的数据，发现中国制造业劳动力成本与发达国家的差距在缩小，但仍具有绝对成本优势，尽管劳动力成本水平已超过部分东南亚国家，但凭借劳动生产率优势，对部分东南亚国家仍具有相对比较优势。从单位劳动力成本角度看，与新兴发展中国家相比，优势已不明显。

表 5 制造业增加值、雇员人数与劳动生产率的国际比较

国家和地区	制造业增加值（亿美元）Value Added in Manufacturing (100 million USD)			制造业雇员数（万人）Number of Employees (10 000 persons)			制造业劳动生产率（万美元/人）Labor Productivity in Manufacturing (million USD/ person)		
	2000 年	2011 年	2013 年	2000 年	2011 年	2013 年	2000 年	2011 年	2013 年
中国	3849.4	17566.2	29225.2	4606.0	8054.0	8614.0	0.84	2.18	3.39
中国香港	55.4	37.6	38.7	33.4	13.3	12.6	1.66	2.83	3.07
印度尼西亚	457.9	892.8	1867.4	1164.2	1561.8	1496.0	0.39	0.57	1.25
日本	10113.9	10635.9	9045.9	1321.0	1059.0	1066.0	7.66	10.04	8.49
哈萨克斯坦	30.2	217.7	221.5	54.1	54.4	54.8	0.56	4.00	4.04
韩国	1345.6	2794.4	3895.8	429.3	410.5	418.4	3.13	6.81	9.31
马来西亚	289.5	621.0	783.0	212.6	197.2	188.0	1.36	3.15	4.16
巴基斯坦	101.0	290.7	329.2	423.0	588.1	637.7	0.24	0.49	0.52
菲律宾	198.3	436.3	583.9	274.5	303.3	315.0	0.72	1.44	1.85
新加坡	240.1	470.8	525.8	43.4	29.2	28.8	5.53	16.12	18.26
斯里兰卡	24.6	101.7	132.4	138.5	131.8	148.2	0.18	0.77	0.89
泰国	412.3	1136.1	1216.8	478.5	523.4	528.4	0.86	2.17	2.30
越南	57.9	233.5	325.0	353.4	451.2	495.0	0.16	0.52	0.66
埃及	179.7	337.0	450.5	204.8	261.9	257.1	0.88	1.29	1.75
南非	229.3	492.7	416.8	157.8	176.5	171.4	1.45	2.79	2.43
加拿大	1294.7	1691.2	1620.7	181.9	183.6	185.5	7.12	9.21	8.74
墨西哥	1072.0	2019.5	2160.7	744.3	691.1	738.3	1.44	2.92	2.93
美国	14680.8	17714.0	19438.1	1994.0	1420.2	1408.1	7.36	12.47	13.80
阿根廷	468.8	726.3	662.4	115.5	215.2	202.7	4.06	3.38	3.27

续表

国家和地区	制造业增加值（亿美元）Value Added in Manufacturing (100 million USD)			制造业雇员数（万人）Number of Employees (10 000 persons)			制造业劳动生产率（万美元/人）Labor Productivity in Manufacturing (million USD/person)		
	2000年	2011年	2013年	2000年	2011年	2013年	2000年	2011年	2013年
巴西	961.7	3081.3	2188.0	875.7	1249.3	1222.3	1.10	2.47	1.79
委内瑞拉	217.1	307.2	474.4	119.1	140.7	139.4	1.82	2.18	3.40
捷克	137.9	422.4	466.0	128.0	129.9	128.5	1.08	3.25	3.63
法国	1904.5	2536.1	2836.6	433.6	330.2	321.3	4.39	7.68	8.83
德国	3924.7	6101.8	7711.8	863.0	771.8	764.8	4.55	7.91	10.08
意大利	2055.1	3062.0	2990.2	482.5	413.1	406.3	4.26	7.41	7.36
荷兰	535.1	918.6	969.5	109.6	76.6	77.2	4.88	11.99	12.56
波兰	282.1	764.4	880.0	290.1	296.1	302.5	0.97	2.58	2.91
俄罗斯联邦	—	2092.3	2675.9	1217.8	1060.7	1071.8	—	1.97	2.50
西班牙	977.8	1724.3	1690.0	289.4	222.4	211.9	3.38	7.75	7.98
土耳其	535.1	1178.6	1263.4	363.8	421.5	436.6	1.47	2.80	2.89
乌克兰	51.0	250.6	150.3	291.4	271.6	268.8	0.18	0.92	0.56
英国	2269.7	2296.2	2469.0	461.9	290.0	292.2	4.91	7.92	8.45
澳大利亚	490.8	983.4	927.7	112.5	106.2	104.3	4.36	9.26	8.89
新西兰	79.9	179.7	184.7	25.2	25.4	25.2	3.17	7.07	7.33

注：部分国家制造业增加值和雇员人数为相邻年份数据。
资料来源：制造业增加值数据根据世界银行 WDI 数据库整理，制造业雇员数数据根据国际劳工组织（ILO）数据库整理。

表6 制造业单位劳动力成本比较

单位：亿（本币）

国家或地区	年份	雇员工资和薪金	产出	单位劳动力成本	国家或地区	年份	雇员工资和薪金	产出	单位劳动力成本
中国	2010	31536	605191	0.052	中国	2009	25921	479200	0.054
印度	2008	11878	313252	0.038	印度	2008	11878	313252	0.038
印度尼西亚	2009	833967	20009437	0.042	印度尼西亚	2009	833967	20009437	0.042
日本	2007	265030	3200740	0.083	日本	2007	265030	3200740	0.083
韩国	2008	750040	11229880	0.067	韩国	2008	750040	11229880	0.067
马来西亚	2008	590	8177	0.072	马来西亚	2008	590	8177	0.072
菲律宾	2006	1647	30397	0.054	菲律宾	2006	1647	30397	0.054
斯里兰卡	2010	959	14174	0.068	斯里兰卡	2008	1001	14465	0.069
泰国	2006	3230	73045	0.044	泰国	2006	3230	73045	0.044
埃及	2006	146	2036	0.072	埃及	2006	146	2036	0.072
南非	2011	—	—	—	南非	2009	1406	13915	0.101
加拿大	2008	804	5884	0.137	加拿大	2008	804	5884	0.137
墨西哥	2010	3273	48249	0.068	墨西哥	2007	—	32795	0.000
美国	2008	6071	54803	0.111	美国	2008	6071	54803	0.111
巴西	2007	1257	13461	0.093	巴西	2007	1257	13461	0.093
捷克	2007	3057	35042	0.087	捷克	2007	3057	—	—
法国	2009	1031	6785	0.152	法国	2009	1031	6785	0.152
德国	2009	2499	13782	0.181	德国	2009	2499	13782	0.181
意大利	2009	907	7427	0.122	意大利	2009	907	7427	0.122
荷兰	2008	290	2887	0.101	荷兰	2008	290	2887	0.100

续表

国家或地区	年份	雇员工资和薪金	产出	单位劳动力成本
波兰	2009	754	7726	0.098
俄罗斯	2011	20320	256314	0.079
西班牙	2009	544	3941	0.138
土耳其	2008	372	4771	0.078
乌克兰	2011	632	8811	0.072
英国	2009	650	4396	0.148
澳大利亚	2011	531	3887	0.137
新西兰	2008	120	862	0.139

国家或地区	年份	雇员工资和薪金	产出	单位劳动力成本
中国	2007	15944	347235	0.046
印度	2007	9752	266751	0.037
印度尼西亚	2007	704562	15470020	0.046
日本	2007	265030	3200740	0.083
韩国	—	—	—	—
马来西亚	2007	384	7429	0.052
菲律宾	2006	1647	30397	0.054
斯里兰卡	—	—	—	—
泰国	—	—	—	—
埃及	—	—	—	—
南非	—	—	—	—

续表

国家或地区	年份	雇员工资和薪金	产出	单位劳动力成本
波兰	2009	754	7726	0.098
俄罗斯	2009	16155	167596	0.096
西班牙	2009	544	3941	0.138
土耳其	2008	372	4771	0.078
乌克兰	2009	448	5593	0.080
英国	2009	650	4396	0.148
澳大利亚	2006	—	3679	0.000
新西兰	2008	120	862	0.139

国家或地区	年份	雇员工资和薪金	产出	单位劳动力成本
中国	2004	10119	175284	0.058
印度	2003	5437	124427	0.044
印度尼西亚	2003	605503	8388040	0.072
日本	2002	258320	2683130	0.096
韩国	1999	389997	4797330	0.081
马来西亚	2003	281	5169	0.054
菲律宾	2003	1318	22639	0.058
斯里兰卡	2001	285	3998	0.071
泰国	2000	2545	38102	0.067
埃及	2002	92	833	0.110
南非	2004	262	9648	0.027

续表

国家或地区	年份	雇员工资和薪金	产出	单位劳动力成本	国家或地区	年份	雇员工资和薪金	产出	单位劳动力成本
加拿大	2007	835	5993	0.139	加拿大	2002	814	5840	0.139
墨西哥	—	—	—	—	墨西哥	1999	954	13593	0.070
美国	2007	6119	53187	0.115	美国	2002	5931	36705	0.162
巴西	2007	1257	13461	0.093	巴西	2004	904	10791	0.084
捷克	2007	3057	35042	0.087	捷克	2003	2244	22507	0.100
法国	2007	1123	8993	0.125	法国	2003	1084	9162	0.118
德国	2007	2715	16996	0.160	德国	2003	2538	13294	0.191
意大利	2007	978	8933	0.109	意大利	2003	866	7779	0.111
荷兰	—	—	—	—	荷兰	2003	267	2010	0.133
波兰	—	—	—	—	波兰	2002	484	4532	0.107
俄罗斯	2008	17577	20191	0.871	俄罗斯	2004	8153	82706	0.099
西班牙	2007	609	5290	0.115	西班牙	2003	528	3978	0.133
土耳其	—	—	—	—	土耳其	—	—	—	—
乌克兰	2008	516	6685	0.077	乌克兰	2004	216	3063	0.071
英国	2007	746	4700	0.159	英国	1999	774	4254	0.182
澳大利亚	—	—	—	—	澳大利亚	2003	—	—	—
新西兰	2007	115	817	0.141	新西兰	—	—	2913	0.000

注：单位劳动力成本＝雇员工资和薪金/产出。

资料来源：雇员工资和薪金（Wages and Salaries Paid to Employees, 100million LCU）、产出（Output, 100 million LCU）根据联合国工业发展组织（UNIDO）数据库相关年份数据整理。

参考文献

[1] 卢锋:《我国劳动生产率增长及国际比较(1978~2004)——人民币实际汇率长期走势研究之一》,北京大学中国经济研究中心讨论稿(No. C2006004),2006。

[2] 卢锋:《我国工资与劳动力成本变动及国际比较(1978~2004)——人民币实际汇率长期走势研究之二》,北京大学中国经济研究中心讨论稿(No. C2006008),2006。

[3] 都阳、曲玥:《劳动报酬、劳动生产率与劳动力成本优势——对2000~2007年中国制造业企业的经验研究》,《中国工业经济》2009年第5期。

[4] 曲玥、都阳:《中国制造业竞争优势与产业结构的转型升级研究》,《改革与战略》2014年第10期。

[5] 魏浩、郭也:《中国制造业单位劳动力成本及其国际比较研究》,《统计研究》2013年第8期。

[6] 王燕武、李文博、李晓静:《基于单位劳动力成本的中国制造业国际竞争力研究》,《统计研究》2011年第10期。

基于工资收入分配的我国
社会保险缴费水平分析

谭中和[*]

摘　要： 研究选取我国部分行业和龙头企业，就其总成本、利润水平、人工成本水平、劳动报酬和社会保险费用等进行分析，从收入分配的整体视角研究我国的社会保险缴费水平，试图研究部分行业和企业的社会保险费实际缴费水平及其对企业的影响。最后提出改革完善收入分配制度和社会保险筹资的政策建议。

关键词： 收入分配　社会保险　缴费水平

社会保险是二次分配的重要工具和手段。社会保险在保障参保人员基本生活的同时，也具有促进经济增长，调节收入分配和维护社会公平公正的作用。目前，我国五项社会保险已经基本实现了制度全覆盖，正在逐步实现法定人群的全覆盖。职工基本养老保险和基本医疗保险，作为社会保险中最重要的险种，已经覆盖了城镇各类企业及其职工、个体工商户和灵活就业人员，以及在华就业的外籍人员。随着我国经济进入新常态，一些企业特别是劳动密集型企业和大多数的中小微企业，普遍反映企业人工成本越来越高，尤其是社会保险缴费水平高，使许多企业

---

[*] 谭中和，人社部劳动工资研究所副所长，研究员，主要研究方向为工资收入分配和社会保障。

面临困境。企业的社会保险负担情况究竟如何，企业降成本又该从何处入手，有必要从收入分配的整体视角，将企业的经营和成本情况弄清楚，才能精准施策，切实解决企业发展负担过重的问题。否则有可能出现"号错脉、开错药"的结果，导致对企业经营困难问题实质的误判或错判。社会保险费作为企业人工成本的重要组成部分，从整体收入分配的视角，分析探讨社会保险费的来源，以及不同类型企业和人员的缴费能力和水平，不仅对于建立更加公平可持续的社会保障制度具有重要意义，而且对于完善收入分配制度，提高全社会劳动生产率，也具有极其重要的现实和理论意义。

一 社保费依据工资征缴，但工资性收入已经不能准确反映个人的收入状况

（一）城镇居民工资性收入逐年下降，职工社保缴费紧盯工资为基数缺乏公平性

职工社会保险按照工资为基数缴纳费用，是在20世纪80年代中期开始试点探索职工养老保险单位和个人缴费时确立的，那时的劳动工资还带有比较浓厚的计划经济时期收入分配的特征，突出表现是城镇居民的收入来源主要是工资性的收入。随着社会主义市场经济的建立，城镇居民人均可支配收入的结构发生了较大变化，我国城镇居民人均可支配收入中的工资性收入占比由2000年的71.2%逐年下降至2013年的64.1%，下降了7.1个百分点。这表明，社保费仅仅与工资性收入挂钩，已经不能准确地衡量单位和个人的缴费能力和水平。多项研究也表明，在城镇劳动者中，大多数劳动密集型产业的企业职工主要收入来源是工资，中低收入者更多地依靠工资性收入。因此，出现了较低收入者，承担了较多的社保缴费责任，进一步加剧了收入分配的不平等，也是造成一些企业欠费和职工社会保险中断缴费现象逐年增多的重要原因。

（二）缴费基数依据城镇在岗职工社会平均工资为基准，掩盖了不同行业间和不同类型企业职工间的收入差距

一方面，目前我国统计部门公布的在岗职工社会平均工资，仅覆盖了城镇机关事业单位和国有企业等部门，而未将中小微企业、个体工商户和灵活就业人员等低收入人群纳入统计范围。在我国目前的参保人群中，中小微企业、个体工商户和灵活就业人员等参保占比越来越大。根据对广东、浙江、山东和陕西等省的调查，这些较低收入的参保人群占到职工总参保人数的67%。他们中大多数人的收入达不到当地在岗职工平均工资水平，甚至部分人群的收入在当地社会平均工资的60%以下。如陕西省2014年企业职工按照在岗职工平均工资60%缴费的人数为25.95万，占企业参保职工总数的6.2%，个体灵活就业人员按照在岗职工平均工资40%缴费的人数为20.03万人，占个体灵活就业人员总数的17.6%；2015年企业职工按照在岗职工平均工资60%缴费的人数增加到27.17万，占企业参保职工总数的比例上升为6.4%，个体灵活就业人员按照在岗职工平均工资40%缴费的人数增加到24.43万，占个体灵活就业人员总数的比例上升为24.1%。2013年个体灵活就业人员缴费率为70%，2014年下降为60%，2015年进一步下降为57%。由于缴费基数过高，很多低收入人群中断或放弃参保缴费成为不得已而为之的选择。而部分高收入人群，由于多数地区实行双基数缴费，单位并没有为高收入者多缴纳保费，个人缴费由于受到300%的封顶限制，也没有更多缴纳社会保险费。根据中国证监会信息，2010年上市公司负责人最高年薪平均值为66.8万元，2013年为81.81万元。[①] 2012年中央企业主要负责人平均年薪相当于中央企业在岗职工平均工资水平的10.5倍。[②] 而这些人员的养老保险个人缴费仅仅是当地社会平均工资的3倍。

---

① 中国证监会网站，http://www.csrc.gov.cn/pub/newsite/sjtj/。
② 人社部劳动工资研究所，《"十三五"我国收入分配发展规划研究报告》。

另一方面，我国行业间的工资差距较大，2013年在19个行业门类中，城镇单位在岗职工工资最高行业与最低行业之间工资相差4.23倍。从按大类划分的我国各行业城镇单位就业人员工资水平看，各行业间的收入差距变化趋势与门类行业相同。2010年，在全国97个行业大类中，工资最高的是证券业，年人均工资水平为168116元；最低的为畜牧业，年人均工资水平仅为14175元，最高行业为最低行业的11.9倍。2013年，在全国98个行业大类中，最高的是其他金融业，年人均工资水平为188860元；最低的为农业，年人均工资水平为24467元，最高行业与最低行业间的倍数相差7.7倍。2015年，根据十大银行（工农中建交5家国有银行以及招行、民生、中信、光大、平安5家股份制商业银行）员工薪酬调查，员工平均年薪最低的为22万元。①

高收入单位和个人，并没有对我国社保缴费做出应有的贡献，显然这不符合社会保险的参保缴费的"量能原则"。

（三）社保费在企业总成本中占比并不高

以建筑业为例，2010~2015年，各年度企业人工成本占企业全部总成本的比例大致在15%，而每年的五项社会保险费占总成本的比例不到1%。可以说社会保险费用成本的变动对企业总成本的变动难以产生实质性的影响。

（四）允许部分人群适度兼职兼薪获得的合法收入是否纳入社保缴费基数

前不久，中共中央办公厅、国务院办公厅印发了《关于实行以增加知识价值为导向分配政策的若干意见》，允许科研人员和教师依法依规适度兼职兼薪，获得合法收入。明确指出，"科研人员在履行好岗位职责、完成本职工作的前提下，经所在单位同意，可以到企业和其他科研机构、

---

① 《证券时报》2016年4月5日，http://www.sten.com/201610405/12653676.shtml。

高校、社会组织等兼职并取得合法报酬。兼职取得的报酬原则上归个人。兼职或离岗创业收入不受本单位绩效工资总量限制，个人须如实将兼职收入报单位备案，按有关规定缴纳个人所得税"。①"高校教师经所在单位批准，可开展多点教学并获得报酬"。② 2014年，国家卫计委印发了《关于印发推进和规范医师多点执业的若干意见的通知》（国卫医发〔2014〕86号）③，指出："允许临床、口腔和中医类别医师多点执业。"并明确，医师多点执业的人事（劳动）关系和权利义务，要求多点执业医生要"按照国家有关规定参加社会保险"；执业医生"与拟多点执业的其他医疗机构分别签订劳务协议，鼓励通过补充保险或商业保险等方式提高医师的医疗、养老保障水平。"④

按照国家的规定，科研人员、教师（中小学校教师除外）和医生可以兼职获得多份工资性收入。这有利于提高这些群体的收入水平，促进资源的公平分配。但这些政策没有明确，兼职或多点执业的收入是否纳入社会保险缴纳基数。从文件中看出，只是明确了这些收入属于合法收入，并要求兼职收入应向单位备案并依法缴纳个人所得税。但是，是否需要将这些收入纳入单位和个人的社会保险缴费基数，没有给予明确的说明。《社会保险法》第十二条规定⑤："用人单位应当按照国家规定的本单位职工工资总额的比例缴纳基本养老保险费，记入基本养老保险统筹基金。职工应当按照国家规定的本人工资的比例缴纳基本养老保险费，记入个人账户。"从社会保险法的规定看，社会保险费是按照工资性收入作为单位和个人缴纳社会保险费的基数，医生多点执业的收入、教师和科研人员的兼职收入，应该纳入其社会保

---

① 中共中央办公厅、国务院办公厅印发《关于实行以增加知识价值为导向分配政策的若干意见》，新华社，2016年11月7日，http：//news.xinhuanet.com/politics/2016-11/07/c_1119867550.htm。
② 同脚注①。
③ 中华人民共和国卫生和计划生育委员会网站，http：//www.nhfpc.gov.cn/。
④ 同脚注③。
⑤ 《中华人民共和国社会保险法》主席令第35号，新华社，2010年10月28日，http：//www.gov.cn/zxft/ft209/content_1748773.htm。

险费缴费基数范围，但是如何申报和缴纳，社保经办机构很难在单位申报缴费环节实施。

（五）科技进步和新业态的崛起，对社保缴费公平性的影响

一是不同类型企业成本和负担问题。以腾讯公司为例①，2004~2011年，腾讯公司的净利润分别由4.4亿增加到120亿，增加了近30倍。在这高利润的背后，是其生产方式的不同。如在腾讯的QQ空间里，一个独特的应用软件小工具的设计可能只需要1个或者几个程序员花费几天时间，一旦设计完成通过测试，一个工具可以反复复制，复制几乎为零成本，如果卖一个为10元钱人民币，卖100万个就是1000万元。2015年QQ的用户超过2个亿，微信用户超过4个亿。由于产品是虚拟的，销售是电子记账收费，每卖一个不需要重新制造，所以，腾讯卖1个工具和卖1万个在成本上几乎没有差别，但收入却天壤之别。腾讯的虚拟衣服、虚拟装饰、虚拟家具等等，都是如此。这就造成了其利润收入和成本投入之间的关系非常弱，盈利赚钱能力非常高。而在这背后腾讯只需要为几个程序员参加社会保险，缴纳极少的社保费。金融服务业的产出与投入关系跟腾讯也很类似，一些在"互联网+"模式下运行的企业，也有类似的状况。与此形成鲜明对比的是劳动密集型产业，其产出的产品数量与其成本的投入密切关联。由此导致了不同产业、不同行业畸轻畸重的社会保险缴费负担问题。

二是"机器换人"的影响。一些企业为了提高劳动生产率，降低劳动力成本，采取用机器人代替人工的做法。广东省深圳市的一家企业的手机主板测试业务，占到企业业务环节的很大一部分，原先需要几十个人操作的工作，现在只需要1个技术人员操作5台机器就足够了。其结果是，企业的劳动力工资成本降低了，利润增加了。但这些企业承担的社会保险费责任大大降低了，因为社会保险缴费是以人头计征，并不包括机器人。企业采取"机器换人"无可厚非，而且是需要鼓励和支持的，毕竟劳动生产率的提高

---

① 历年上市公司年报. 中证网，http://www.cs.com.cn/ssgs/gszt/120724_57040/。

是根本。但问题是,企业获得了较高的劳动生产率和利润,也应承担更多的社会保险缴费义务。

二 我国部分行业社保缴费水平的简要分析

(一)从建筑业[①]看,劳动报酬即工资是主要人工成本,社保费占人工成本的比重大致保持在6%的水平

根据人社部相关文件规定[②],我国企业人工成本包括以下七项:从业人员劳动报酬、社会保险费用、福利费用、教育费用、劳动保护费用、住房费用和其他人工成本。表1列出了各项人工成本占总人工成本的比重。可以看出,2000年以来,人工成本中最大的部分是劳动者的劳动报酬,占人工总成本的80%以上,并且逐年提高,由2000年的81.3%逐年提高到2013年的84.1%。而社会保险费成本占人工总成的比例基本维持在6%以下。

表1 2000~2013年我国建筑业企业人工成本各项占比

单位:%

年份	从业人员劳动报酬	社会保险费用	福利费用	教育费用	劳动保护费用	住房费用	其他人工成本(工会经费)
2000	81.3	5.7	8.5	1.2	1.6	1.3	0.4
2001	81.6	5.4	8.5	1.2	1.6	1.3	0.4
2002	81.6	5.1	8.9	1.2	1.6	1.3	0.4
2003	81.7	4.4	9.4	1.2	1.6	1.3	0.4

---

① 本研究所指的建筑业是指狭义的建筑业。即按照国家《国民经济行业分类与代码》(GB/T 4754—2002)分类,专门从事土木工程、房屋建设和设备安装以及工程勘察设计工作的生产行业。包括工厂、住宅、铁路、桥梁等设施的建筑物、构筑物和相关设施。属于国民经济核算体系中的第二产业。
② 2004年原劳动和社会保障部颁布的《关于建立行业人工成本行业信息制度的通知》(劳社部发〔2004〕30号)和2009年人社部下发的《关于开展完善企业在岗职工工资和人工成本调查探索企业薪酬调查方法试点的通知》(人社厅明电〔2009〕72号)等文件,对企业人工成本的构成有明确规定。

续表

年份	从业人员劳动报酬	社会保险费用	福利费用	教育费用	劳动保护费用	住房费用	其他人工成本(工会经费)
2004	81.1	5.4	8.8	1.2	1.5	1.4	0.5
2005	81.6	5.5	8.6	1.2	1.6	1.2	0.4
2006	81.6	5.5	8.4	1.2	1.6	1.2	0.5
2007	82.3	5.5	7.7	1.2	1.6	1.2	0.5
2008	82.0	5.5	7.1	2.0	1.6	1.4	0.4
2009	82.5	5.5	6.4	2.1	1.6	1.5	0.4
2010	83.1	5.6	5.9	2.1	1.6	1.5	0.3
2011	83.3	5.9	0.0	2.2	1.7	1.3	0.3
2012	83.6	5.9	5.0	2.1	1.6	1.5	0.3
2013	84.1	5.9	4.4	2.1	1.6	1.5	0.4

国家工业和信息化部中小企业发展促进中心发布的《2016年全国企业负担调查评价报告》[①]也证实了这一点。报告认为，我国中小微企业人工成本高的主要原因是劳动工资报酬居高不下，并且连年增长。本课题组对山东、广东、浙江和陕西省部分企业的调查也说明，目前企业面临"不涨工资，招不来人；工资涨上去，企业吃不消""降成本，劳动报酬成本降低难"的问题。浙江省的杭州市和宁波市，陕西省的西安市和山东省的济南市的企业普遍反映，企业招工劳动报酬上涨迅速，对企业构成较大压力，即使在近几年企业效益不理想的情况下，招用工人的劳动报酬依然年年上涨，尽管企业面临亏损，还得每年都涨工资。在浙江的杭州、山东的济南，企业招用的普通工人月薪都在4000元左右，熟练技术工月薪至少6000元，大多数还要包吃包住。位于中部地区的西安市也是如此。西安比亚迪汽车有限公司员工平均工资每月要4000元左右，技术工人的工资上涨更快。西安中车集团公司负责人介绍，公司技术工人月收入普遍在6000元以上，优秀的电焊工要上万元。大多数企业部分人力资源负责人认为，员工工资增长是正常

---

① 《企业负担报告：人力、土地等成本压力大》，央广网，2016年10月25日，http://finance.cnr.cn/txcj/20161025/t20161025_523219008.shtml。

的,但近几年涨得太快了,即使企业不太景气、经营困难,你不给工人涨工资,面临的就是走人。

劳动报酬的增加,中小微企业更是不堪重负。为了满足用工需求,民营企业往往要开出更高的工资。陕西一家民营企业人力资源部负责人说,"在西安招人,国企可能每月给3000多元工资,就可以招到人,但民营企业,这个月薪就招不到,一般要高出20%"。

分析原因,主要在于城镇生活成本的快速上升。其中,最主要的是房价的上涨。不论买房还是租房,价格连年上涨,有些城市房价甚至是成倍增长。因此,我国企业人工成本的提高,与土地成本的上升导致的楼市价格上涨有直接关系。这几年我国许多城市的房价快速上升,由此快速提高了劳动者在城市的生活成本,很多就业者做出的选择是,要么在城市工作,需要较高的工资收入才能维持生存,要么离开大中城市,但中小城市面临着就业困难等问题。

(二)从建筑业社会保险费占总成本的比重看,社会保险缴费占企业总成本的比例也较低

自2000年以来,建筑业缴纳的社会保险费用占企业总成本的费用比例不超过1%(见表2)。

表2 2000~2013年我国建筑业企业人工成本占总成本费用比重情况

年份	总成本(费用)(亿元)	人工成本总额(亿元)	人工成本总额占总成本比重(%)	社会保险费用(亿元)	社保费占总成本比重(%)
2000	10927.6	1883.1	17.2	108.2	0.99
2001	13780.9	2203.6	16.0	119.6	0.87
2002	16775.0	2515.7	15.0	128.0	0.76
2003	20758.7	3205.8	15.4	140.6	0.68
2004	26437.6	3896.0	14.7	211.9	0.80
2005	31132.0	4624.2	14.9	253.1	0.81
2006	37560.4	5351.8	14.2	293.2	0.78
2007	46139.4	6529.2	14.2	360.7	0.78
2008	56269.6	9151.5	16.3	503.3	0.89
2009	70105.7	9881.2	14.1	547.0	0.78

续表

年份	总成本(费用)(亿元)	人工成本总额(亿元)	人工成本总额占总成本比重%	社会保险费用(亿元)	社保费占总成本比重(%)
2010	86876.2	12096.9	13.9	674.4	0.78
2011	103970.2	14125.4	13.6	789.3	0.76
2012	121017.9	17601.4	14.5	1030.1	0.85
2013	141165.0	22797.7	16.1	1342.2	0.95

资料来源：根据人力资源和社会保障的薪酬调查及行业人工成本信息数据等资料整理。

尽管工资在增长，但社会保险费占企业总成本的比例从2000年后趋于下降，特别是在2009年、2010年和2011年期间正是我国社会保险法出台实施前后，各级政府对社会保险依法扩面征缴力度不断加大的形势下，建筑业社会保险缴费占企业总成本的比例一直在0.8%以下。社会保险成本高的观点，难以有数据和实践上的支撑。

（三）一些媒体和社会把住房公积金等职工福利费用也记入社会保险费，进一步加剧了社会保险费用高的"假象"

以陕西省某国有企业为例，该公司2015年单位为职工缴纳的社会保险和社会福利费用如下：五项社会保险费用总计为7366万元，总费率为28.2%；企业年金、住房公积金和单位补充医疗保险为12%，累计缴费为2770万元。补充保险和福利占到法定社会保险的37.6%。目前社会上有一些误解，把住房公积金、单位自愿建立的补充保险和其他社会福利费用，也一并计算在法定的社会保险费中，人为地抬高了社会保险缴费水平。

（四）建筑业人事费用率逐年降低，说明企业收入在增加

人事费用率[①]是企业人工成本占企业销售收入[②]的比重，它表示取得每

[①] 人事费用率的计算公式为：人事费用率＝一定时期内人工成本总额/同期销售（经营）收入总额×100%。作为分析人工成本的一个重要指标，它表示取得每百元销售收入所投入的人工成本的多少。

[②] 本研究中的建筑业企业以总收入指标代替销售收入。

百元销售收入所投入的人工成本的多少。从理论上讲人事费用率应该是越低越好。表3发现,自2000~2013年以来,建筑业企业人事费用率呈逐年下降的趋势,表明人工成本占比在下降,企业收入在增加。

表3 2000~2013年我国建筑业企业人事费用率情况统计

年份	人事费用率(人工成本总额/总收入)(%)	人工成本总额(亿元)	总收入(亿元)
2000	16.4	1883.1	11506.8
2001	15.1	2203.6	14574.3
2002	14.2	2515.7	17744.8
2003	14.5	3205.8	22037.3
2004	13.9	3896.0	28093.0
2005	13.9	4624.2	33198.5
2006	13.3	5351.8	40155.0
2007	13.2	6529.2	49414.8
2008	15.1	9151.5	60736.4
2009	13.1	9881.2	75478.1
2010	12.9	12096.9	93636.6
2011	12.6	14125.4	112002.8
2012	13.5	17601.4	130182.9
2013	15.0	22797.7	152466.1

(五)建筑业人工成本利润率逐年提高

人工成本利润率[①]是指人工成本总额与利润总额的比率,它反映了企业人工成本投入的获利水平。在企业新创造价值当中,它反映了从业人员直接和间接得到的全部报酬与企业利润之间的关系。在同行业企业中,人工成本利润率越高,表明单位人工成本取得的经济效益越好,人工成本的相对水平越低。对企业主管部门来讲,人工成本利润率的变动趋势,基本可以说明企

---

① 孙玉梅、王学力、钱诚等:《重点行业人工成本实证分析及国际比较》,中国劳动保障出版社,2014。

业经营状况环境的变动趋势。自 2000 年以来,我国建筑业的人工成本利润率由 2000 年的 10.2% 提高到 2013 年的 26.67%。这一指标说明,我国建筑业企业单位人工成本取得的经济效益越来越好。

(六)劳动报酬在初次分配中总体占比较低,拉低了社会保险缴费水平,并且低收入人群承担了较高的社会保险缴费

一是尽管我国职工工资水平增长较快,但职工工资收入总体偏低,社会保险费以职工工资收入作为缴纳基数,实际上拉低了社会保险的缴费水平。劳动报酬的多少与社会保险的缴费基数直接相关,国民收入初次分配中的劳资分配比例也就直接影响到社会保险缴费多少。近年来,我国劳动报酬在国民收入中所占比重不断下降,根据资金流量表数据计算的劳动者报酬占增加值比重①可以看出,我国劳动者报酬占比较低,导致职工缴纳社会保险费的绝对额较高。2010 年,劳动者报酬占增加值比重为 47.5%,2011 年下降到 47.0%,尽管 2012 年有所提高,达到 49.4%,但占比仍处于较低水平(见表 4)。

表 4 2005~2012 年我国劳动者报酬占增加值的比重变化情况

单位:%

年份	劳动者报酬增加值比重	年份	劳动者报酬增加值比重
2005	50.4	2009	49.0
2006	49.2	2010	47.5
2007	48.1	2011	47.0
2008	47.9	2012	49.4

长期以来,我国经济的一个重要特征为资本偏向型和低劳动技能偏向型经济,依靠的是我国丰富的低档劳动力资源和人口红利所带来的低劳动成本比较优势,因此出现了改革开放 30 多年来劳动报酬增长与经济增长背离的

---

① 《"十三五"企业工资收入分配制度改革总体思路研究报告》,人社部劳动工资研究所,2015。

情况。以改革开放最前沿的广东省为例,经济总量从 1978 年到 2014 年年均增长 17.81%;而同期居民初次分配所得的劳动报酬年均增长 17.03%。劳动报酬增长低于经济增长 0.78 个百分点。劳动报酬在国民收入初次分配中的比重下降得较为严重,广东省 1978 年劳动报酬占比为 60.58%,2014 年下降为 47.72%,下降了近 13 个百分点。[1] 就业人员劳动报酬的下降,就业人员总体收入的水平的降低,导致就业人员缴纳社会保险费的绝对值偏高。

我国劳动报酬占比不仅与一些发达国家相比差距较大,而且还低于大多数的发展中国家。2013 年我国人均国内生产总值折合为美元大约为人均 6800 元,但我国制造业从业人员工资月均大多在 2000~3000 元人民币,折合为小时工资大约在 2~3 美元。金砖国家中的巴西,2011 年小时工资率已经达到 5.41 美元,即使是非洲的刚果,其制造业小时工资率都达到了 4.71 美元。2013 年美国人均 GDP 大约为中国的 7.8 倍,但美国制造业小时工资率为私营单位制造业就业人员工资的 13.2 倍。因此,我国普通劳动者的工资水平比较低。较低的收入主要用作了当期的生活支出,尽管缴纳的社会保险费水平并不高,但由于就业人员的收入总量较低,低收入人群仍感到社保缴费较高。

二是从整个收入分配格局看,低收入人群社会保险费负担较高。据统计,2013 年外出农民工、私营企业就业人员月人均工资分别为 2609 元和 2726 元,相当于城镇单位就业人员的 60.8% 和 63.5%。[2] 2013 年行业工资水平最低的农、林、牧、渔业人均月工资 2152 元,相当于社会平均工资的 50%(2013 年全国在岗职工社会平均工资为 51483 元)。也就是说,社会保险缴费基数按照社会平均工资的 60% 缴纳,对于农民工等这些低收入人群就相当于其收入的 100%,对于农、林、牧、渔业来说就相当于其工资的近 120%。

根据人社部统计摘要[3],2011 年、2012 年、2013 年社会保险实际缴费

---

[1] 课题组在广东省调研结果。
[2] 根据国家统计局 2013 年《全国农民工检测调查报告》和 2014 年《中国统计年鉴》数据计算。
[3] 见人力资源社会保障部规划财务司编历年《人力资源和社会保障部统计摘要》。

基数分别为27204元、30492元和33463.95元。表面上看,社会保险缴费费率高达30%~40%,但数据显示,社会保险缴费存在虚高现象,也就是说,费率数字看起来的确不低,但实际的缴费并不高。加上有很多地区(如北京市等)已经将个人缴纳社会保险费的下限放低至40%。如果按照实际的缴费水平,以2013年职工基本养老保险为例,单位费率也只有12.6%,而不是20%。

根据上述分析和研究,从收入分配的整体视角研究我国的社会保险缴费水平问题,得出如下几点基本结论。

1)在国民收入分配格局中,我国就业人员的收入水平总体偏低(劳动者报酬占增加值的比重不到50%),增加值部分更多的是被国家和企业拿走。职工工资的总体偏低,一方面拉低了社会保险缴费的整体水平,另一方面也导致了大多数的中低收入者承担了较高的社会保险费用。

2)社会保险缴费水平由两部分构成,费率和费基。按照社会保险法规定,职工社会保险的费基为单位工资总额和个人缴费工资。显然,在费率一定的情况下,费基的多少决定了社会保险费的缴费水平。社会保险的缴费水平不能只看费率,不看费基。从实践看,一直以来,我国社会保险的费基是盯着上年的社会平均工资。从金保工程的全国职工养老保险缴纳信息数据分析,实际上自2000年以来,每年的单位缴费基数和个人缴费基数占上年社会平均工资的比例逐年下降,已由2000年的76%逐年下降至2014年的69%。

3)目前我国企业面临两难的尴尬局面,一方面是企业人工成本中职工劳动报酬增长较快,企业对高成本怨声载道。另一方面,职工劳动报酬整体偏低,也就是大多数的普通劳动者收入水平低,社会保险缴费水平也必然低。那么,企业的成本究竟高在哪里?从国家统计局公布的数据看,2011~2014年,我国规模以上制造业主营业务成本年均增速为12.7%,明显高于制造业主营业务收入增速12.2%和制造业利润总额增速6.5%。成本增加主要来自于以下几个方面。

一是企业融资成本高,特别是中小微企业的融资成本更高。根据国家统计局数据，2010年以来，我国规模以上工业企业利息支出占主营业务利润收入比重逐年大幅提高，从2010年8月的6.47%提高到2015年9月的9.2%，上升了42.7%。据全国中小型微型企业发展情况报告显示①，在全国1527.84万户企业中，小微企业有1169.87万户，占比达76.57%，而把个体工商户纳入统计后，小微企业占比达94.15%。我国的中小微型企业已经撑起了我国经济的半壁江山。但调研发现，我国的商业银行在对小微企业贷款时利率一般上浮30%到45%，还有各种手续费、承兑贴息、联保保证金、评估费、登记费、担保费、公证费、咨询服务费等费用累计在15%以上。尽管融资成本高，中小微企业从大中商业银行可获得贷款仍然少，导致大量中小微企业转向民间借贷。中国中小微企业发展指数报告显示，2013年民间借贷占小微企业负债总额的45.7%，已成为小微企业不可或缺的资金来源。但民间借贷进一步推升了企业融资成本，部分融资成本甚至超过50%，高昂的融资成本，成为我国中小微企业沉重的成本负担。

二是税费（不包括社保费）成本总体上升。根据国家统计局数据，2014年包括企业应交增值税企业所得税和主营业务税金及附加在内的制造业税费成本占制造业主营业务收入比重为5.74%。国有企业大多数仍然承担着部分"办社会"的职能，如计划经济时期延续下来的退休人员的书报费等。山东等地的调研发现，某企业支付退休人员的这些费用2015年达到3200万元。尽管退休人员已实现社会化管理，但有些福利企业还要常年负担，进一步加重了企业的负担。

三是土地、能源和物流等成本偏高。如土地成本，从全国主要城市土地出让监测价格数据看，2008年以来我国主要城市土地出让价格不断创出新高，年均增长18%以上。2015年综合地价每平方米超过4000元，②能源成本也不断攀升。尽管自2009年以来，受金融危机影响，我国汽、柴油价格

---

① 国家工商总局全国小型微型企业发展报告课题组：《全国小型微型企业发展情况报告》，工商总局网站。
② 2015年《全国主要城市地价状况分析报告》。

走低,但从中国工业者燃料动力类购进价格指数看,我国制造业企业用电成本等能耗费用占主营业务收入比重依然较高。另外,我国企业物流费用率也分别比日本和美国等国家高出 3.6 个和 0.4 个百分点①。总体来看,我国制造业相对于发达国家,如美国、日本等国家的成本优势已经不复存在,在税费、融资成本和物流成本等方面,已经超过了美国、日本等发达国家。而在劳动力成本、资源要素价格等方面,也超过了越南等国家。

显而易见,我国企业综合成本比较优势的大幅下降,绝不是社会保险的费率造成的。

4)我国企业的社会保险缴费负担水平具有鲜明的行业、地域、企业规模和所有制形式的差异。从行业看,劳动密集型产业的社会保险负担明显高于资本密集型企业和技术密集型企业。从地区看,中西部地区的企业社会保险负担高于东部经济发达地区,工业企业社会保险负担从大到小依次是:中部、西部、东部、东北。② 从企业规模和所有制形式看,私营企业社会保险缴费能力最弱,实际缴费负担最重,外资企业缴费能力最强,缴费负担最小,国有企业居中。③

社会保险的负担水平总体呈现出利润率较高地区或企业,企业负担较小;利润率较低地区,企业社会保险负担较大的趋势。④

数据显示,最高行业(金融业)是最低行业(农、林、牧、渔业)的近 4 倍。并且低收入行业大多为劳动密集型产业,吸纳就业人员多,缴纳的社会保险费也高。

从地区之间看,职工工资水平差距也很多,2013 年人均工资最高的北京市(84742 元)是最低的地区(广西为 36386 元)的近 2.33 倍。

不同所有制企业社会保险缴费能力的差异,原因在于私营企业以劳动密

---

① 国家发展和改革委员会产业经济与技术经济研究所课题组:《降低我国制造业成本的关键点和难点研究》,《经济纵横》2016 年第 4 期。
② 孙博:《我国工业企业社会保险负担的区域差异分析——基于超越对数生产函数的实证研究》,《社会保障研究》2010 年第 6 期。
③ 同上。
④ 同上。

集型居多,工资负担重而利润水平低;外资企业以资本密集型居多,工资负担小而利润水平高。因此,应综合考虑企业的工资水平和利润状况来确定社会保险缴费基数。

三 政策建议

为深化收入分配改革和完善社会保险制度,贯彻落实党中央提出的降低企业税费成本战略部署,提出如下意见建议。

1. 做实社会保险缴费基数,不盲目降低社会保险费率

根据我国社会保险的制度设计,缴费水平由缴费基数和费率构成。研究发现,尽管我国社会保险费率,尤其是职工基本养老保险费和基本医疗保险费从数字上显得较高,但从实施运行情况看,除了部分企业(主要是国有企业和效益较好的外企)缴费基数是比较严格按照统筹地区公布的缴费基数缴纳外,大多数的中小微企业、私营企业、个体工商户和灵活就业人员,其缴费所依据的基数低于当地缴费平均水平的60%,甚至有些地区规定在40%。造成企业之间不同缴费水平的不公平。另外,目前的缴费基数是按照上年统筹地区的社会平均工资决定,在我国处于经济增长的时期,大多数的单位和个人实际上还存在着拉低缴费水平的问题。

因此,建议调整社会保险费的缴费基数确定规则,由目前按照统筹地区统计部门公布的上年年度社会平均工资确定,修改为由统筹地区人力资源社会保障部门按照社会保险的量能原则,确定缴费基数。具体如下。

单位费基的确定方面,针对目前社会保险费基是按照工资总额多少缴纳。劳动密集型产业招用人数多,利润低,缴纳社保费高,而资本密集型和技术密集型企业劳动力成本相对较低,缴纳社会保险费水平也低,因此,可以考虑将单位缴费由单一按照工资总额,修改为根据工资总额、利润水平和劳动力成本水平等指标确定。

个人缴费方面,可以考虑扩大社会保险缴费基数规模。随着我国居民家庭收入来源的多样化。工薪阶层恰恰是收入比较低的一部分人群,承担了较高的社会保险缴费。一些收入高的人群很少以工资性收入为主,股票、股权、债券、房产等都是其收入的来源。因此,我国的社会保险费,应当考虑不能仅仅依据工资来厘定,必须深入其资产领域,将资产和资本所得也纳入社会保险的缴费基数。

2. 精准施策,区别不同情况降低企业成本

党中央实施供给侧结构性改革,把降成本作为重要的企业减负举措,并推出一系列政策措施"组合拳"为企业降低成本减负,收到了一些成效。但不可否认的是,企业的负担依然沉重。一些部门和媒体不切实际地认为企业成本高就是社保费高。实际上,我国的社会保险费率听起来不低,但根据对制造业、建筑业等行业仔细研究发现,就企业的整体成本看,企业所缴纳的社会保险费成本占企业的总体成本的比例并不高。问题的关键是在大中城市的生活成本居高不下,如在北上广深等城市,房地产价格居高,大大提高了劳动者的生活成本。还有诸如我国的税收、融资、能源、企业用地、交通物流等,各个行业由于其资源的利用不同,成本各有差异。应当综合考虑企业的各种成本,尤其是尽快采取措施,把过高的房地产价格降下来,才能实实在在地降低企业的成本。

3. 从国内外社会保险的起源和发展规律看,越是在经济增长乏力,经济困难甚至经济危机时期,越是应当加强社会保障,而不是降低或者削减社会保险费

从世界社会保障制度的发展历程看,现代意义上的社会保障制度,起始于19世纪80年代,二战以后进入快速发展时期。有两个重大的历史事件,用铁一般的事实说明了越是在经济困难和经济危机时期,越是应加强社会保障制度建设,而不是削减。一是1873年西方国家爆发了大规模的经济危机。深受其害的德国出现了企业破产、工厂倒闭、工人大量失业的情况。在此种情况下,俾斯麦政府于19世纪80年代连续颁布了关于疾病、工伤和养老的社会保险法,建立了最初的社会保险制度,实施雇主要为雇员缴纳社会保险费的制度。稳定了社会,振兴了经济,加强了俾斯麦的统治地位,也成为现代社会保障制度的奠基石。二是1929年10月,美国发生了有史以来最严重的经济危机，那时的美国国内股票狂泻，企业破产，银行倒闭，工人大量失业，社会动荡。在重大的经济危机面前，新任的美国总统罗斯福实施了一系列"新政"措施，其中重要举措之一就是在1935年美国国会通过的《社会保障法》及相关法案，要求雇主要为劳动者支付养老金和失业保险金，提供医疗保险。罗斯福新政帮助美国走出了危机。从1935年开始，美国几乎所有的经济指标都稳步回升。

从我国的社会保险改革发展看，在20世纪80年代末90年代初，我国开始了改革开放和建立市场经济体制的改革，着手进行经济结构和产业结构的改革调整。众多国有企业实施了关停并转。1998~2008年的10年间，国有企业下岗职工累计达到3000多万人。[①] 由于20世纪90年代中期社会保障改革滞后，一些地区曾一度发生过众多退休人员不能按时足额领取退休费或养老金的现象，其后果是社会不安全感上升、居民消费信心不足、企业库存积压快速增多，严重影响了经济体制改革和国有企业改革。党中央、国务院在着力抓好职工基本养老保险制度改革的同时，于1998年及时做出了实行"两个确保"、建立"三条保障线"的英明决策，推动与建设社会主义市场经济体制相适应，符合中国国情的企业职工基本养老保险制度改革，保障了下岗职工和失业人员的基本生活，保障企业退休人员按时足额领取到退休费或养老金，促进下岗职工和失业人员再就业，有力地保障了人民生活、提振了社会信心，而且为国有企业改革发展和社会主义市场经济体制的建立创造了有利条件。也正是在我国经济发展的这一艰难时期，率先开始的职工基本养老保险改革，确立了企业和个人要缴纳养老保险费，随后五项社会保险制度相继建立，探索建立了符合我国国情的社会保险制度，有力地促进和推动了国有企业改革的顺利推进和整个国民经济的复苏，维护了社会的和谐稳定。可以说，当时是在企业困难的时期，建立了单位和个人缴费型的社会保险制度，如果没有当时这一重大决策，就不会有随后出现的我国经济30多年来的高速发展。实践证明，经济发展与改善民生并非互相矛盾、鱼与熊掌

---

① 胡晓义：《走向和谐：中国社会保障发展60年》，中国劳动保障出版社，2009。

不可兼得的关系，而是相互促进、相得益彰的关系。社会保险的本质是互助共济，防范风险。越是在经济困难的时候，越是应当加强社会保险体系建设，越是在企业经营困难的时期，企业更应当承担起应有的社会保险责任，而不能把社会保险看作负担。

参考文献

[1]《中华人民共和国社会保险法》，http://www.gov.cn/zxft/ft209/content_1748773.htm。

[2] 郑功成：《用共享发展理念指导社会保障》，《人民日报》2016年2月23日。

[3] 左娅、白天亮等：《用工成本，想降难降最纠结——对两省四市53家企业用工成本的调查》，《人民日报》2016年5月30日。

[4] 吕红桥：《企业负担报告：人力、土地等成本压力大》，央广网，2016年10月25日，http://finance.cnr.cn/txcj/20161025/t20161025_523219008.shtml。

[5] 国家发展和改革委员会产业经济与技术经济研究所课题组：《降低我国制造业成本的关键点和难点研究》，《经济纵横》2016年第4期。

[6] 辜胜阻、庄芹芹：《缓解实体经济与小微企业融资成本高的对策思考》，《江西财经大学学报》2015年第5期。

[7] 张璐琴：《工资水平与社保缴费——有关调整社会保险缴费标准的思考》，《中国经贸导刊》2010年第9期。

[8] 郑功成：《人民要论：正确处理经济发展与改善民生的关系》，人民网—人民日报，2016年11月1日，http://theory.peple.com.cn/n1/2016/1101/40531-28823162.html。

[9] 辜胜阻：《巩固实体经济急需缓解小微企业困境》，《第一财经日报》2012年12月28日。

[10] 国家工商总局全国小型微型企业发展报告课题组：《全国小型微型企业发展情况报告》，工商总局网站，2014年3月31日，http://www.saic.gov.cn/sj/tjsj/201403/t20140331_215168.html。

[11]《2014年金融统计数据报告》，中国人民银行，2015年1月15日。

[12] 付碧莲：《中国企业债命门》，《国际金融报》2014年6月30日。

[13] 中国人民银行：《2014年末金融机构人民币贷款余额81.68万亿》，人民网，2015年1月23日，http://finance.people.com.cn/bank/n/2015/0123/c202331-26440764.html。

[14] 沙勇：《我国小微企业的融资困境及应对策略》，《江海学刊》2013 年第 3 期。
[15] 巴曙松、游春：《我国小微型企业贷款保证保险相关问题研究》，《经济问题》2015 年第 1 期。
[16] 黄汉权等：《降低实体经济企业成本的综合性意见》，2015。
[17] 中国物流与采购联合会、中国物流信息中心：《全国重点企业物流统计调查报告》，《中国物流与采购》2016 年第 4 期。
[18] 国土资源部，2015 年国土资源主要统计数据，2016 年 2 月 27 日，中商情报网，http：//www.askci.com/news/chanye/2016/02/27/165153dewm.shtml。
[19] 人民银行货币政策司课题组：《贷款利率、不良贷款率和净息差的国际比较》，2014 年 9 月 17 日，财新网，http：//economy.caixin.com/2014-09-17/100729707.html。
[20] 杨青龙、刘启超：《综合成本上涨对产业升级的影响研究文献综述》，《江淮论坛》2015 年第 5 期。
[21] 严言：《降低制度性交易成本是供给侧结构性改革的核心》，《国际金融报》2015 年 11 月 30 日。

Ⅳ 部分群体工资薪酬改革篇

公务员工资决定和增长机制研究

王 霞*

摘 要： 我国公务员工资水平的确定和调整仍以行政计划决策模式为主要特征。按照平衡对标模式的要求，工资调整的决策机制不够健全，央地权责关系有待调整、与财政管理体制不适应，透明度也不够。本研究认为，当前建立健全公务员工资决定和增长机制的时机已经成熟，应当遵循适应社会主义市场经济体制要求、反映公务员的职业特点、契合新时期干部队伍建设要求、促进深化工资管理体制改革的指导思想，在决策依据、决策体制和决策程序等方面都要进行规范和调整。

关键词： 公务员工资水平　决定和增长　平衡对标

---

* 王霞，人社部劳动工资研究所研究一室主任，副研究员，主要研究方向为工资分配和劳动关系。

新中国成立以来我国分别于1956年、1985年、1993年和2006年进行了公务员工资制度的改革。四次"工改"都有完善工资制度、调整工资关系和提高工资水平等多重目的。公务员工资水平决定和调整是其中一个核心问题。

工资决定与工资增长一般有个体工资水平决定和增长以及整体工资水平决定和增长之分。所谓个体工资水平决定和增长，一般称之为定期提薪制度，是指依据公务员个人的职务、资历、业绩考核等方面的变化而确定和调整其个人工资水平的制度性安排。如，根据现行公务员工资制度，公务员职务工资水平，依据其资历、职务和工作实绩，通常两年可以晋升一个级别工资档次，五年晋升一个工资级别。本研究中的公务员工资决定和增长机制特指后者，即国家制度安排下的、对整个公务员职业群体的工资水平进行的调整，严格讲应称为"工资水平决定和增长机制"。整体工资水平变动通常通过调整工资标准的方式实现，这种"调标"的方式一般覆盖所有公务员，从而推动公务员工资整体水平的提高。如1992年工龄津贴从每工作一年0.5元提高到1元，2003年将职务工资由100~850元提高到130~1150元。

在2006年全国公务员工资制度改革方案中，正式提出要形成科学合理的工资水平决定机制和正常增长机制。但此次"工改"后，此项工作并没有实质推进，国家8年未调整过公务员的基本工资标准，而地方自行确定的津贴、补贴水平快速增长，一方面造成公务员工资报酬水平整体增长，另一方面造成工资结构严重失衡和地区间工资差距拉大，公务员工资水平问题持续引爆社会讨论。一些专家学者认为公务员的工资水平调整工作陷入种种困境。

人力资源和社会保障事业发展"十二五"和"十三五"规划纲要都提出改进和完善公务员工资水平决定机制和正常增长机制的要求，2015年和2016年实施两次公务员工资"调标"亦表明了建立这项机制之迫切。但这些措施只是明确了调整机制的周期，对于建制的原则、路径还没有充分的论证，距离建制还有许多问题有待研究。

一 文献综述

（一）公务员工资的普遍性和特殊性

新公共管理行政理论和组织行为学理论都注重公务员工资决定的普遍性和共通性。新公共管理行政理论强调市场的运用，主张将私人部门的管理理念、方式、方法运用到公共部门。具体到公共部门人力资源管理方面，既强调政府组织的公共性，也强调政府管理应当从企业管理理论和实践中汲取经验。组织行为学认为，公务员是社会各类职业当中的一个特殊群体，政府需要对其工资分配的合理性和科学性进行有效调控，但调控的依据同样是通行的工资分配公平理论，即决定分配合理性的不完全是绝对薪酬水平，而是要把握他们所得的与别人所得的相比是否公平。从公平理论进一步发展出的程序公平的角度看，如果认为加薪程序、决定方式等决策过程被认为是公平的、公正的，则会提高各方的认可度和工作积极性。

丁进（2009）分析认为，公务员工资是公务员这种"特殊"劳动力的价格，其特殊性在于这种劳动力价格很难通过市场机制自然形成，只能通过"模拟市场机制"或"模拟市场结果"来确定。政府与企业相比，至少在组织性质、运作模式、人事制度等方面存在特殊性。以下三个特征会对公务员工资水平产生直接影响并有可能成为强化公务员自我增薪动机的因素：一是政府提供的"产品"具有垄断性；二是政府是非营利的；三是政府的自雇佣性。

刘昕、董克用（2016）进一步分析认为，企业在决定工资水平时，一方面必须参照劳动力市场上的均衡水平，另一方面还可以根据产品市场竞争力或利润等因素决定是否支付超过市场均衡水平的工资。同理，公务员的工资水平主要取决于两大因素，一是劳动力市场因素，二是政治决策因素。

翁文先、李兵（2003）认可政治因素对公务员薪酬确定的影响。作者认为政治定价困境有三层含义：一是公务员的多重人性，既是政治人、道德人,又是经济人;二是公务员的双重人格,高层的政治追求与中低层的经济追求并存;三是政治目标与社会现实的困境,公务员不可能不去关心自己的经济利益而仅追求政治目标。

(二)公务员工资水平的决定或影响因素

张亚(2011)认为,我国公务员薪酬标准的确定和调整要坚持根本性原则、时代性原则和操作性原则。从本国实际出发,在操作性上应考虑企业为本、平均水平、滞后调整、财政支出比重合理、减员提薪、小幅调整和多方面协调、公众参与、市场博弈与政治博弈相结合、程序法定等方面。

白景明(2014)认为确定公务员工资水平,一要合理界定公务员范围,二要全面权衡财政承受能力与公务员生活成本补偿之间的关系。处理这一关系的底线是弥补当期基本生活费,高线是弥补中等偏上收入阶层的生活费。确立公务员工资调整机制时,可考虑把消费物价、人均 GDP、社会平均工资等列为挂钩因素。

为使官员"不想贪"的同时还提高政府效率,新加坡国立大学东亚研究所(2016)提出了界定中国公共部门"合理"薪酬的 8 项标准。在需求方面有 5 条,分别是人力资本投资原则,指公共部门从业人员受教育程度且个人道德操守要求都比较高,应取得合理的人力资本回报;公私同责比较原则;国际同行比较原则;房价收入比原则,月还贷额度占工资收入 $1/4 \sim 1/3$ 之间比较合理;个人预期原则。在供给方面有 3 条,按照政治合理性原则,合理的工资水平应是按需求推算的合理工资区间的下限。比如,部长级干部的合理工资应取上市公司高管的平均值,即在现行基础上翻倍;财政能力原则;社会接受度原则,指如果提高公共部门的工资,能够带来办事程序的简化规范和公共服务的质量改善,且财政和个人负担不增加,那么老百姓是能够接受的。

(三)公务员工资水平定位

一个职业群体工资水平的高低,通常取决于生活物价水平、劳动力市场供求关系以及人力资本回报，但公务员职业的特殊性，使各界讨论的焦点大多集中在如何合理确定公务员工资与市场工资的相对关系方面。

效率工资、公平工资等工资理论都认为，支付高于市场价格的工资，有利于降低公务员的贪念。国际货币基金组织和联合国也分别有报告指出，如果政府工作人员薪酬水平过低，以至于需要发愁靠这种收入如何得以维持生活，实际上就是在怂恿腐败行为。现实中，发展中国家政府部门收入偏低与其普遍存在的贪污现象有显著相关性。

学者对公务员工资水平定位的建议主要有：①公务员的工资水平应与社会看齐，同工同酬，这是体现社会公平的第一步；②公务员群体的薪酬水平应达到或略高于社会的平均薪酬；③从促进知识和管理要素报酬市场化的角度看，应将公务员薪酬定位在社会中等偏上的水平，如在社会平均水平的1.2~1.5倍。

二 主要国家和地区公务员工资水平的决定

市场经济国家和地区公共部门工作人员工资决定机制主要有行政计划模式、平衡对标模式和谈判协议模式三种，确定公务员工资水平所考虑的主要因素是当地市场工资水平、经济发展水平、政府财政实力和物价水平。采用平衡比较原则是多数国家使公务员工资水平与市场工资水平对标的做法，其主要理论依据是公平理论和同工同酬原则。

（一）公务员工资水平的平衡比较原则或理念

美国 1990 年的《联邦公务员可比性工资法案》（FEPCA）确定了以私营企业为参照的美国公务员工资决定模式。英国公务员报酬制度坚持的首要原则是"与从事类似工作的外部人员现时报酬相比较时，应当合理"。日本规定，原则上"公务员的薪酬在动态上须与民间相关从业者水平相一致"。香港提出始终保障公务员的工资水平与私营部门相比略高，使公务员生活无忧，维护其工作的稳定性，保证公务员对复杂工作的适应性等。

此外，德国和法国都特别强调公务员工资支付的水平应与其身份和社会地位相符合。德国法律规定，公务员的待遇必须保证其在财政上独立，以便其能够忠实履行岗位职责。同样，法国社会对公务员十分崇敬，政府也极力维护其社会地位，其付薪理念是：政府支付公务员薪酬的性质与企业支付给员工的薪酬不同，它不是劳动报酬，而是确保公务员维持与其官职和地位相称生活水平的手段。

（二）公务员工资与社会平均工资的相对定位

一般而言，公务员工资与私营企业工资水平保持相当或基本平衡。但各国掌握的具体标准不一。主要发达市场经济国家或地区公务员相对工资关系大致可以分为三种情况。

1. 较高工资水平

高工资水平国家中，公务员工资水平达到社会平均工资的1.3倍及以上。发达国家以新加坡为典型代表，新兴国家中南非也比较典型。

2. 相当于全社会中等偏上

在美国，联邦公务员属于中产阶级的中上层，其工资大致相当于全美人均工资收入的1.6倍；对于地方公务员而言，工资水平也大多高于当地平均工资。多数州和地方政府全职（每周工作30小时以上）公务员工资报酬比本州各类劳动者平均工资高15%~20%，最高的可高出45%以上。英国公务员工资水平维持在中等，一般工作四五年的公务员年薪高出同期伦敦人均税前工资近10%。相对于普通民众，俄罗斯公务员是生活稳定衣食无忧的理想职业之一。

3. 整体与社会平均工资基本持平或略低

韩国的公务员尽管工作稳定，但一直以来收入水平并不算高，与社会平均水平基本持平或略低。

（三）工资管理和决策机制

发达国家或地区公务员工资水平确定和调整都有较为完善的管理体系。

美国有多个政府机构参与这项工作,其分工和流程顺序是:劳工统计局①调查统计企业工资水平、人事管理署②主要负责比较同一工资区内二者工资差距、联邦薪酬委员会提出工资调整建议、总统薪酬办公室全面审核工资调整建议,总统审核报告并确定工资调整数额,国会批准总统的决定。英国一般公务员的工资由文官委员会同全英惠特利理事会协商,形成原则意见后,再与公务员工会协商。日本国家公务员工资水平调整以人事院工资劝告的方式进行,人事院每年做一次调查,但其对公务员工资调整只能提出建议,最后要由国会决定是否调整。香港公务员薪俸及服务条件常务委员会就非首长级公务员(不包括司法人员及纪律人员)的薪酬、服务条件以及薪俸结构的原则和措施,向香港行政长官提出相关建议。

(四)总结与思考

市场经济国家和地区经济社会发展具有先行性,其公务员薪酬标准的确定原则和形成、调节机制代表着一定的普遍规律,但我国在借鉴其理论和经验过程中还需要有更多的分析和思考。

1. 与企业进行工资水平对比是国际上的通行做法,但具体方式选择要依据国情而定

实施调查比较制度的国家一般都有明确的法律依据,实施起来有严格的程序和规范的流程。需要具备两类人员工资决定机制、接近社会普遍认可等条件,且细分比较调查的成本较高。

2. 社会各界对于调查结果有不同的理解和分析,相应对调查比较技术提出了更高的要求

即便在开展调查比较已经几十年的美国,也对比较调查结果存在种种争论。如美国共和党常认为联邦政府公务员的工资超过了私营部门工资60%。而联邦人事管理署认为联邦政府公务员的平均收入比私营部门低24%。双

---

① Bureau of Labor Statistics.
② Office of Personnel Management.

方在公务员的地域特殊性、高等教育背景、平均年龄、福利待遇等影响因素上，认识并不一致。法律要求公务员工资与私人企业的相应工资具备"可比较性"（comparable），但这只是表明差别不至于超出一个数量级，至于相差多少仍然没有明确规定。

3. 公务员工资水平的定位需考虑多种因素

公务员工资水平的定位与各国对公务员群体的素质要求定位、选拔难度、职业稳定性及其他待遇水平等直接相关。

此外，不同公务员薪酬决策机制对薪酬水平也有影响。部分国家会设立一个中立的、专业的机构组织开展比较调查并且提出相对客观的建议方案，再由决策机构决定工资水平调整与否及调整幅度，而比较强势的公务员工会对该国公务员工资水平有较强影响力。

三 现状与问题

改革开放以来，我国共进行了三次机关事业单位工资制度改革，即1985年、1993年和2006年工资改革。这三次改革都涉及工资水平的整体调整，其间也有多次"调标"。在制度变迁的过程中，工资水平正常调整、工资水平决定和增长机制的政策需求也逐渐确立起来。

（一）机关单位工资水平现状

1）与企业相比，自1993年第三次"工改"以来，机关单位平均工资[①]多数年份高于企业。特别是经过连续多次调资之后，2007年机关工资水平高出企业近20%。但此后公务员工资相对水平逐年下降，2013年和2014年明显低于企业（见图1）。

---

① 机关单位工资统计的人数中包含一定数量的由机关发放工资但不属于公务员的群体（以2013年为例，国家统计局发布的机关单位人数为1314万，比公务员人数多近600万），但由于公务员没有单独的统计数据，而且机关单位工资的统计具有历史持续性，因而作为替代分析的指标。

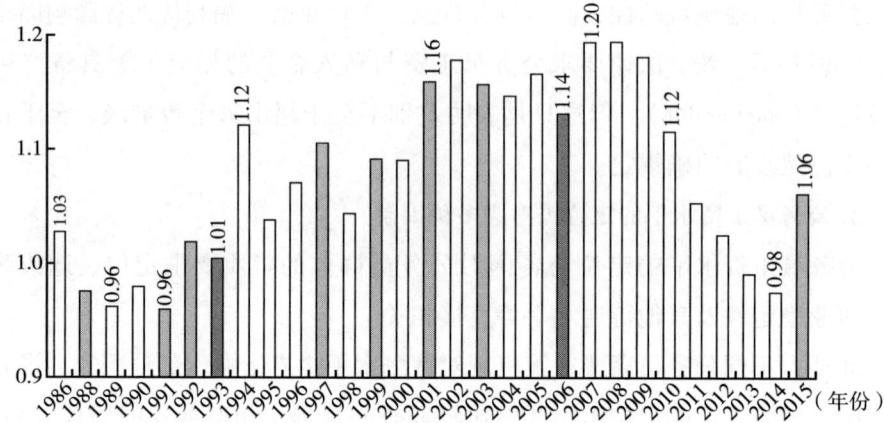

图1 历年机关和企业在岗职工工资水平对比

注：图中柱状图有横纹的为进行工资制度改革的年份，有竖纹的为工资标准有调整的年份。
资料来源：国家统计局相关出版物。

从增长幅度看，近20年里多数年份机关单位的工资增长慢于企业的增长（见表1），特别是2006年工改以后，连续多年增长滞后。主要原因是，这期间中央清理规范津补贴工作的效果显现，各地津贴补贴增长的势头得到遏制，基本工资在这期间也没有调整。

表1 历年机关单位与企业单位工资增长

单位：%

年份	企业工资年度增长	机关工资年度增长	机关增速减企业增速
1996	10.9	14.6	3.7
1997	6.6	10.0	3.4
1998	17.1	10.7	-6.4
1999	10.3	15.3	5.0
2000	12.5	12.3	-0.2
2001	13.8	21.0	7.3
2002	13.6	15.5	1.9
2003	14.4	12.4	-2.0
2004	14.6	13.6	-1.0
2005	14.7	16.6	1.8
2006	15.1	12.2	-3.0
2007	17.0	23.1	6.1

续表

年份	企业工资年度增长	机关工资年度增长	机关增速减企业增速
2008	17.9	17.8	-0.2
2009	11.5	10.4	-1.1
2010	14.7	8.3	-6.3
2011	15.9	9.4	-6.5
2012	12.5	9.5	-3.0
2013	10.5	7.0	-3.6
2014	9.7	7.8	-1.9
2015	7.9	17.7	9.8

2）和其他行业相比，以机关事业单位为主的"公共管理、社会保障和社会组织"行业的就业人员平均工资2015年为62323元，在19个行业门类中位列第10，仅相当于各行业平均水平（见图2）。

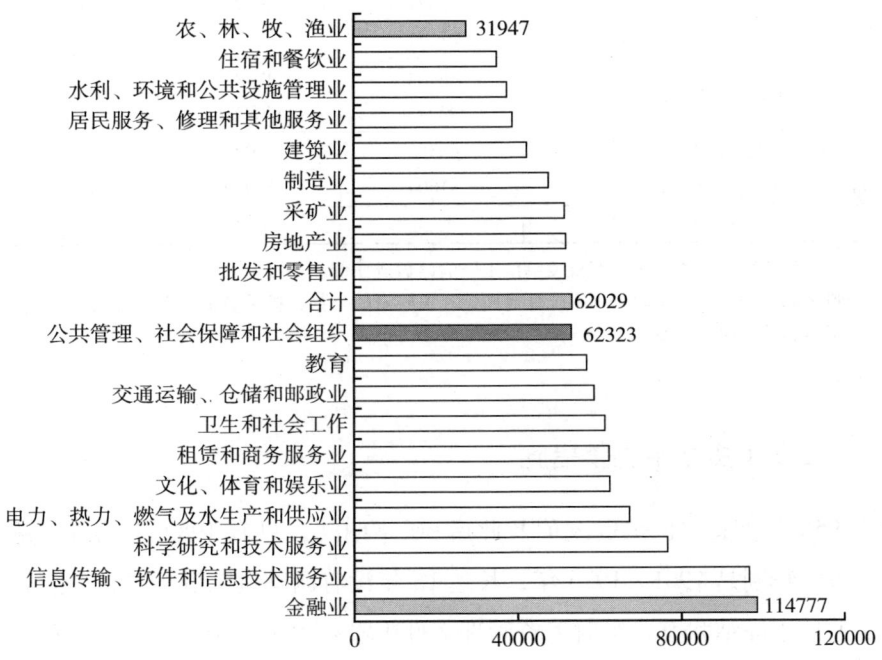

图2　城镇非私营单位分行业工资水平（2015年）

资料来源：国家统计局网站，2016年5月13日，http://www.stats.gov.cn/tjsj/zxfb/201605/t20160513_135609.html。

3）分职业类别看，与企业中的管理和专业技术等"白领"岗位相比，机关在岗职工平均工资高于一般办事人员，低于专业技术人员，仅相当于中高层管理人员平均工资的一半左右。按照企业"白领"职业中，中高层及以上管理人员、专业技术人员和办事人员分别占30%、10%、60%的比例估算，企业管理和专业技术人员工资比机关高20%以上，2015年这一差距有所缩小，但企业仍高出10%（见表2）。

表2 相关职业的工资水平（2013~2015年）

单位：元/年

企业分职业工资 （覆盖16个行业的规模以上企业）	2013年	2014年	2015年
其中：企业中层及以上管理人员	107374 (2.1)	109760 (2.0)	115474 (1.8)
专业技术人员	63074 (1.2)	66074 (1.2)	70981 (1.1)
办事人员和有关人员	46403 (89%)	47483 (85%)	50972 (77%)
企业三类人员加权估算值	66361	68025	72324
机关单位在岗职工工资	51894	55939	65829
企业估算值是机关的倍数	1.28	1.22	1.10

注：括号内数字为相当于同期机关单位工资的倍数或比例。
资料来源：企业数据来源于国家统计局网站相关年份的公报，机关数据来源于相关年份的《中国人力资源和社会保障年鉴》。

（二）工资水平调整措施

1956年机关单位工资改革及此后30年期间，只有1982年工资普遍提升一级。特别是1961~1976年，长达16年没有调整过工资标准，工资标准事实上处于冻结状态。当时工资管理文件中没有提出工资总体水平调整或增长的办法，而只是通过晋升个人级别的办法来提高公务员个体的工资水平。

1985年第二次工改重点是解决分配中的一些突出矛盾。在1993年之前，实施了一些结构性调整措施。如提高了机关事业单位工作人员的奖励标准、提高工龄津贴标准等。这次改革的文件中明确地提出建立"正常的晋级增资制度",要求"随着国民经济的发展,逐步提高国家机关、事业单位工作人员的实际工资水平。今后每年根据国民经济计划的完成情况,适当安排安排国家机关、事业单位工作人员的工资增长指标,……主要用于正常晋级或提高职务工资标准"。可见其政策目标是逐步提高机关事业单位工作人员实际收入水平,虽然不是真正意义的整体水平增长机制,但是已经形成了正常调整的意识,实现了突破。

1993年第三次工改文件中明确规定,要建立正常增资制度,使机关工作人员的工资有计划地增长;机关工作人员的工资,应根据职工生活费用价格指数的变动情况定期进行调整,保障其实际生活水平不因物价上涨而降低。此次改革的配套文件中还指出,要随着国民经济的发展,根据企业相当人员工资水平的增长情况和城镇居民生活费用的增长幅度,适当调整工资标准。自1993年10月1日起,每满两年调整一次。这次改革还第一次将企业相当人员工资水平作为公务员工资调整的参考依据,提出"机关工作人员的平均工资水平要与企业相当人员的平均工资水平大体持平,保持合理的比例关系。"

但是实际执行中,工资标准有时候一年调几次,有时候几年不调一次。1993~2006年,共调整5次标准,平均调整周期2.6年,间隔最长的是1993~1997年4年未调整,两年一次的工作目标没有实现。但是,1997年的调整是首次实现了工资制度不变情况下的工资标准调整。

2006年第四次工改时,明确指出要建立工资调查制度,将其作为定期调整公务员工资标准的依据。但在实际运行中,又连续7年未调整基本工资标准,工资调查制度仍在试点过程中,尚无法为调整工资水平提供依据。

以近20年的实际运行结果看,将GDP、CPI、企业工资水平变动以及政府一般公共预算性收入增长分别与机关工资增长幅度进行相关度分析,结果相关度最高的因素是政府一般公共预算性收入,其次是GDP增幅,机关工资与CPI、企业工资水平的相关度较弱,可以在一定程度上反映出我国机关工资增长仍偏向于统筹兼顾的行政计划型，主要是根据社会经济发展和国家财力情况进行调整，而企业工资上涨并没有带来太多直接影响。

（三）工资水平决策机制

世界各国公务人员工资决定机制主要有计划型、平衡对标型和谈判协议型。计划型多见于计划经济国家，普遍以财政支付能力作为确定公务员工资水平的基本前提；平衡对标型是多数国家的通行做法，尤以美国、日本、新加坡等最为典型；谈判协议型（以德国、法国等为代表）是以双方博弈作为手段，但是其目标和核心依然是实现公务员工资的内外部公平，保障公务员获得公正合理的报酬水平。

目前我国公务员工资决定的法律框架是2006年《公务员法》。按法律规定，我国公务员工资水平应比照企业相当人员工资水平确定，即确立了总的方向是平衡对标型。但目前，我国仍处于从计划型向平衡对标型转化的阶段，行政主导的色彩依然浓重。

公务员工资制度和工资水平调整主要属于行政决策，通过财政、人力资源社会保障行政部门与相关党政机构的横向协调为主要决策机制，公务员工资制度调整、工资调标等办法是以国办文件形式下发，公务员工资增长的资金安排不需单独经过人大有关机构审议，只作为一般公共服务支出的一部分整体提交审议，对变动因素只作文字定性说明。

行政上高度集中统一的公务员工资管理体制与"分灶吃饭"的财政体制不能有效衔接，也是影响当前公务员工资管理的一个重要体制性问题。目前我国公务员基本工资除东部7省份外全部由中央财政负担，绝大部分津补贴由地方财政负担。公务员工资分配的集中决策权受到了财权分散等现实的制约与影响，地方财政支付能力强弱在实践中发挥了主导作用，很多地区财政保障因素演变成了工资分配（特别是津贴补贴）决策的主要因素。由于各地经济发展不平衡，财政状况存在很大差异，地区工资差别不断扩大的局面难以得到有效遏制。反过来，财政资金途径及其管理现状实际上已影响到各工资单元支付标准的确定和公务员工资水平的总体调控。

从央地决策责任看,在公务员工资管理上,目前实际已形成分级分权的格局。地方要求自主分配的趋势日益明显,集中统一管理和分配的公务员工资管理模式已经被打破,但是与市场机制相适应、与财政管理体制相协调的公务员工资分级管理体制尚未建立。在中央与地方权限划分上,中央只直接负责基本工资以及各省、省会城市和副省级城市的津贴补贴规范工作,地市以下由省级政府按中央要求具体负责。博弈能力和财政支付能力强的地区不仅规范后的津补贴标准高,而且还借助改革性补贴、奖励性补贴、未休假补贴或加班补贴等名义继续增发工资性收入。2006年之后,在清理规范津贴补贴时,采取了分级管理、下管一级的工作安排,是在客观上认可了地方拥有部分工资管理的权力,并不是制度安排。

从历次公务员工资调整的周期看,全国范围内公务员工资1979～2006年调整了7次,其中1993～1997年4年多时间里,公务员工资没有调整过,而在1999～2001年,则连续3次调整公务员工资,调整幅度还比较大。调整的时点选择主要是行政决定的,从规律上看,一是问题积累而触发的,二是与相关规定配套进行的,如1993年配合《国家公务员暂行条例》、2006年配合《公务员法》进行的两次制度改革和调资。这样的工资决定和调整在标准、时间方面都缺乏公开和充分的评议论证,非常态、无规律,不易于社会公众更好地理解和接受。

四 转变公务员工资水平决定和增长机制的思考与建议

(一)基本内涵

公务员工资决定和增长机制,严格讲应称为"公务员工资水平决定和增长机制",是以法律规定为基础、对公务员工资整体水平进行有依据、有条件、有秩序、有组织的决策的一系列有机联系的制度、运行办法和程序的总称,是公务员工资制度运行的重要机制之一。其中,工资水平决定机制着重于公务员工资水平的决定依据、决定方式和决定主体等内容,工资水平增长机制着重于公务员工资水平增长①的依据、幅度、时间和程序等内容。

公务员工资决定机制和增长机制二者既有区别又紧密联系。工资决定机制是工资增长机制的基础。工资决定机制如果不尽科学、合理,则无法实现工资调整的科学性和合理性。工资增长机制是工资决定机制正常运转的保障。在经济社会环境快速变化的背景下,如果公务员工资水平不能及时调整或者调整方向出现偏差、调整不及时,会使公务员工资水平偏离其合理水平,对劳动力市场和全社会的收入分配关系造成不良影响。现阶段,工资决定机制和工资增长机制必须统筹考虑、同步实施,使公务员工资具有持续的保障与激励功能,得到公众的认可。

(二)指导思想

当前落实和完善公务员工资水平决定和增长机制的时机已基本成熟,条件已基本具备:中央为机关事业单位工资制度改革指出了明确的方向;近年来国家对机关事业单位工资制度进行了一系列改革和探索,为完善公务员工资制度、调整和确定公务员工资水平奠定了改革基础;公务员住房、公车、医疗、养老等保险福利制度改革已经基本到位,有利于深化公务员工资制度改革的社会环境和社会氛围初步形成。

在我国确立科学合理的公务员工资决定和增长机制,应遵循以下指导思想。

1. 要适应社会主义市场经济体制要求

具体讲,有三方面的内涵,一是要参考劳动力市场可比性均衡价格,发挥市场在决定知识、技术和管理要素报酬中的基础性作用。工资是劳动力市场价格的表现,企业主要根据劳动力市场供求关系、人员素质和盈利水平确定薪酬制度和支付标准。公务员提供的公共政策和公共服务虽然不存在市场定价和取得利润的问题,但是公务员与其他就业人员一样来自劳动力市场,

---

① 从国外情况看,公务员工资的变动既有可能是增长,也有可能是停滞或下降。但是我国目前所处于中高速增长阶段,全社会工资增长的趋势仍将继续保持,因而采用工资"增长"机制的说法,但实质上其中有工资变动、调整依据条件变化而变化的实质内涵是相同的。

政府与其他用人单位面临同样的择业群体，因此必须充分考虑市场均衡价格水平，吸引人才和保障公务员队伍素质；二是要使公务员工资水平随着经济社会的发展而稳步提高，共享社会经济发展成果；三是要采用符合市场因素的方式进行决策。要开阔思路，回归工资的本质属性，借鉴企业的先进薪酬管理理念和行之有效的制度、手段，确定公务员的付薪因素、薪酬制度体系和工资水平，开展薪酬调查，处理好内外部分配关系，从而实现政府的使命和目标。

2. 要反映公务员的职业特点

公务员工作岗位一般具有公共性、稳定性、团队协作性的特点，对经验、资历和能力的要求较高，公务员整体教育背景和职业素养也高于其他就业群体，因而公务员工资水平要体现人力资本回报，分配差距要适当，对公务员职业生涯全过程有整体激励制度安排。从公务员群体自身诉求看，他们不仅有保障生存和发展需要的经济性要求，又有较高的社会和心理需求，希望获得与其能力、素质和社会贡献相匹配的劳动报酬。

3. 要契合新时期干部队伍建设的要求

公务员的工资决定普遍具有政治属性。在我国，要求公务员以人民公仆的身份努力实现公共福利和社会公正的最大化，因而对任职人员的政治纪律、职业操守和知识水平都有较高要求。在简政放权、推进国家治理现代化和不断加强干部队伍廉政建设的新形势下，要开正门、堵后门，一方面堵住公务员灰色福利的漏洞，另一方面打开科学合理的工资增长通道，对公务员实施持续有效的保障激励政策；要把工资视作公务员职业精神和劳动付出的回报，吸引社会中高端管理人才进入公务员队伍。

4. 要促进深化工资管理体制改革

公务员工资的决定和调整要形成调查、评估、决策和监督的一系列程序和管理办法，使公务员工资管理更加规范和科学；要明确决策和监督机构，捋顺各部门之间的公务员人员管理权限及其工资管理权限，要调整和优化中央和地方的工资管理权限；要推动公务员工资决策方式的改革，建立和畅通信息公开渠道，提高社会的认可度。

（三）主要建议

我国公务员工资水平决定要顺利地从计划行政模式向平衡对标模式转化，应在决策依据、决策体制、决策程序等各个方面都要进行调整和规范。就此，提出以下建议。

1. 决策和调整依据

如前文所述，1993年以来，以《国家公务员暂行条例》为起点，《公务员法》和近年的工资改革文件中都对我国公务员工资决定的原则和依据进行了明确，这些因素包括：国民经济发展和社会进步、生活费用价格指数、财政状况、公务员和企业相当人员工资水平的调查比较结果等四方面。从理论分析看，这些因素都是符合公务员工作性质和报酬补偿规律的，也与国际的通行做法相一致的。应该说，我国确定和调整公务员工资水平的因素是清晰的，也是有一定共识的，主要问题在于没有细则、缺乏落实。

建议将上述既定的因素进行分类细化，确定各因素应发挥的主要功能。

调查比较结果是公务员工资决定和调整的核心评估因素。公务员和企业相当人员工资水平的调查比较结果是公务员工资水平的核心评估因素，或者如同有关文件中指明的，是依据，而非决策因素。公务员和企业相当人员工资水平比较的结果有多种可能，而公务员工资水平是否调整、调整幅度多大、依据什么水平对标，属于公务员工资水平定位或者是比较策略的问题，也属于政治决策。从其他国家和地区看，比较策略不一。有的是采取精准对标的策略，公务员工资水平紧随企业水平，调整时间上略有滞后；有的采取大致持平的原则，上下不超过3%~5%；还有的是采取领先策略，以影响人才的职业选择，吸引尖端人才。我国1993年（工改文件）和2003年（全国第一次人才工作会议）曾经提出过"大体持平"的定位目标，但后期没有继续明确，应当随着调查比较制度的建立进一步细化、清晰化和制度化。

物价水平是公务员工资决定和调整的托底因素。物价因素是各国公务员工资决定时普遍考虑的因素，也是一个托底的因素，即保证公务员的基本生活水平不因物价水平的变动而受到冲击。但各国物价因素发挥作用的方式是不同的：有的是根据物价指数和标准生活费用定期调整工资标准，有的采用工资价格指数化手段，有的是发放物价补贴，还有的是普遍提高工资标准。我国公务员工资多次采用直接补贴的方式消化物价上涨因素，建议在调查比较和评估分析时，把工资实际水平不降低作为底线，结合物价上涨幅度及时间滞后因素确定工资标准整体最低调整幅度。

财政支付能力是公务员工资决定和调整的保障因素。据财政部财科所的测算，我国公务员占总人口比重不足1%，公务员工资支出占财政支出的比重约为3.25%，低于多数国家。在目前规范严格的财政预算管理体制下，财政支付能力并不是公务员工资水平增长的决定或制约因素，仅是发挥保障的作用。但在一段时期内，在地方政府层面，自我约束能力不足，财政收入水平对公务员的工资增长形成了抬升作用，多数地区出现了财政有钱就多发、财政没钱不少发的现象。建议有关机构在提出公务员工资调整幅度建议时，应统筹分析人员供养比、人员支出占比和工资福利比等若干监控和保障性指标，使公务员工资支出保持在合理幅度之内。

经济和社会发展是公务员工资决定和调整的调节因素。政府有义务践行公平与效率兼顾的理念，引领全社会的公平发展。公务员的工资决策应按照收入分配制度改革的总体指导思想，坚持"两同步"，提高两个比重，把经济和社会发展总体状况作为一个政治性的调节因素。此外，作为纳税人的社会舆论以及文化传统也是影响公务员工资决策的社会因素，要纳入工资调整建议的考虑范畴。

2. 决策机制

健全公务员工资决定和增长机制，科学合理的决策机制与决策依据缺一不可。在决策机制方面，主要建议有三个。

一是，成立专门调查和咨询机构。采用平衡比较原则决定和调整公务员工资水平的国家和地区，一般都有明确的法律依据，此项工作主要由人事管理部门组织实施，具有严格的程序和规范的流程，设置有调查实施机构、咨询建议机构和决策审议机构，最终决策主体主要是国会或最高行政首脑。我国从行政计划型向平衡对标型转化首先需要建立调查机构和咨询建议机构。调查比较工作具有常规性和专业性，对合理性、公正性也有较高的要求，因而需要成立专门机构，保证资金、人员和多方面技术力量的投入。建议成立"公务员工资调查比较委员会"，由统计调查实施机构、高校、研究机构和政府部门的专家组成，由该委员会对调查方案进行论证、对调查结果进行分析判断，综合公务员工资水平决策的多方面因素，多方协商论证向决策机构提出调整建议，对地方开展调查比较工作进行指导。

二是，增加公务员工资管理和水平调整工作的透明度，建立监督机制。以公共财政作为收入来源的公务员群体，其工资水平高低以及综合待遇水平，对社会收入分配公平与否都具有"标杆"和导向作用，天然地受到社会各界的关注，也理应接受权力机关和公众的监督。公务员工资改革应当更加公开和透明，回应公众的期待与关注。要将公务员的工资制度和工资标准公开，便于公众了解公务员工资水平现状；要主动宣讲公务员工资水平正常增长的必要性和合理性；各地区、各部门要落实《预算法》《政府信息公开条例》和有关规定，将人员经费、工资和奖金实际支出结果公开。在条件具备时，将公务员工资调整方案通过一定形式征求社会各方面意见，实现全社会共同监督的目标，推动形成良好的社会共识。

三是，将公务员工资决定和调整办法上升为法律。通过法律规范公务员薪酬标准决定或调整的过程，包括各个方面和各个环节，包括各个利益相关方的权力、权利、义务、职责的界定，特别是权力机关和行政部门的权力和职责，形成决策机构的约束机制。

3.配套改革和协同措施

一要推进公务员工资制度的系统性改革。公务员工资决定和调整机制在很大程度上是解决外部公平的问题。外部公平与如何转化为内部公平、实现内部激励性，与公务员工资制度自身的改革密切相关，付酬因素确定、工资结构调整原则、个人定期调整原则等同样重要。改革开放以来，我国机关事业单位工资制度大致是十年左右一个改革周期，这其中有解决不断累积的矛盾的现实需要，有经济体制改革不断深化的客观背景，也体现了对社会主义市场经济条件下公务员工资分配自身规律的不断探索、不断深化认识的客观过程。自上一次 2006 年工资制度改革至今已有十余年，实践中一些新的矛盾和问题日益积累和突出，很多矛盾和问题都涉及体制机制层面，且交织在一起，单一政策措施难以全面解决问题，迫切需要总结以往改革经验和近年改革成果，立足于建立完善适合机关事业单位特点的工资制度，从落实工资水平决定和增长机制入手，统筹谋划、顶层设计。

二要与公务员机构、人员、福利等综合性改革相协同。公务员工资是一个相对显性的问题，它与公务员福利制度改革、养老保险制度改革、干部人事制度改革、机构编制管理、事业单位人事改革都是息息相关的。加强政策之间的协同性，协调各项改革的改革方向和目标，既是必要的也是有益的。

参考文献

[1] 翁文先、李兵：《浅析我国公务员薪酬定价困境》，《甘肃社会科学》2003 年第 5 期。

[2] 张来春、姚勤华：《公务员工资的公平性困境及若干思考》，《中国人力资源开发》2006 年第 11 期。

[3] 刘昕、董克用：《公务员工资水平调查比较制度：我国政府的困境与对策》，《公共管理学报》2016 年第 1 期。

[4] 张馨允：《公共部门人力资源管理的价值取向——基于西方公共行政理论发展的视角》，《改革与开放》2015 年第 12 期。

[5] 丁进：《公务员工资水平调查战略对策研究》，《中国行政管理》2009 年第 5 期。

[6] 张亚：《公务员薪酬标准确定的原则》，《淮阴师范学院学报》（哲学社会科学版）2011 年第 5 期。

[7] 白景明：《国外公务员工资制度对我国公务员工资制度改革的启示》，《中国财政》2014 年第 9 期。

[8] 新加坡大学东亚研究所课题组：《对改革中国公务员薪酬体系的一点思考》，《联合早报》2016 年 2 月 24 日。

[9] 《公务员该不该涨工资》，郎咸平新浪博客：http://blog.sina.com.cn/s/blog_

4120db8b0102wdvt. html。

［10］高文书、程杰：《健全知识、技术和管理由要素市场决定报酬的机制》，《中国人才》2015年第6期。

［11］《解读各国公务员都有哪些待遇》，《半岛晨报》，2014年3月9日，http：//In. sina. com. cn/newsshenghuo/2014－03－09/065483962. html? from＝In_ xgbd。

［12］何宪：《建立机关事业单位工资正常增长机制》，《党政干部参考》2016年第11期。

［13］沈瞿和：《浅析公务员工资的衡平及合理增长保障机制》，《中共福建省委党校学报》2014年第6期。

［14］何宪：《公务员工资管理体制问题研究》，《行政管理改革》2016年第3期。

［15］何宪：《改革完善公务员工资制度研究》，中国人事出版社，2015。

医疗机构人事薪酬问题研究

——基于北京市公立医疗机构的调查

谭中和　刘军胜　肖婷婷　杨艳玲*

摘　要： 深化人事薪酬制度改革是深化公立医疗机构改革和发展的重要内容。本报告在分析北京市公立医疗机构编制管理、职称改革、薪酬管理、考核管理等人事薪酬管理现状、问题的基础上，借鉴国内外先进管理经验，提出了一系列人事薪酬制度改革对策建议，为深化公立浏览医疗机构人事薪酬制度改革提供一定的参考和借鉴。

关键词： 公立医疗机构　人事薪酬制度　人事管理制度

目前，北京市各级医疗机构（除少数私立医疗机构外）均隶属于事业单位，人员实行严格的编制管理，专业技术职务按岗设置、定额管理；工作人员包括专业技术类、管理类或工勤类人员工资，实行我国事业单位现行的岗位工资+薪级工资+绩效工资+津贴补贴的办法。随着我国社会经济的改革发展，以及人民群众对医疗健康事业需求的增长，特别是医改的深入，医疗机构的这种人事、薪酬管理体制机制，严重阻碍了医疗卫生事业的发展，

---

* 谭中和，人社部劳动工资研究所副所长，研究员，主要研究方向为工资收入分配和社会保障；刘军胜，人社部劳动工资研究所研究室主任，副研究员，主要研究方向为劳动关系、工资收入分配和企业人力资源开发；肖婷婷，人社部劳动工资研究所助理研究员，主要研究方向为工资收入分配和企业人力资源开发；杨艳玲，人社部劳动工资研究所助理研究员，主要研究方向为工资收入分配。

束缚了医疗机构人员,特别是医务人员的积极性,也成为深入医疗卫生体系和医疗保障体系改革的矛盾聚集点和问题多发地。

北京市拥有全国最优质的医疗机构和高素质的医疗卫生人员队伍,但医疗机构的人事薪酬制度改革也成为北京整个医改的主要瓶颈之一。按照市政府出台的《北京市城市公立医院综合改革实施方案》,未来3年,北京市将探索实行医务人员不纳入编制管理,建立能进能出、能上能下,更加灵活的用人机制,探索将医生从单位人变身为"社会人",推进不同身份医务人员相互流动;同时,逐步扩大医院负责人年薪制试点,建立符合医疗卫生行业特点的薪酬制度和动态调整机制,调动医务人员积极性。这一背景下,受北京市医改办委托,人力资源和社会保障部劳动工资研究所就北京市医疗卫生人事薪酬制度改革开展专题研究。课题组先后到不同类型和级别的医疗机构,包括北京友谊医院、积水潭医院、安贞医院、北京长庚医院、顺义区人民医院、中关村医院,以及海淀区东升社区卫生服务中心、朝阳区亚运村社区卫生服务中心,顺义区南法信社区卫生服务中心,顺义区仁和镇卫生院等医疗机构进行专题调研,前往福建省三明市、深圳市、上海市等地进行实地调研,在对部分典型国家和地区的医院人事薪酬改革经验和发展趋势分析总结,以及对国内其他地区改革经验和理论分析基础上,形成本报告。

一 基本情况

(一)人事管理制度方面

全市公立医疗机构皆为事业单位编制,其中三级、二级和一级医疗机构为公益二类,社区卫生服务中心(站)为公益一类。在人员管理方面,机构人员编制的确定依据是《综合医院组织编制原则试行草案》(卫医字〔78〕第1689号)等政策。各医疗机构均存在三种用工形式:一是事业单位编制内人员,单位与个人按照《事业单位人事管理条例》(国务院令第652号)签订聘用合同,聘用合同的期限一般为3年。绝大多数的医师为编制内人员。二是劳动合同制人员，单位与个人按照《劳动合同法》签订劳动合同，新入职的护理人员，部分管理岗位人员及工勤人员为劳动合同制人员。三是劳务派遣人员，大多数是辅助性、临时性及季节性岗位的人员。

各单位编制人员数量按医疗机构行政隶属关系由市（区）编办管理。医疗机构引进编制内人员需在有空编情况下，经市或区卫计委、人社局，通过公开招聘方式办理。劳动合同制人员和劳务派遣人员由单位根据需要自行组织聘用。

从调研单位看，医疗机构编制内人员占大多数（80%），但各单位情况差异较大。如北京友谊医院，市编办下达医院的人员编制控制数为3213人，2015年年末在岗职工3271人，其中：编制内职工2700人，编制外职工571人，编外人员占17.5%。积水潭医院现有职工2962人，其中编内人员2692人，占90%。而中关村医院编外人员占到40%多。安贞医院缺编和聘用编外人员更多。

从外省市调研情况看，公立医疗机构的情况与北京市基本相同，编内人员大致占80%~90%。深圳市从2013年起开始改革医疗机构人事制度，基本做法是，新人新办法，老人老办法，对新入职的人员一律不再区分编制内外。

（二）薪酬制度方面

北京市医疗卫生机构工作人员的工资分配主要执行《关于印发事业单位工作人员收入分配制度改革方案的通知》（国人部发〔2006〕56号）、人事部、财政部《关于印发事业单位工作人员收入分配制度改革实施办法的通知》（国人部发〔2006〕59号）、《北京市关于推进其他事业单位实施绩效工资工作的意见》（京人社事发〔2010〕286号）等政策。按照上述政策，北京市医疗卫生机构工作人员实行岗位绩效工资制度。岗位绩资工资由岗位工资、薪级工资、绩效工资和津贴补贴四部分组成，其中岗位工资和薪级工资为基本工资。

薪酬水平方面，北京市医疗机构工作人员的年平均薪酬高于北京市社会平均工资。三级医疗机构人均年薪酬大约是北京市社会平均工资的2.5~3倍，二级医院大致是社会平均工资的1.5~2倍，社区卫生服务中心大致是社会平均工资的1.1~1.5倍。部分医疗机构2011~2015年不同类别人员的薪酬情况如表1。

表1　北京市部分医疗机构2011~2015年不同岗位人员的薪酬情况调查

单位：元/年

项目		2011年	2012年	2013年	2014年	2015年
北京市城镇非私营单位在岗人员平均工资		56061	62677	69521	77560	85038
安贞医院	行政管理人员平均工资	127300	146800	170000	200000	210000
	专业技术人员平均工资	129800	149100	171400	208700	215500
	工勤技能人员平均工资	111200	131600	153600	196700	196000
亚运村社区服务中心	卫生技术人员平均工资	98072	91409	76327	96724	93712
	执业（助理）医师平均工资	114139	93472	83679	106069	93170
	注册护士平均工资	74604	89664	66129	88070	93132
	药师平均工资	82035	86645	72019	87889	94939
	技师(士)平均工资	92037	92623	73907	80330	97751
	工勤技能人员平均工资	62783	83663	67667	83940	78354
顺义区仁和卫生院	卫生技术人员平均工资	57034	80761	82878	100599	112767
	其中:执业（助理）医师平均工资	56171	79600	81106	97665	110641
	注册护士平均工资	56256	79764	81210	98966	110071
	药师平均工资	56221	79775	21097	98867	110211
	技师(士)平均工资	56555	79926	81576	100210	111092
	管理人员平均工资	57124	80625	82679	100228	112669
	工勤技能人员平均工资	55077	78126	80097	97008	101765

从2011年以来薪酬的增长幅度看，医疗机构人员平均薪酬增长幅度高于在岗职工社会平均工资增长幅度。2011~2015年北京市社会平均工资共增长51.78%，年均增长10.36%。安贞医院5年增长65%，年均增长13%。顺义区仁和镇卫生院5年增长97.8%，年均增长19.6%。而亚运村社区卫生服务中心5年来几乎没有增长，甚至有的年份薪酬水平还有下降。

从医疗机构内部不同岗位的人员薪酬情况看，临床执业医师的收入最高，部分三级医疗机构的专家最高收入达到48万元，其次是管理人员、专业技术人员、护理人员和工勤人员。从医护收入比看，同一科室学历和工龄基本相同人员，护理人员的薪酬大致是医师的70%（根据上海市的调研，上海市临床医师与护理人员的薪酬收入比例大致是2∶1）。从不同专业临床科室看，手术科室（外科系统）高于非手术科室。特别一提的是，三级医疗机构的工勤技术工人的薪酬也明显高于社会平均工资。以安贞医院为例，大致是社会平均工资的2倍。

从薪酬的结构看，基本工资占比较低，三级医疗机构的绩效工资占90%以上。积水潭医院2015年绩效工资占职工总收入的92%。

医疗机构内部不同层级（专业技术职务划分）之间收入差距较大。以积水潭医院为例，2015年主任医师平均48万元、副主任医师35万元、主治医师27万元、住院医师19万元；从护理系列分析，副主任医师27万元，为副主任护师的77%，主管护师23万元，是主治医师的85%，而护师人均20万元，高于住院医师1万元。

（三）薪酬的确定机制及调整机制

全市医疗机构工作人员薪酬实行总额控制。市医管局负责市属各医疗机构的薪酬额度。额度的确定主要参考前几年的薪酬水平，并综合考虑社会平均工资增长情况，物价水平，以及医疗机构的业务工作数量和质量等因素调整。市医管局会同市人力社保局、市卫计委对市属医疗机构进行年度考核。主要的考核政策依据是2007年北京市卫生局制定颁布的《北京市社区卫生工作考核管理办法（试行）》（京卫社领字〔2007〕3号）。2010年，北京市卫生局、北京市社区卫生协会联合下发了《北京市社区卫生服务岗位绩效考核指导方案》。2012年，北京市医管局制定了《北京市医院管理局市属医院年度绩效考核办法（试行）》，提出对市属医院年度绩效共考核25项指标，由定量和定性两个部分指标构成，权重分别占70%和30%。考核办法出台后，市医管局与市属21家三级医院签订《2012年度绩效考核任务书》。同时，各区医管局负责所属医疗机构的薪酬额度。各区也制定出台了针对基层医疗卫生机构的绩效考核办法，强化了对基层医疗卫生机构的考核。

目前，各医疗机构的薪酬分配原则是，市属医院院长不参与本院薪酬分配，而是由市医管局负责。各医疗机构内部分配有三种模式：一是清华长庚医院的Attending医师薪资模式。Attending医师年薪资=Σ（基本薪资+PF）+年终奖及过节费。根据专业性、独立性、主导型和责任性原则，以技术能力与辛劳付出成就为基准,将科室按业务技术难度和复杂性等确定科室系数和分值,并实行出诊医师负责制,科内进行二次分配;二是医院按科室进行考核,根据考核结果给定科室绩效,科室进行二次分配;三是医院仍按科室考核,但护理人员不参与科室分配,而是由护理部统一管理。友谊医院和积水潭医院均为这种模式。

二 面临的突出矛盾和问题

综合北京市的医疗机构人事薪酬制度,突出的矛盾和问题体现在以下方面。

(一)公立医疗机构如何实现公益性,在认识上存在分歧

医疗机构的业务特性属于公益性行业,这一点各界基本达成共识。但在医疗机构的公益性实现路径上,存在认识上的差异,直接影响医疗机构人事薪酬改革的方向和实现路径。一种意见认为,公益性就是政府大包大揽,医疗机构归属事业单位,实行严格的编制管理,医疗机构人员进出实现严格的审批管理。政府任命医院主要负责人,医院薪酬实行政府定额管理。试图通过政府的严格管制,实现其公益性,解决群众看病难看病贵的问题。另一种意见认为,公益性并不意味着就是政府大包大揽,也可以通过市场资源配置来实现。政府主要承担医疗服务质量监管和整体规划。这种思想认识上的不一致,导致在医疗机构人事薪酬改革上举步维艰。

(二)严格的人员编制管理导致体制机制僵化,不适应医疗服务需要

目前,同全国大多数地区一样,北京市对公立医疗机构人员仍实现严格的编制管理。医生属于医院,公立医院属于政府,人员实行编制管理,由政府部门定编定岗。这种编制和体制的事业单位"身份",内含丰富的利益:作为职工个人,编制内人员就是体制内人员,属于"铁饭碗","铁饭碗"

的好处显而易见，除非本人自愿离职或因违规而被开除公职，终身无失业和离职之忧。事业单位编制下的医生可以享有一系列科研、教学、专业技术或行政职务晋升机会等众多福利。编制内的人员，还有较为丰厚的养老金、职业年金、住房公积金、住房补贴、交通补贴等福利，也拥有北京市户口。这就导致许多人拼命挤向编制内，是否有编，也成为医生选择医院或医院招聘医生的重要砝码。于是，进来的大多不想走，想走的因为新"东家"没有编制而不愿前往。编制成为医务人员流动的一大障碍。尤其是大医院的一些名医，其高超医术的背后是政府背景的"公立医院"及个人的事业单位编制身份，其本人也成了三甲医院的金字招牌，吸引了源源不断的患者，因而三甲医院及事业单位身份，对于优质医生有着近乎魔咒般的吸引力。

　　一方面，优质医生的培养、就业依赖于大型三甲医院，一旦去了基层社区卫生中心，就意味着此生与三甲医院绝缘或者上升机会渺茫，导致大量医学院校毕业生并没有从事医生而转向医药销售等行业。以至于在北京等特大城市出现了医学院校毕业生的"6个月就业"现象。另一方面，一旦进入三甲医院，实际上相当于成了医院的员工而非独立行医个体，科研、晋升、事业编制、养老保险待遇等手段如枷锁一般导致优质医生被困死在大医院，流动极其困难。医生流动不起来，大医院的医生不愿意去中小医院，更不愿意去基层社区卫生服务中心，老百姓对中小医院和基层社区卫生服务中心的医生医术不放心，就会"用脚投票"，因而形成另一种形式的"马太效应"。由此，分级诊疗和强基层的各种目标就难以落实。作为医院管理者来说，人员编制管理所带来的是有喜有忧，喜的是，靠编制可以吸引到更优秀的人才。财政部门会根据编制的多少核定医院的经费，核定医疗机构的专业技术职务人数，医院作为最优质医生群体的培训者、拥有者，及丰富的专家资源，也就拥有了充足的患者人流量及收入。忧的是，一方面医疗机构的活力不足，管理者想引进的，由于无编制等原因进不来。有的编内人员不求上进，也难以解聘。"能进不能出、能上不能下"的体制弊端在一些公立医院成为人事管理的一大难题。如此一来，中小型医院和基层社区卫生服务中心也就面临"大树之下寸草难生"的窘境。

编制问题还带来同一单位工作人员的不公平感。由于许多医院编制不够，各级医疗机构聘用编外人员，尽管按照"同工同酬""同岗同薪"原则，力求编内编外一个样。但附加在编内人员的体制性待遇和福利，以及对编外人员心灵上的"编外"就是"等外"的意识，也在很大程度上挫伤了部分人员的工作积极性和创造性。我们对部分医疗机构编内外人员的调查也发现，编内和编外人员对医院的认同感有着显著差异。

总之，目前我国医改所遭遇的种种困境，很大程度上是由于严格的编制管理造成的。这在不论北京市的医疗机构，还是其他省市的医疗机构调研中，都把问题的矛头和根源直指人员的编制问题。

（三）薪酬的确定机制和调整机制不完善，薪酬结构欠科学

医疗服务属于特殊的行业，其特殊性体现在人不同于一般的机械或商品，人体疾病的起因、发生、发展和预后带有较大的不确定性和随机性，即使同一种疾病，发生在不同体质、不同年龄、不同性别，甚至同一人体中不同的组织解剖部位和不同的发病阶段，其诊断治疗方案和效果都可能有较大差异。医学高度的专业性和信息的不对称性，加上人对健康的渴望，如何对医疗服务人员进行定价，的确难以采用企业工厂计件方式来衡量。目前北京市医疗卫生机构工作人员薪酬实行岗位绩效工资制度。岗位绩效工资由岗位工资、薪级工资、绩效工资和津贴补贴四部分组成，其中岗位工资和薪级工资为基本工资，基本工资有明确规定，根据专业技术职务等级或行政职务等级分级分档。目前，北京市公立医疗机构的绩效工资和津补贴的确定和调整存在如下问题。

1. 基层医疗机构薪酬水平相对偏低

根据北京市有关规定，基层社区卫生工作人员的薪酬水平主要取决于本人的职务、职称、岗位等，人员和薪酬的确定权在区卫计委。收入总体偏低，缺少激励机制和积极性，调研中多数基层社区反映存在干多干少差不多的"大锅饭"现象。从朝阳区亚运村社区服务中心、海淀区东升社区服务中心和顺义区仁和镇卫生院、南法信社区卫生服务中心的调研发现，2015

年基层医疗机构编制内工作人员的年薪酬在9万~15万元之间，大致是北京市在岗职工社会平均工资的1.06~1.76倍；编制外人员为7~8万元，低于全市在岗职工平均工资水平。目前，基层卫生服务中心存在以下几个突出问题，一是工资薪酬水平明显低于二级、三级医疗机构，平均水平是三级医疗机构的1/3~1/2。如某社区卫生服务站主任，1981年医学院校大学本科毕业，2009年晋升副主任医师，2013年晋升主任医师，2015年年薪酬为13万元，其同班同学在某三级医院的年收入是其2倍多。基层社区卫生服务中心的部分劳动合同制人员的收入，还达不到北京市在岗职工平均工资的水平，与所承担的基本医疗和基本公共服务业务量严重失衡。由此导致好的医生不愿意到社区，来了也留不住，有的人员甚至是不辞而别。二是缺乏激励机制。目前社区卫生服务中心的工资分为两部分，一部分是由区级卫生行政部门按工资总额的70%下拨，这部分为固定部分，只与人头有关系，只要考核合格即可得到。另30%是从收入上缴的部分返还，尽管药品实行零差价，但区级财政会按照本单位上缴药品收入的15%返还。目前，社区卫生服务中心主要承担辖区内居民的公共卫生服务、传染病防治、精神卫生，社区签约服务，转诊服务等，工作量大且琐碎，尽管有绩效考核，但绩效工资人均差距较小，人均每年相差2000元左右，由此出现了干多干少一个样的情况。

2. 医务人员的薪酬确定和调整机制缺失

目前，北京市三级医疗机构人均年薪酬为26万元，是北京市同期在岗职工社会平均工资的3.06倍（2015年北京市在岗职工社会平均工资为8.5万元）；2015年深圳市医疗机构人员年平均薪酬是28.4万元，是同期深圳在岗职工社会平均工资的3.5倍；福建三明市规定，2015年医疗机构最高薪酬为25万元，并且规定医疗技术人员平均工资总额不高于当地同质人员的3倍，下限不低于当地人社部门公布的最低工资指导线。

国际上看，医护人员的工资水平与本国经济发展水平相对应。2013年，OECD国家受雇专科医生的薪酬一般为社会平均工资的2~4倍。2013年英国专科医生的薪酬平均年收入是100830英镑/年，是社会平均水平的2.1倍，2015年英国医生（包括培训医生在内）的平均工资是72315英镑/年，位于本国职业薪酬排名第五位（英国的统计口径仅为公立医院，英国的医护人员的平均工资实际反映了公立医院医护人员的平均工资）。2013年法国医生平均税后工资是5200欧元/月，是社会平均工资的2.44倍。2015年日本医生薪酬1098万日元。图1反映了2013年部分典型国家专科医生收入和社会平均工资的比较情况。

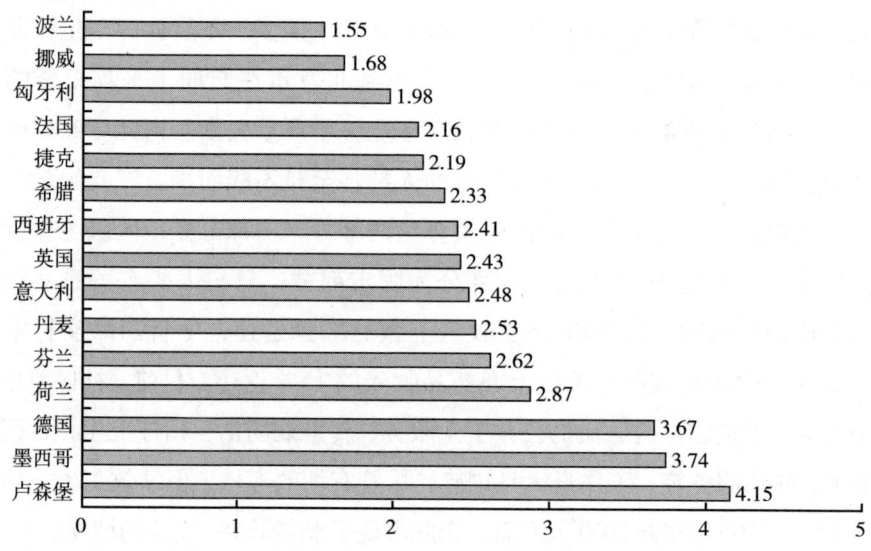

图1　2013年专科医生平均工资与社会平均工资比值

资料来源：根据Health at a Glance 2013：OECD Indicators，OECD提供数据整理。

由此可以看出，北京市三级医疗机构的总体收入水平为社会平均工资的3.06倍是比较合理的。问题是，这一水平的确定依据是什么，影响因素是什么，什么情况下启动调整，按什么程序和规则调整等，往往取决于行政政策，并没有建立正常合理的薪酬水平确定机制和薪酬水平调整机制。

3. 医务人员工资结构不合理

工资结构不合理表现在"三低一小"，即基本工资比例偏低、人力成本费用低、津贴补贴水平低和同一医院内不同岗位之间差距小。

目前公立医院按照事业单位工资结构实施，工资结构为：岗位工资＋薪级工资＋绩效工资＋津贴补贴，前两项为基本工资，从调研医院的情况看，基本工资占比在10%左右，基本工资占比明显偏低。人力成本费用很低，很多服务项目的收费都是沿用20多年前制定的标准，如针灸每针只有4元、医生出诊费4元、护理费只有7元。许多医院反映，目前的成本费用是20年前制定的标准。安贞医院介绍，该院每做一台心脏内科手术医院要赔5000元左右，津贴补贴水平低。护士工龄津贴于1985年实施，从事护理工作满5年、10年、15年和20年以上者，每月护龄津贴分别为3元、5元、7元和10元，时至今日仍执行该标准。医疗卫生津贴1979年制定，最高标准每人每月15元，最低为4元，2004年提出不再出台标准，经费由各单位解决。医疗卫生津贴初设时占工资的比例在7.7%～28.8%，护龄津贴占3.1%～10.3%。医院内部不同岗位类别人员工资差距偏小，管理人员与专业技术人员工资差距在0.7～1.99倍之间，专业技术人员与工勤人员工资差距在1.2～1.9倍之间，医护岗位的工资差距在1.1～1.96之间，普遍在2倍以内，低于国际上内科医生与护士2.3～6.6倍、内科医生与检验技师在2.4～6.3倍的差距水平。知识水平、岗位职责、工作风险等要素参与分配体现得不够。

（四）薪酬缺乏整体设计和安排，存在"碎片化"

公立医院和基层社区卫生机构作为社会分工的重要组成部分，其薪酬的水平应放置在全社会劳动分工中总体考虑。任何一个行业都有其行业的特点。有其内部的规律性，既不能忽略行业的特殊性，也不能各自强调其特殊性，脱离社会和经济发展的背景。在中国的国情下，作为事业单位的医疗机构工作人员的薪酬水平，应当充分考虑其他行业，如科研、教育、公务员、企业等，这是一个国家的收入分配链条。应当说，在北京市多数机关和事业单位工作人员还达不到在岗职工平均工资收入水平的情况下，大医院医生收入超过在岗职工平均工资的3倍，已经引起了社会分配不公的讨论。

（五）绩效考核不到位

一是绩效目标的设定与医疗卫生机构战略脱节。一方面，北京医疗卫生机构的战略定位尚待进一步清晰，调研中我们了解到，北京市将基层医疗卫生机构定位为公益一类，而将二级以上医院定位为公益二类，由于定位不一致容易导致公立医院和基层医疗卫生机构之间的工作目标和协调配合发生偏差，这既是当前无法实现分级诊疗的重要原因之一，也是基层医疗卫生机构工作积极性不高、工作人员工作动力不足、机构和工作人员工作绩效不理想的重要因素。另一方面，有关主管部门在设定医疗卫生机构绩效目标时，并没有考虑其战略定位的需求，导致绩效目标的设定和实现对促进医疗卫生机构战略目标的实现意义不大，降低了绩效考核的战略影响力。

二是绩效目标设置太多，对关键环节和领域的关注度和集中度较低。按照《关于加强公立医疗卫生机构绩效评价的指导意见》，对公立医院和基层医疗卫生机构的考核指标都包括社会效益指标、医疗服务提供指标、综合管理指标、可持续发展指标等四类多达52个考核指标，由于指标繁多，导致医疗卫生机构无法聚焦影响其战略目标的核心环节，导致面面俱到而面面又俱不到的结果。

三是绩效考核没有贯彻落实到每一个岗位和员工，目前北京市医疗卫生机构的绩效考核尚停留在主管部门对医疗卫生机构的考核层面，做得好一点的医疗卫生机构落实到了科室层面或者内设机构层面，大部分还尚未向岗位和员工层面延伸，影响到绩效目标的层层分解和落地，影响到绩效考核效果的最终发挥。

四是绩效考核结果的运用不显著。绩效考核结果运用到绩效工资的发放是最直接的运用方式，但由于用于考核的绩效工资占比过低，特别是调研中一些基层医疗卫生机构反映，只占工作人员工资收入的10%多一点，因此对工作人员的考核触动很小。至于将绩效考核结果运用到聘用管理、晋升、培训等其他人事管理领域，则是由于医疗卫生机构缺乏相应机制，更是相当少见。因此要发挥绩效考核的应有作用，扩大考核结果的运用应是需要认真对待的重要目标。

三　国外做法与启示

（一）国外医疗机构人事制度方面

从多数国家看，医院的组织形式和医生的人事问题呈现多样化，没有固定的模式，也无法得出哪种模式好与不好的结论。因为各国的医疗机构体制和医生管理制度受到国家的文化传统、宗教、政治经济、医疗保障体系等多方面影响。发达国家的医院按其所有制大致分为三种类型，一是公立医院，这是很多国家用来提供医疗卫生服务的重要组织方式。在大多数国家所定义的公立医院，就是政府举办的医院。尽管为政府投资举办的医院，但医院有高度的自主权。将公立医院划分为事业单位，是我国的特色。二是私立医院，是由企业或个人投资举办的医疗机构。三是医疗服务集团，大多为企业集团或股份制形式成立的医院。后两类医院又分为营利性和非营利性两种。在医生的管理方面，多数国家将医生划分为"全科医生"（也称家庭医生）和"专科医生"两大类。全科医生提供初级保健服务，为急性病、慢性病、各个年龄段和不同性别的病例进行诊治，并提供预防保健和健康教育服务。专科医生是在外科、内科等某个医学专科从事专门临床医学工作并提供该专科医疗服务的医生。

在英国，医生、护士等公立医院员工属于医院的雇员，而不是政府的公务员。医生根据所处的培训阶段和聘用岗位不同，划分为不同类型，具有规范的专业等级。其中处于最高等级的医生称为顾问医生，大体相当于我国的主任医师。顾问医生在职业选择上拥有较大自主权，可以自主选择在公立医院全职或兼职工作。据2010年的调查结果显示，只有55%的顾问医生在公立医院从事全职工作。不同科室的医生兼职情况不同，普通外科、眼科、整形科、泌尿科医生，麻醉师以及放射科医生从事兼职的比例较高，兼职收入占医生收入的比例较高。德国公立医院医务人员属医院雇员，有明显的等级制度。德国医生以州为单位注册，可以同时在本州不同医疗机构服务。医学专家大多集中在公立医院,尤其是大学附属医院。规模较小的公立医院和私立医院则聘请这些专家作为兼职医生。还处在培训阶段的医生相当于我国的住院医师。在德国,公立医院医生均为诊治住院患者的专科医生,属于医院雇员,此外,医生身份为固定岗位制和合同制两种类型。日本公立医院的医生为医院全职雇佣医生,日本没有全科医生,只有专科医生,在日本的公立医院中,首席执行官、医生和护士均为政府公务员。在地方的公立医院,则为自治区政府公务员。美国公立医院医生不是以医院雇员身份出现,绝大多数为诊所医生,他们不但提供门诊服务,而且也在其患者入院后提供住院服务。美国医院绝大多数医生不是医院雇员,而是以独立签约者身份与医院合作提供医疗服务。因此,医生可以自由地在任意多家不同医院提供医疗服务,只要该医院赋予其收治病人的权利即可。他们更多是遵守医师协会规章制度,而不是医院的行政管理制度。

(二)国外医疗机构医生薪酬方面

OECD国家受雇专科医生的薪酬一般为社会平均工资的2~4倍。2013年英国专科医生的薪酬平均年收入是100830英镑/年,是社会平均水平的2.1倍,2015年英国医生(包括培训医生在内)的平均工资是72315英镑/年,位于本国职业薪酬排名第五位(见表2);2013年法国医生平均税后工资是5200欧元/月,是社会平均工资的2.44倍,也属于全国前五名的收入群体。2015年日本医生薪酬1098万日元,在全国职业排位中位于第二名。

表2 2015年英国职业薪酬排名

单位:英镑

排名	职业	年平均工资
1	企业经理和高管	118065
2	证券经纪人	120830
3	飞行人员和飞机工程师	86342
4	市场和销售总监	82866
5	医生	72315

续表

排名	职业	年平均工资
6	法律工作者	70731
7	金融机构经理和主管	69890
8	信息技术和电信业主管	70393
9	高级警务人员	58746
10	财务经理和特许秘书	53944

资料来源：英国国家统计局，This is Money 2015。

表3　2015年日本职业薪酬排名

单位：万日元

排名	职业	年平均工资
1	飞行员	7523
2	医师	1098
3	律师	1094
4	大学教授	1086
5	大学副教授	857
6	记者	823
7	警察	813
9	大学讲师	739
8	注册会计师	717
9	注册税务师	717
10	不动产鉴定师	711
11	国家全职公务员	622
12	诊疗放射线技师	533

资料来源：根据日本厚生劳动省国税统计网站整理，http://nensyu-labo.com/2nd_syokugyou.htm。

在医疗机构内部，专科医生收入最高，其中内科医生是护理人员的2.3~6.6倍，是检验技师的2.4~6.3倍，是药剂师的1.7~4.6倍。

在国外医生薪酬制度中，除了医生的薪酬水平外，以下几个方面对我们有重要意义。

一是国外公立医院员工薪酬主要来源于医院业务收入，而不是政府的直接财政补贴。英国、美国、德国和日本公立医院中，仅有少数医院的员工工资来自于政府直接财政补贴,如美国联邦政府医院、日本农村公立医院,以及英国公立医院中的住院医师。除此之外,绝大部分公立医院的员工薪酬来自医疗保险补偿费用和患者自付的医疗费用。在英国、德国和日本,社会医疗保障制度在公立医院筹资中占主导地位,是公立医院薪酬费用的主要来源,私立医疗保险所发挥的作用不大。在美国,国家公立医院协会成员医院的收入中,Medicaid 与 Medicare 等社会医疗保障制度的补偿费用占 56%,商业医疗保险补偿费用占 25%,政府补助费用占 12%,患者自付费用占 4%。因此美国和地方政府医院收入及员工薪酬费用也主要来自社会医疗保障补偿费用。

二是政府财政投入主要投向医院基本建设、教学、培训等支出,较少用于直接支付医院医生的工资和其他福利待遇。

三是公立医院薪酬的决定和调整机制不同,大致有如下三种模式。

1)利益团体主导型:如英国 NHS 医院员工的薪酬原来主要由卫生部决定,进入 21 世纪以来,分别代表公立医院和员工的组织与团体及独立组织在薪酬构成、薪级、晋升及调整等方面拥有了很大的发言权,与卫生部共同协商决定医生的薪酬水平和调整办法。

2)法律主导型:在美国,政府通过制定法律对公立医院薪酬制度进行规范。例如,根据《斯塔克法》规定,医生薪酬的多少及调整是根据公平市场价值原则确定薪酬水平。

3)医院主导型:日本公立医院员工属于公务员,但员工薪酬的水平确定是由医院依据自身条件决定。

四是国外医院的医生除了固定的薪酬外,主要通过多点执业方式取得补充性收入。各国的公立医院在运营中十分强调其公益性,表现在薪酬支付方式上大多采用工资制。实践证明,这种支付方式有利于抑制医疗服务提供者的趋利动机,减少过度医疗行为。在工资制的基础上,英国还鼓励 NHS 顾问医生多点执业,一方面扩大医疗服务供给,另一方面为医生提供补充性收入,而且这种补充性收入较为丰厚。德国、澳大利亚、希腊、爱尔兰和意大利等国都允许公立医院的医生通过自雇私人诊疗服务或受雇于私人诊所获得补充性收入，并且这种补充性收入也较为丰厚。

五是大多数国家的公立医院均不把医院的业务收入和工作量因素与员工个人收入直接挂钩。医生、护士、行政后勤人员等的收入主要取决于其受教育程度、从事工作的类型、专业技术职务、工作地点和工作年限。

六是国外医院的管理者大多采用年薪制。年薪有固定薪金、绩效奖金、股权期权、养老金计划等组成。不同国家，不同类型的医院院长薪酬水平差异较大，但大致在本医院员工平均水平的2倍以上。

四 改革目标和基本原则

（一）主要目标

北京市医疗机构人事薪酬制度的改革目标是，通过改革，打破现有的"定编、定岗、定人"制度，创新编制管理方式，落实基层单位用人自主权，由机构负责人根据实际需求自主聘用所需人员，真正建立"能进能出、能上能下"的医疗机构竞争性用人新机制和卫生技术人才流动机制；健全和完善适应医疗机构行业特点的薪酬制度，通过改革公立医院的管理体制和运行机制，加大财政对公益性医疗机构的支持力度，通过建立不同层级医务人员的薪酬标准和不同层级医疗机构岗位薪酬标准，以及绩效考核体系，使医务人员薪酬充分体现其技术价值和劳务价值。

（二）基本原则

改革医疗机构人事薪酬制度，涉及政府、医院和医院职工的核心利益，关系到整个医改工作的顺利进行，更关乎群众的健康，因此，需要坚持以下原则。

1. 坚持统筹规划，协调推进，分步实施原则

改革医疗机构人事薪酬制度是一项系统工程，涉及医疗机构的管理体制，政府机构职能转变，以及教育系统、科研系统等相关事业单位的改革，牵一发而动全身。必须统筹规划，协调推进整个事业单位改革，而不能简单在医疗卫生系统单兵推进。需要国家做出整个事业单位改革的顶层设计和实施路线图。另外，考虑到医疗机构改革的系统性和复杂性，需要在统筹规划基础上，分步实施，不可一蹴而就。

2. 立足现实，着眼未来，稳步推进原则

北京市目前的医疗卫生机构人事薪酬制度不是自今日始，而是有了67年的历史。也就是说，我们已不是也不可能在"一张白纸"上作画。医生的进出流动，没有所谓研究室里的"净化环境"，医务人员的薪酬设计也没有所谓纯学术研究的"假设条件"，无论对医生的人事管理制度和薪酬制度的改革蓝图设计得多么美妙，都必须画在一张已被历史涂抹得色彩斑斓的画纸上。长期以来已经形成的医疗机构的历史没法抹杀，这些历史也必须得到尊重，历史必然在未来改革中留下痕迹。目前北京市医院的人事薪酬制度存在的矛盾和问题，不是单一的，而是立体的、综合的、复合的，既有制度机制中的弊端（如医疗机构管理体制、医疗机构的事业单位身份和严格的人员编制管理等），更有发展中出现的新问题（如医院人事薪酬制度和分级诊疗、医联体建设的关系和协调）；既有当前人员能进不能出、能上不能下和薪酬结构失衡、待遇苦乐不均的突出矛盾，更有人事薪酬制度如何激励不断提升医疗服务质量和水平，应对人口老龄化下医疗服务需求挑战的风险。因此，试图以线性思维、通过"攻其一点不及其余"的方式解决医生人事薪酬中的全部问题，只能是虚妄的。必须左顾右盼、瞻前顾后、综合平衡，找出虽非最优，但最实用的方案。

另外，北京市的医疗机构人事薪酬制度改革，无疑需要做大量技术性工作，但北京作为首都，作为首善之区，最本质的前提是，保持首都的政治稳定、促进和推动首都经济的健康稳定发展，在此基础上，医生的薪酬才有基础。只有群众的收入不断提高和社会的长期持续稳定，医疗服务质量的提升和群众健康才有保证，医生的医术才有用武之地，医务人员的收入才有保证。因而必须立足当前，着眼未来，稳步推进，否则，再美好的规划也难以实现。

3. 坚持公平和效率相结合，效率优先原则

医疗机构人事薪酬制度的公平性，一方面体现在医务人员不是哪家大医院的私有资产，而是全社会的资产，群众有权力在基层医疗机构也能享受到"名医"的医疗服务，而医生不论在哪一层级的医疗机构行医，面对前来就诊的患者，只有对生命的敬畏和解决群众的疾病疾苦的责任，而无因场所的变更或患者身份而"厚此薄彼"；另一方面，尽管薪酬属于初次分配，但公立医院的公益性，医疗机构"救死扶伤"人道主义的本质，以及很多情况下对患者的诊疗都是团队"作战"和其对他人员的保障，因此，医疗机构的薪酬分配必须强调在保证公平和效率优先的基础上，适当兼顾公平。既要防止平均主义"大锅饭"，也必须防止医疗机构内部不同科室、不同岗位人员之间收入差距过大，更要谨防医疗机构人员和全社会在岗职工，尤其是公务员和其他系统事业单位工作人员的收入差距过大。

五 影响因素及简要测算

（一）医疗机构薪酬水平的影响因素

机构和个人的薪酬水平，受多种因素的影响，主要有三个层面的因素，一是国家或地区宏观社会经济因素，如当地经济增长情况、财政收入情况、其他行业职工收入情况、城乡居民人均收入情况等；二是中观层面的因素，主要是本医疗机构的医护和管理人员素质、技术水平、检查治疗设施设备，以及社会信誉度等；三是微观层面，主要是医疗机构工作人员个人的情况，主要包括：人力资本投入、业务技术水平、工作岗位、岗位技术难度、岗位风险、工作成效、责任心、医德医风等方面。

（二）北京市医疗机构行业主要特点

根据对北京市政府有关部门、医疗机构和专家座谈，北京市医疗卫生行业具有"三高一长一大"的特点。

第"一高"是指医院聚集着众多的高学历人才，医护人员的人力资本投入高于社会平均水平。从学历层次看，大学本科以上学历占67%，远高于全国专业技术人员学历水平（2014年全国各类专业技术人员本科以上学历人员占57.1%）近10个百分点。同时，北京市的医疗卫生行业人员的学历水平也高于全国相同情况的水平。从研究生以上学历情况看，医疗机构的硕士研究生人员占比仅次于科学研究人员。北京市中关村医院是一家只有228张床位、736人的医院，其全院人员的学历水平总体远高于全市机关事业单位人员的水平。大多数的社区卫生服务中心本科以上学历人员也超过50%。总之，北京市医疗卫生机构人员的人力资本高。

第"二高"是医护人员职业要求高。人的生命是无价的，人对生命的崇敬、对健康的追求，要求医务人员无条件履行"救死扶伤"的人道主义，尊崇奉献精神。同时，面对形形色色的各种疾病，差异化的疾病个体，医疗服务又具有个性化、非标准化、非程序化的特征。疾病的发生、发展和产生机理，预后效果的高度不确定性，使得医护人员在提供医疗服务时既要遵从技术规范、操作规程和临床路径，又必须根据个体疾病的起因、体质、症状等情况，根据现有的技术能力进行循症随机施治。可以说，任何一起手术或治疗方案，既需要一定的临床经验，又是一次创新和科研。因而对医生的技术要求高。

第"三高"是医护人员职业风险高。医护人员在提供医疗服务过程中，会使用或接触一些有毒、有害、有放射性、传染性、腐蚀性的物品，也会接触到传染性的疾病。据研究，我国医务人员患外照射慢性疾病概率为普通群体的6.7倍，丙型肝炎感染率为普通群体5.8倍，乙肝感染率为普通群体3~4倍，医务人员针刺、锐器伤是非医疗岗位的20倍。据北京市精神病专科医院回龙观医院统计，几乎所有的精神科医务人员都曾受到过精神障碍患者的辱骂和威胁，60%以上的医务人员遭受过患者的人身攻击。亚运村社区卫生服务中心的医务人员反映，他们还承担着管理辖区内321位精神病患者的入户家访，还有登记在册的暗娼、吸毒、艾滋病患者近30人，需要定期对他们体检、家访等，职业风险极高。

"一长"是指人力资本投入周期长、投入大。医疗行业的特殊性还体现在，医学生是所有大学中学制最长的（本科是五年），根据国家卫计委研究中心的一项研究，我国公立医院专业技术人员平均受教育年限为16.7年，医生平均受教育年限为19.9年，远高于全国就业人口的平均受教育年限（9.7年）。另外，我国已经实行住院医师规范化培养制度，按照北京市卫计委关于开展专科医师规范化培训制度（简称"规培"）的规定，所有初级医师都要规培3年，晋升中级职称后，再专科培训2～4年（博士生也不例外）。这样，本科五年，硕士研究生3年，博士生3年，规陪3年，再加一个2～4年。就是说，要当一个合格的医生需要在医学专业毕业后再耗时至少10～12年，多至18年（博士）。这在几乎所有行业中，是周期最长、人力资本投入最大的职业。

"一大"是指医护人员工作压力大。医务人员经常处于紧急状态，超时加班是常态。一是医疗机构的工作性质，全天候24小时内急诊和病房，需要医护人员值班，随时应对各种紧急救护和治疗；二是针对医疗服务提供和医疗服务需求不足的矛盾，政府有关部门要求公立医疗机构要开展延时门诊、无假日门诊、双休日门诊等，医务人员必须随时做好各种应急准备，随时听候调度，节假日、双休日工作成为常态；三是没有严格意义上的8小时工作，很多情况下不能按时下班。医疗服务岗位与其他岗位的最大区别在于，当接诊的患者未处理完成，或者刚准备下班就来了急需处理的病人时，即使早已过了下班时间，也必须先进行紧急处理和交接完成，保证患者度过危险期后，才考虑下班。据人社部劳动统计资料，全社会各行业平均劳动时间为46.3小时/周，而医务人员平均每周劳动时间为50.3小时，其中医生和护士每周平均工作56.4小时。每位医护人员平均每周需要上1～2个夜班，白班和夜班连续工作最长时间平均达到15.9小时，有四分之一的医务人员一周连续工作时间超过20个小时，均远远超过《劳动法》的规定。长时间工作会引发精神紧张、身体疲惫及其他健康问题。

（三）薪酬水平的简单测算

1. 测算思路

根据人力资本相关理论，参考发达国家医疗机构人员薪酬确定办法，从北京市公立医院的行业特点出发，以公立医院的专业技术岗位和医护岗位为例，探索确定公立医院医生的待遇水平和薪酬调整办法。

基本思路是，首先，以医生为主，测算出医生薪酬与全市在岗职工平均工资的相对关系；然后，分别测算出同一医疗机构内部医生、护理和管理人员的薪酬水平相对关系；最后，提出不同级别医疗机构（三级医院、二级医院、一级医院及基层社区服务中心）的薪酬相对水平。

2. 测算的主要指标因素

根据国际经验和医疗行业特点，医疗机构薪酬的确定应考虑如下几个因素。

（1）知识和技能

医疗机构的核心资源是医护人员，其知识和技能是薪酬的首要影响因素，是医护人员价值的重要体现。而知识和技能主要来源于知识的学习积累和临床实践，因此，学历和从事临床工作的年限（可以用专业技术职务衡量）是其重要指标。我国学历结构按博士、硕士、本科、专科等划分。专业技术职务按正高级、副高级、中级和初级划分。根据美国劳工部资料，高中、大学、硕士毕业教育的收益系数分别为1.49、2.69和4.08。根据国家卫计委的一项研究，我国医疗机构医生平均受教育程度为社会平均水平的2.05倍（1.95~2.21）。

（2）技术难度和复杂性

技术难度和复杂性也是薪酬的重要反映指标。一般说来，一项业务技术难度越大、越复杂，人力资本的投入也越大，单位时间内操作人员的知识和身心投入也越大。技术难度和复杂性不仅反映医疗行业和其他行业的相对人力资本投入，也体现在医疗机构内部不同专业岗位的价值。综合国际经验和各地的调查，在技术难度方面，医生高于护理人员，临床科室大于医技科室，脑部和心血管等手术大于消化系统和外伤手术，疑难杂症的诊断治疗高于常见病等。根据国家卫计委卫生经济研究中心的一项调查，认为医疗工作者的技术难度和复杂性是社会平均水平的1.84倍。

（3）责任和压力

调查发现，医护人员在诊治病人中承受着不同程度的精神压力，这种责任和压力高于一般的行业。在医疗机构内部，其责任和压力也不同。如急诊室、ICU、儿科等的责任和压力高于一般科室。

（4）时间成本

业务量的多少往往和投入的时间成正比。工作时间越长，劳动者的付出就越多。按照我国劳动法规定，8小时之外的劳动，应该给予补偿。调研中很多医生抱怨每天24小时保持做到随叫随到状态，医生又是没有节假日和明确的上下班时限的职业，几乎每天都超时工作。特别值得一提的是夜班医生，他们都不可能准时下班，超时工作也没有任何报酬。根据我们对安贞医院、中关村医院、顺义区人民医院、友谊医院、亚运村社区卫生服务中心的调查，这些医疗机构医务人员的每周工作时间达到56.4小时，超过全社会各行业每周平均劳动时间10.1小时。因此，医务人员因超时工作而应获得补偿应为社会平均工资的1.75倍。

（5）执业风险度

由于工作环境和工作内容的特殊性，医务人员在工作中会使用和接触具有感染性、放射性和腐蚀性的有害物质。综合国内外相关研究，医疗行业执业风险是社会平均水平的6.2倍，医生执业风险为社会平均水平的5.5倍。根据上述分析和调研情况，可以得出如下结论：一是根据医务人员的知识技能、责任和压力、难度和复杂性、执业风险以及劳动时间等行业特点，北京市公立医院医生的当前薪酬水平为在岗职工社会平均工资的3倍为宜；二是同一机构内，医生和护理人员的薪酬平均水平为1∶0.75，临床医生与医技科室医生的薪酬水平为1∶0.85；三是同一层级的医疗机构之间，应根据其医疗服务水平、服务范围和服务量、风险程度、专科设置和人员结构，以及考核情况，适当拉开差距；四是对于不同层级的医疗机构（三级医院、二级医院、一级医院及基层社区服务中心），不能根据其医疗业务收入和业务量作为其薪酬水平的确定依据，主要还是根据其承担的功能定位、服务水平、服务能力、服务质量、风险程度等确定其薪酬水平。

六 改革方案设计及建议

人事薪酬问题，是任何一个机构发展中的核心问题之一。人事薪酬制度依附于机构的管理体制、运行机制和价值理念。为建立适合北京市医疗卫生行业特点的人事薪酬制度，根据北京市医疗机构行业人事薪酬制度现状，也必须首先改革完善医院管理体制和运行机制。综合我们的研究以及国内外经验，提出如下方案和政策建议。

（一）大型医院逐步取消公立医院事业单位人员编制，使医务人员由单位人变为社会人

当前，全市公立医院按事业单位管理，院长由政府有关部门任命，医疗机构的人员实行编制管理（后来演变为人员控制数，但实际内涵没有变化）。政府是医院的所有者、出资人和管理者。这是北京公立医疗机构人事薪酬问题的总根源，要建立适合医疗机构行业特点的人事薪酬制度，必须首先改革医院管理体制和事业单位编制管理机制。因此，公立医院人事薪酬改革的核心实际上就是政府管理的改革。

可采取"三步走"的策略。

第一步：增量改革，渐进到位。

鉴于公立医院改革的复杂性，根据上述的改革原则，第一步，维持公立医院现有管理体制，对医院内工作人员实现"老人老办法、新人新办法"的增量改革模式。即对医院现有事业单位编制人员身份不变，医院不再新增编制，并且不论医院是否有空编，从改革之日起之后的新进入医疗机构人员，一律不再分为编内编外，由医院根据自身业务需要，签订劳动合同，参加企业职工基本养老保险。这一方案的优点是，可以不触动现有编内人员的

既得利益，改革阻力较小。缺点是，在医疗机构内部，编内编外人员矛盾将长期存在 30 年左右时间（30 年左右大致可以消化现有的编制内人员），待 30 年之后医院全部取消事业单位编制。

第二步：逐步取消事业单位身份，人员由单位人变为社会人。

基本思路是：对医生由分单位按编制管理，改为实行全市统一注册备案管理。全面转变卫生技术人员属于医院或者说医院对卫生技术人员具有行政隶属性的传统观念。卫生技术人员是依靠公共财政和社会资源支持成长起来的，医院是政府和社会向卫生技术人员分配财政和社会资源的平台，本身并不产生利润并向卫生技术人员分享。因而卫生技术人员并不行政隶属于某个医院，而是隶属于整个社会的带社会性质的医疗资源，对卫生技术人员的开发要遵循社会资源的开发原则。

具体措施为：一是建立全市医生数据库，详细记录每一位完成注册备案医生的知识技能、专业特长、从业经历、个人信誉、医德医风以及个人薪酬需求。

二是建立全市各个医疗机构医生人力资源需求数据库，明确每一家医院的功能定位、科室分布、设施设备配置和水平、医疗服务质量和水平、医生岗位设置，以及各个岗位的薪酬提供水平等。由医院和医生直接匹配，按国家有关规定，医院和医生直接签订聘用合同和竞业限制合同等。为防止医院之间恶性竞争或年资较高的"名医"擅自提高个人薪酬水平，实行医生个人薪酬和医院岗位薪酬标准，医生或医院只能在规定的标准内协商确定个人薪酬水平。

三是取消医院编制核批制，改为备案制后，对公立医院的管理从以"人"为中心向以"事"为中心转变。按照以"事"为中心的管理理念，政府主管部门不再核批医院的编制，医院对医生、医技、药剂、医护、管理和工勤技能等各类人员的需求量，要由医院自行组建专门机构或者聘请专业的咨询机构，根据医院的战略定位和所承担的医疗服务任务量，通过专业的岗位分析，结合医院自身条件、激励机制建设、历史经验等因素，制定专门的定岗定编方案来确定。医院确定好各类人员编制后，向政府主管部门报备，其目的是为了便于政府主管部门掌握本地区医疗资源的分布情况，而不是作为核定财政补贴的依据。

四是全面落实公立医院用人自主权。编制管理改革为全面落实公立医院用人自主权创造了条件，医院根据自身发展需要，结合医院实际，制定人力资源招聘选拔、培训、薪酬分配、绩效考核、聘用、退休等各个专项规划，并通过内部专业管理部门推进落实。而所有这些人力资源管理活动都在医院内部组织完成，医院招聘选拔、人才引进等专项工作无须像当前的公立医院人事管理模式下需要层层报批，而完全由医院自主决定。

五是建立社会化的分层分类的专业技术职务评聘体系。专业技术职务评定环节应坚持政府主导、医院协同和社会参与相结合。政府主导主要体现在：政府组织制定专业技术职务任职资格标准，政府部门要明确医疗行业专业技术职务类型、每一种专业技术职务类型分哪些层级或级别以及每一个级别的任职资格标准，建立任职资格标准要改变现行标准注重学术轻临床业绩、注重专业机构评价轻社会公众评价的倾向。政府组织制定专业技术职务资格的获取路径，政府部门应当明确：卫生技术人员达到了某类专业技术职务某个层级的任职资格标准，由谁来认定，通过什么路径来认定，卫生技术人员自身应当完成哪些工作。比如，初中级以下专业技术职务资格通过政府组织的考试来认定，高级专业技术职务资格通过政府组织的评审来认定。政府组织建立或者委托建立各种类型各个层级专业技术职务资格的认定机构，并确保认定机构具有广泛的代表性及相应的专业水准。

第三步：改革公立医院管理体制，由政府具体管医院转为依法监管。

在前两步改革基础上，实施第三步改革，即改革公立医院管理体制。总体思路，一是政府从医院家长式管理模式转变为作为公立医院出资人，实施依法监管，依法维护公民的医疗服务权益和保障健康权益。政府部门不再直接干涉公立医院的日常事务，如人员编制、人员的进出、人才的引进，取消对公立医疗机构的各种考核检查等，将这些业务下放给医疗机构，由其自主决策，自担风险。政府通过制定卫生事业发展规划，引导医疗机构合理配置资源和发展规模。二是政府根据区域内人口规模、经济发展水平等，确定不同类别和水平的医疗机构基础建设和资源配置标准,通过财政预算,对公立医疗机构的基础设施设备投资,保证与群众医疗服务需求相适应的基本配置,使公立医院的设施设备满足群众的基本医疗需求。

(二)基层医疗卫生机构人事薪酬改革

改革基层医疗卫生机构,关键是赋予社区医疗机构"三权",即用人自主权、分配自主权和经营自主权。使其能够根据需要自主优化人员配置,利用收入分配自主权充分调动员工积极性,利用经营自主权因地制宜开展社区居民需要的医疗服务,同时利用这三个自主权吸引二、三级医院的医生来社区多点执业,在做好公共卫生和一般医疗服务业务的基础上,力所能及地开展一些日间手术、康复护理业务,尽其所能分流三级医院业务,争取更多的患者回到社区。社区医务人员没有能够吸引老人来社区享受免费的健康教育和慢性病管理,以及由医保支付大部分费用的普通医疗服务,根本原因就在于社区医疗机构缺乏上述三个自主权,"干多干少一个样"使得社区医务人员严重缺乏积极性,没有用人自主权使得社区无法聘用受社区居民认可的医务人员。充分赋予社区医疗机构上述三个自主权后,随着改革效应的逐渐深化,社区医疗机构的业务模式和收入水平对三级医院那些适合做家庭医生的医生的吸引力会越来越强,从而使其自愿到社区兼职,并最终自愿留在社区。所以与上述改革配套的改革是打破阻碍优秀医生自由流动的体制藩篱。目前从三级医院那些长期从事门诊和日间手术业务的内科、妇科、儿科、普通外科和急诊科大夫的业务特征看,他们更适合离开三级医院到社区从事家庭医生工作。实际上,欧、美、日等国,以及我国的台湾和香港地区,相当比例的专科医生并不专职在医院工作,很大比例在社区开诊所,同时和医院建立顺畅的双向转诊关系,这就自然地形成了分级诊疗体系。

当前,行政部门强力推行分级诊疗,但效果不佳。主要是社区缺少优质的医生。让患者信任的医生扎根社区,关键有两点,一是公立医院的事业单位编制化管理下,医疗机构按照保障区域和规模大小分为三级十等,各等级医院必须严格按照卫生部门评定的级别配置设备、人员、确定收费标准。在医院分级的情况下，不同级别的医院在财政补贴、工作环境、薪资待遇、职称评定、科研经费资助等方面存在着天壤之别。为了获得较好的就业环境与发展空间，大量的优秀医生聚集在大型三甲医院，基层几乎没有也留不住优质的看病医生，导致患者和优质的基层医生携手奔向三甲医院，使分级诊疗目标难以实现。二是社区的收入水平低，对优质医生缺乏吸引力。根据课题组调查，如北京充分赋予社区医疗机构用人、分配和经营自主权，社区完全有能力分流医院三分之一以上的门诊业务，将其诊疗人次占比从目前的30%左右提高到50%以上，按照2015年业务计算，社区医生的年收入平均能达到30万元到50万元的水平。而且，实现这一结果不仅完全不需要增加财政投入，而且还节约医保基金的支出。其资金主要来自于三级医院和社区之间的较大的医疗费用差异，以及获得分配自主权后社区医生对成本的有效控制。30万~50万元的年收入水平，完全可以能够吸引到让社区居民放心签约首诊的优秀大夫进社区，而这样的医生扎根社区，分流三级医院三分之一乃至更多的业务回到社区。

（三）同步改革公立医院业务布局设置

可考虑二级以上公立医院除保留急诊和特许门诊外，原则上不再设立门诊科室，将门诊科室下放至医联体基层社区卫生服务中心，由基层社区卫生服务中心直接承担群众的门诊医疗，需要住院的，直接转入相应的医疗机构。医生不论在三级医院，还是在社区门诊，均按岗位和承担诊疗业务的难易程度、技术水平等确定薪酬，与所工作的医院级别无关。这样，既解决了分级诊疗中的难题，也解决了基层社区医疗结构"大锅饭"的嫌疑，也解决了不同层级医院医生薪酬水平苦乐不均的现象。

（四）医疗机构薪酬改革

总体思路是：健全和完善符合医疗行业特点能够体现医疗卫生技术人员技术劳务价值的薪酬分配管理的体制机制。将医疗卫生技术人员薪酬分配制度从一般事业单位薪酬分配制度分离出来，建立适合医疗行业特点的、体现卫生技术人员技术劳务价值的薪酬分配制度。

1. 关于薪酬水平

根据上述医生的行业特点研究，应明确医生是较高收入的职业人群。医生的薪酬平均水平应是大致保持在当地在岗职工社会平均工资的3倍。

同一医疗机构不同岗位医务人员的薪酬水平：相同学历、年资和专业技术职务的临床医师、医技科室医生和护理人员的薪酬水平大致保持在1∶0.85∶0.75的水平。医疗机构人员薪酬的来源，按医疗机构的性质划分。公立医院的薪酬主要来自于政府购买医疗服务的补贴（如医保基金和财政补贴等）和医院依法取得的业务收入。

同一地区不同层级的医疗机构之间，同质的人员应当享有大致相同的薪酬收入和福利水平。

2. 医疗机构人员薪酬的确定和调节

坚持医院主导和政府调控相结合原则，制定医疗机构人员薪酬制度。政府调控主要通过四种手段来实现。

一是建立人工费支出比例调节机制。财政补贴由过去的直接补贴改为以购买服务方式形成的间接补贴，有关政府主管部门要明确财政补贴可用于人工费支出的比例，并监督落实；对医保支付资金（含商业医保）也是通过药占比等指标考核来明确用于人工费支付的具体比例。

二是健全和完善医疗卫生机构工资总额管理办法，建立医疗卫生机构工资总额与其所承担和完成的医疗服务任务量合理挂钩的机制。

三是建立医疗卫生机构负责人年薪制，确保医疗机构负责人年薪与其年度绩效考核结果紧密挂钩。

四是建立医疗机构人员基准年薪制度。医疗机构人员基准年薪是指医疗机构人员年薪应达到的底线标准，其具体含义是：医疗机构人员实际年薪高于基准年薪的，按照医院现行薪酬分配制度执行；实际年薪低于基准年薪的，低于部分要由医院补足。建立基准年薪制度，有助于引导医院的薪酬分配向临床一线医疗机构人员倾斜，并确保医疗机构人员享受到一个与其技术劳务价值基本相称的工资标准，从而能享受一个体面的生活甚至引导更多优秀人才走到医疗行业中来。医疗机构人员基准年薪制度由国家统一制定，主要明确基准年薪制度制定的目的、宗旨、具体内涵、基准年薪标准的类型及确定方法、制定程序。基准年薪标准并不是简单的一个年薪标准，而是横向与医疗机构属性（包括一、二、三级医院、社区卫生服务中心、乡镇卫生院、乡村医生等）、纵向与医疗机构人员受聘专业技术职务（包括正高、副高、中级、初级、住院医师，具体划分等级要与专业技术职务资格等级相对应）相对应的系统的年薪标准，根据北京市经济社会发展水平、生活成本、物价水平、职工平均工资等因素综合确定（见表4）。基准年薪标准要向基层倾斜，要通过基准年薪标准的建立引导医疗卫生技术人员向基层流动，促进分级诊疗制度的健全和完善。基准年薪制度仅针对医疗技术人员建立，带有医疗技术人员劳动力市场指导价位底线标准的含义，不一定是医院的执行标准，但对医院制定内部薪酬分配制度，既起到指导作用，也产生底线调控的功能。

表4 北京市医疗技术人员年度基准年薪标准发布情况

医疗机构＼医生职称	正高职称	副高职称	中级职称	初级职称	住院医师
三级医院	基准年薪	基准年薪	基准年薪	基准年薪	基准年薪
二级医院	基准年薪	基准年薪	基准年薪	基准年薪	基准年薪
一级医院	基准年薪	基准年薪	基准年薪	基准年薪	基准年薪
社区卫生服务中心	基准年薪	基准年薪	基准年薪	基准年薪	基准年薪
乡镇卫生卫生院	基准年薪	基准年薪	基准年薪	基准年薪	基准年薪
乡村医生	基准年薪	基准年薪	基准年薪	基准年薪	基准年薪

注：基准年薪标准每年发布一次。

3. 落实医院薪酬自主分配权

医院内部的薪酬分配制度应实行以岗位绩效工资制度为主、多种分配制度并存的薪酬分配制度体系。医院需要：一是搞好岗位设置和岗位分析工作，明确岗位职责和任职条件，清晰地界定好每一个岗位，这是建立岗位工资制度的基础；二是搞好岗位分类分层，明确各层级岗位任职资格标准，这是建立岗位工资制度并使之与岗位任职者晋升体系有机衔接的前提；三是搞好岗位价值度评估，做好医院内部各岗位价值度的排序和划岗归级，这是确保医院岗位工资分配向关键医疗机构人员岗位倾斜、实现内部分配公平性的主要依据；四是要搞好岗位工资调查，医疗技术人员工资标准的制定要充分考虑政府部门制定的基准年薪标准，医疗机构其他工作人员的工资要在兼顾与医疗技术人员工资平衡性的基础上，与劳动力市场指导价位相对接。医院内部的绩效工资制度应更加灵活、适用，更好地反映医疗技术人员的技术劳务价值。医院内部的岗位绩效工资制要采取集体协商的方式制定。

（五）健全和完善医疗机构的薪酬调整机制

医疗机构工作人员的薪酬水平，一方面取决于薪酬的确定机制，另一方面取决于调整机制。目前，北京市医疗机构工作人员的薪酬的调整缺乏正常合理的机制，是否调整，调整多少，调整工资的哪一部分，资金从哪里来等，往往取决于行政命令。由于公立医疗机构按事业单位管理，工作人员的薪酬调整也随北京市整体机关事业单位工资调整而调整，不仅违背了医疗行业特点，并且从调查医疗机构的情况看，各个医院也并没有完全执行北京市统一的调整政策，尽管 2015 年之前北京市机关事业单位工资近 10 年未做调整，但几乎所有的医疗机构每年都调整。健全和完善医疗机构人员的薪酬调整机制，也是医疗机构薪酬改革的重要内容。

关于医疗机构薪酬的调整机制，应重点做好以下方面：一是提高基本工资标准，增加基本工资在整个薪酬中的比重，逐步将基本工资部分提高到整个收入的 60% 左右，改变以往主要靠增加津贴补贴提高工资的情况；二是由市人社局在综合考虑本市经济增长、机关事业单位工资增长、企业工资增长和居民收入增长基础上，每年年度末发布医疗机构卫生技术人员基准年薪标准，作为各医疗机构调整薪酬的决策依据；三是具体调整方式可采用指数化调整，综合考虑医院的目标任务完成情况，使薪酬总体水平与本市国民经济发展相协调、与本院医疗质量和医疗服务水平进步相适应，以同质机关事业单位、企业相当人员工资水平做参照,并综合考虑医院发展、医院财政状况和全市物价变动因素,建立定期调整制度。调整周期以年度为宜。

(六)健全和完善绩效管理体系

健全和完善绩效管理体系是深化公立医院人事薪酬制度改革的重要组成,根据北京市公立医院绩效考核体系存在的问题,目前健全和完善绩效管理体系的主要任务是:推动公立医院完善内部绩效考核,完善绩效考核目标体系,强化考核结果运用,提升绩效管理效能。

一是推动公立医院完善内部绩效考核。当前市医管局对市一级医院、区卫生系统对区一级医院的绩效管理体系是健全的,公立医院内部对部门一级的绩效考核管理也基本到位,但部门对岗位及工作人员的考核管理差距就比较大。因此,健全公立医院绩效管理体系的重点是通过加大考核力度等手段促进公立医院内部完善对岗位和人员的考核,确保考核目标最终落地。

二是完善绩效考核目标体系。考核目标是对医院战略的分解,是确保医院战略落地的手段和工具,目前完善公立医院绩效考核目标体系的重点是做好以下三个方面的工作,第一,推动公立医院完善内部各层级岗位和人员的绩效考核目标体系,补齐当前公立医院绩效考核管理的短板。第二,强化公立医院各层级考核目标中公益性目标、社会评价类目标、患者满意度目标、医德医风类目标的考核,这些考核目标尽管是定性的,考核难度较大,但这些目标是对公立医院定位的有效诠释和分解,能更清晰地反映公立医院的属性,因此在已有考核目标体系中,缺乏此类目标的,要补充增设此类考核目标;已有此类考核目标的,要加大此类考核目标的权重,加大考核力度。第三,要进一步优化已有考核目标体系,已有考核目标体系比较烦琐,指标庞杂,考核成本高,考核效果不明显,需要进行优化和简化。因此对已有考核目标,要通过抓住影响公立医院业绩的关键领域和关键环节,建立健全关键绩效目标体系,改变各级医院主管部门对公立医院面面俱到、眉毛胡子一把抓的考核局面。在绩效考核目标的数量上,要进一步简化,对医院一级的关键绩效考核目标不超过15个;对医院内部业务部门,不超过10个;对岗位或人员，不超过5个。在绩效考核目标的性质上，不得将收入、利润等目标作为考核目标纳入考核体系，防止公立医院非公益化。

三是强化绩效考核结果运用。绩效考核结果的运用是影响绩效考核体系有效运行的重要环节，当前强化绩效考核结果运用重点在以下几个方面下功夫，第一，要扩大绩效考核结果运用范围，调查中我们发现，目前北京各医院的绩效考核结果运用在医院内部部门一级的绩效工资的考核发放上做得还比较到位，将绩效考核结果运用到其他环节不明显。因此绩效考核结果不仅要运用到部门一级绩效工资的考核发放上，而且要运用到医院一级绩效工资总额的发放以及岗位和员工一级的绩效工资发放上，甚至还要考虑运用到员工聘用、晋升、退出岗位、员工培训和专业技术职务评聘等诸多环节。第二，在一些关键环节要进一步加大绩效考核结果运用的力度，在关键环节加大绩效考核结果运用力度可以促进提高绩效管理效能，关键环节包括医院绩效工资总额确定环节、医院负责人考核环节、医院工作人员专业技术职务评聘环节等，在这些关键环节提高绩效考核结果的运用权重，使绩效考核结果成为被考核者在这些关键环节获得认可的重要因素，提升绩效管理的权威和功能。第三，要加大基层医疗卫生机构绩效考核结果的运用，调研中我们发现，基层医疗卫生机构工作人员的积极性不高、有些工作人员的精神状态不佳，一个十分重要的原因是待遇低，与公立医院相比差距较大。同时，基层医疗卫生机构可以用于考核的绩效工资仅占全部工资总额的10%左右，工作人员干好干坏待遇基本不受影响，考核过程中尽管绩效考核指标多、考核体系复杂，但对工作人员的触动很小，因此加大基层医疗卫生机构的绩效考核结果运用力度就显得十分紧迫而必要。

（七）利用大数据云计算技术，大力发展"互联网＋医疗"

2016年6月，国务院办公厅印发了《关于促进和规范健康医疗大数据应用发展的指导意见》（国办发〔2016〕47号，以下简称《指导意见》），全面部署推进实施健康医疗大数据建设。这对北京市完善医疗机构的人事薪酬制度带来了新的机遇。

一是加强医疗机构健康大数据顶层设计，重点是夯实各级各类医疗机构大数据应用基础，实施医疗机构健康医疗信息系统和公众健康医疗数据的互联融合、开放共享，消除在京不同类型医疗机构（如军队医院、地方医院、国家部委医院、企业行业医院等）"信息孤岛"，积极探索实施"互联网+健康医疗"服务新模式。利用大数据拓展医疗服务渠道，延伸和丰富服务内容，更好满足人民健康医疗需求。

二是通过"互联网+医疗"服务，破解医疗机构人事薪酬的关键矛盾和环节。建议尽快健全和完善全市医疗机构从业人员基本信息库，开放共享临床医务人员基本信息（包括专业和全科医生的技术特长、出诊和坐诊时间、出诊地点、预约方式、挂号费用、信用情况等），并置于公共信息平台，便于医疗机构疑难病症会诊，组建治疗团队，及为群众就医服务提供参考。

三是健全和完善全市统一的医疗机构岗位设置、招聘录用、晋升管理、薪酬管理、绩效考核管理、医院科教、科研系统各个模块数字化、标准化、一体化和信息化体系，确保全市各模块系统互联互通。实现人事薪酬信息自动收集、整理、分析，为制定人事薪酬政策提供可靠快速的决策依据，实现人事决策智能化、业绩考核科学化、数据集成自动化。人事薪酬管理信息化反过来将促进人事薪酬制度改革进一步深化，将为医院设计出更优、更切合实际需要的改革方案提供支撑，为进一步深化人事薪酬制度改革创造条件、奠定基础。

四是建成北京市医疗机构信息分级开放应用平台，实现与人口、法人、空间地理等基础数据资源跨部门、跨区域共享，医疗、医药、医保和健康各相关领域数据的融合应用。依托全市三级机构资源建成临床医学数据示范应用中心，依托全市的社区卫生服务中心实现全市城乡居民拥有规范化的电子健康档案和功能完备的健康卡。

五是充分利用互联网医疗，让健康医疗数据多跑路，让群众少跑腿。广泛开展互联网健康咨询、预约就诊、诊间结算、医保联网异地结算、移动支付等。发展智慧健康医疗便民惠民服务，规范医疗物联网和健康医疗应用程序（APP）管理，推进互联网健康咨询、网上预约分诊、移动支付等应用，优化形成规范、共享、互信的诊疗流程。全面建立远程医疗应用体系，健全检查检验结果互认共享机制。实现以大数据为基础的全新医疗云计算模式和以家庭为云终端的健康服务。依靠大数据支撑，将社区群众的常见病例、既往病例等记录在案，医生可以通过有效、连续的诊疗记录，运用大数据支撑，给病人以优质、合理的诊疗方案。利用大数据，将每位居民的各种健康数据、各种生命体征的指标，集合在每个人的数据库和电子健康档案中，然后再通过可穿戴设备，及时监控血压、心率等方面的生命体征指标，及时进行健康提醒。同时，通过大数据分析应用，推动覆盖全生命周期的预防、治疗、康复和健康管理的一体化健康服务，这是未来医疗机构发展的新趋势。

（八）完善医疗机构相关法律法规，加强对医疗机构监督

按照党的十八届四中全会精神要求，全面落实依法治理，首先应健全医疗机构相关的法律法规。建议在总结评估现有医疗机构和医师管理相关法律法规基础上，由市人大起草发布《北京市医疗机构法》和《北京市医师法》，从医疗机构管理体制、运行机制、准入条件、退出机制、监督考核、应承担的社会义务和权利等，给予法律保障。将医生资格条件，多点执业，收入保障，以及医生的相关权利、责任和义务等上升为法律。同时，健全对医疗机构和医生由人大实施依法监督，政府依法监管，社会和公众参与监督等的完整监督体系。保证医疗机构人事薪酬改革后的健康稳定运行。

七 配套改革政策和支撑条件

医疗机构人事薪酬制度改革，是一个系统工程，需要其他相关制度和政策的配套和支撑。

（一）改革财政对医疗机构的投入方式

改革财政投入方式，在城市地区，财政不再直接补贴公立医疗机构，财

政对医疗卫生投入尽可能转向补需方，通过医保来引导医疗机构的诊疗行为和医疗资源配置。对于公卫服务等公共服务，政府应采取购买服务的方式来保障供给，"养事不养人"，避免财政养人产生的低效率。购买服务对公立和民营要一视同仁，保证公平竞争。

（二）持续改革医保支付制度

在社会医疗保险体制下，医保绝不仅仅是医疗费用的支付者，而应该是医疗资源配置的引导者和医患双方诊疗行为的引导者。医保部门应该通过医保支付模式创新来引导医生的执业模式选择，促进分级诊疗体系的形成。目前条件下，医保经办机构可以积极开展如下工作。

第一，建立医保医师制度。医保经办部门应尽快引入医保医师制度助推医生自由执业，使医生不必再依靠公立医疗机构身份获取医保资格，配合医生从单位人向社会人的转变。目前这种医保定点于医疗机构而非医生个人的制度，一方面导致了公立医院内部滥竽充数和法不责众的现象，另一方面又大大制约了医生的自由流动。医保医师制度一方面消除了公立医疗机构对医生的束缚，另一方面也显著强化了医保对医生诊疗行为的引导和约束，强化了医生的自我约束和个人声誉机制。医保医师制度的建立，可以极大地促进医生的自由流动，加速分级诊疗体系的形成。

第二，积极把私人诊所以及新型医疗服务业态纳入医保报销。新型的医疗服务模式，包括连锁诊所、（移动）互联网医疗、医生集团等，能借助医学技术和信息化技术的进步，降低就医成本，提高服务质量，带动健康管理关口前移，让居民少生病、晚生病。将这些新兴医疗模式纳入医保报销，短期内有增加医保支出风险，也对医保经办部门的监管能力提出了挑战，但从长期来看，有利于鼓励各类医疗机构分流昂贵的三级医院业务，引导医疗资源流向价廉质优的私人诊所、新型医疗领域，注重健康管理，长期节约医保资金。

第三，探索适宜的医保支付方式。医保支付要考虑医生提供服务的多样化，为医生自由选择提供或全科或专科、或门诊或住院的服务制定合理、适宜的支付机制,也就是说,要对不同的医疗业务采取不同的付费模式,促进形成合理的激励机制。例如对新兴互联网医疗服务,医保可以考虑对医生支付处方费而不支付药费,引导医生通过人力服务而不是卖药赚钱。

(三)深化以药补医和药品加成零差价改革

医改以来,"以药补医"一直是医改的重要目标。有关部门认为取消药品加成、推行零差率和提高医疗服务价格就破除了"以药补医",解决了医疗机构靠卖药维持生存的问题。从北京市和三明深圳的调研情况看,取消药品加成、推行零差率和提高医疗服务价值并没有达到目标。事实上,限制"明补"的顺价加价15%政策和禁止"明补"的零差率政策没有起到遏制药价虚高和药物滥用,反而在一定程度上进一步推高了药价虚高和药物的滥用。在政府财政投入不断增加,医保基金支付持续增长,但患者就医负担居高不下,并且获得感减少就是例证。另外,多数的零售药店、民营医院、私人诊所都是以实际采购底价购进,以不超过国家最高零售价销售,它们的购销差价率普遍在30%以上,大多存在以药养(补)医、以药养(补)店情况。尽管它们销售的药品零售价比公立医院药品零售价相比要低得多,在完善公立医院药品零加成基础上,应逐步取消北京市公立医疗机构的医用耗材加成。

(四)正确理解医疗机构的公益性

改革开放以来,为了防止和纠正医疗机构存在商业化、市场化倾向严重问题,提出医改必须坚持政府主导,政府办医,保持医疗机构公益性,不得以营利为目的的准则。从理论和实践中看,医疗服务的公益性与医疗机构的性质无关,公益性不仅是公立医院的本质要求,也是民营医院的社会责任。实际上,公益性有两种形式,一个是政府大包大揽的公益性,一直以来,有种认识是把政府主办的医院称为公益性医院,政府对医疗机构进行直接财政补偿,严格管控医疗机构的人、财、物,并通过加强绩效考核让医疗机构体现公益性。另一个是市场竞争出来的公益性,在公平的市场竞争中,诸多市场主体公平竞争、优胜劣汰,质优价廉者胜出。竞争的结果是群众得到质优价廉的产品或服务,这就是竞争出来的公益性。

政府主导和市场竞争都是公益性的实现方式,政府主导和公益性并不能直接画等号。有部分学者、官员、媒体认为医疗应该是公共产品,就应该由政府主导。进而演变为行政权力对医疗系统人财物的绝对控制。因此,改革医疗机构人事薪酬制度,要在指导思想与认识上取得突破。运用法律和市场两只手,创造物美价廉、供应充足、服务周到的医疗服务体系。真正的公益性应该是,政府埋单让病人"用脚投票",而不是政府去大包大揽,亲自上阵。医生定价多少市场说了算,政府只负责制定规则,通过法律实施监管,不直接干预医疗价格,不直接干预药品器械的采购。

在不久前闭幕的全国卫生与健康大会上,习近平总书记强调,"当前医药卫生体制改革已进入深水区,到了啃硬骨头的攻坚期。要加快把党的十八届三中全会确定的医药卫生体制改革任务落到实处"。而党的十八届三中全会明确指出:全面深化改革,"核心问题是处理好政府和市场的关系,使市场在资源配置中起决定性作用和更好发挥政府作用。"推动资源配置依据市场规则、市场价格、市场竞争实现效益最大化和效率最优化,"凡是能由市场形成价格的都交给市场,政府不进行不当干预"。落实习近平总书记的重要指示,必须摒弃计划经济的思维,创建一个公平竞争的市场环境。积极扶持社会资本办医,建立公立医疗机构和社会资本办医公平竞争的市场机制,形成充分竞争的医疗服务格局,才能破解医疗机构人事薪酬制度难题。

参考文献

[1] 北京市卫计委:《北京市 2015 年卫生计生事业发展公报》,2016 年 10 月,http://www.bjchfp.gov.cn/。

[2]《北京市 2015 年暨"十二五"时期国民经济和社会发展统计公报》,北京市统计信息网,2016 年 2 月 15 日,http://www.bjstats.gov.cn/sjfb/bssj/ndsj/。

［3］中共中央办公厅、国务院办公厅转发《国务院深化医药卫生体制改革领导小组关于进一步推广深化医药卫生体制改革经验的若干意见》，新华网，2016年11月8日，http：//www.xinhuanet.com/。

［4］国家卫生和计划生育委员会：《中国卫生和计划生育统计年鉴2015》，中国协和医科大学出版社，2015年9月。

［5］方鹏骞、鲍勇、李士雪等：《中国医疗卫生事业发展报告2015》，人民卫生出版社，2016年4月。

［6］国家卫生计生委发展研究中心编《中国卫生发展绿皮书"医改专题研究"》，人民卫生出版社，2015年12月。

［7］贡森、葛延风、王列军编《中国公立医院医生薪酬制度改革研究》，社会科学文献出版社，2016年1月。

［8］侯建林：《公立医院薪酬制度的国际比较》，北京大学医学出版社，2016年3月。

［9］朱恒鹏：《建立适合医疗行业的人事薪酬制度》，《中国劳动保障报》2016年11月。

［10］《国务院办公厅关于全面推开县级公立医院综合改革的实施意见》（国办发〔2015〕33号），新华网，2015年5月8日，http：//news.xinhuanet.com/2015-05/08/c_1115222631.htm。

［11］《北京市城市公立医院综合改革实施方案》（京政发〔2016〕10号），北京市发展改革委员会。

农民工工资增长及影响因素分析

孙玉梅 贾东岚*

摘　要： 全面分析了改革开放以来，特别是2008年以后的农民工工资增长状况，以及影响农民工工资增长的12个因素。2003年以后农民工工资一直保持持续较快增长势头，不存在某些年份停止增长或缓慢增长的现象；东部地区农民工工资增长快于中部和西部，制造业农民工工资增长快于其他农民工聚集的行业。人力资源市场供求变化及市场调节是农民工工资增长的主要因素，政府调控与引导起到了一定的推动作用。

关键词： 农民工　工资增长　工资增长因素

一　农民工工资增长总体状况

（一）改革开放以来农民工工资增长情况及阶段性特征

1. 总体概况

根据目前收集到的全国农民工工资数据进行整体观察发现，改革开放以来农民工工资呈现出总体持续增长状态，但不同时期增速差别明显。

20世纪80年代工资增长较慢，从80年代初的不到100元上升到80年

---

* 孙玉梅，人社部劳动工资研究所研究三室副主任，副研究员，主要研究方向为工资收入分配理论与政策；贾东岚，人社部劳动工资研究所研究三室助理研究员，主要研究方向为中外工资收入分配政策比较。

代末的200元上下。90年代前期工资增长较快，从90年代初的200元左右增长到90年代中期的接近500元。90年代中后期，农民工平均工资收入呈波浪式变动趋势，1995~1998年农民工平均工资为533元/月左右，但工资增速显现出大幅波动状态，波动幅度均在20%或更高程度，但年均增速约为5.9%。

进入21世纪，农民工平均工资收入基本呈逐年上涨态势。数据显示，除2002年相对2001年略有0.6%的降幅外，其余年份均是逐年上涨。2001~2015年，农民工工资水平年均增速达到11.8%（以2000年数据为基数），呈现出总体增长较快的结果。其中，2004~2008年，农民工工资均以两位数增速增长，特别是2008年增速超过26%。尽管2009年农民工工资增速锐减，但从2010年开始又连续2年呈20%左右的高速增长趋势。2012年以来，农民工工资水平增长仍然较快，但增速开始放缓，特别是2013年以来增速逐年下降，2015年工资增速降低到7.3%这一时期新的低点（见图1）。

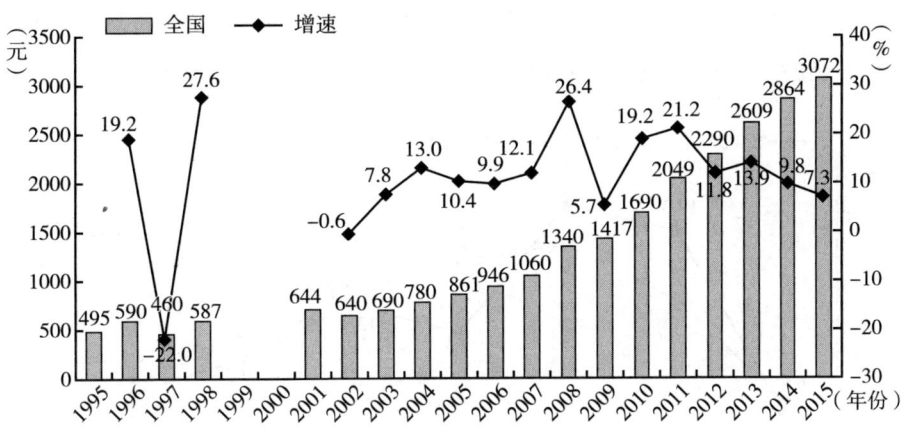

图1　1995~2015年农民工收入变化及增速情况

2. 与城镇单位、私营单位工资水平增速比较

2006~2015年，农民工平均工资年均增速为14.0%，城镇单位就业人员平均工资增速为12.9%。表明近10年农民工工资增速更快，但增速波动相对较大，农民工工资水平及增长受经济环境和市场因素的影响程度更大（见图2）。

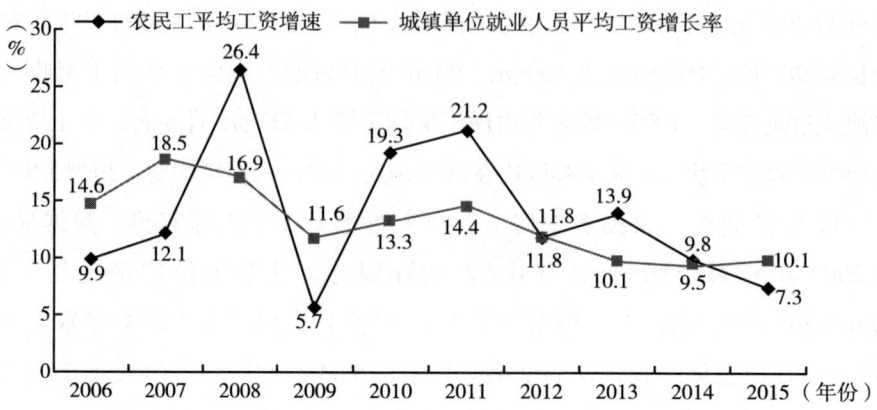

图2 2006~2015年农民工与城镇单位就业人员平均工资增速比较

对比2009年以来农民工平均工资增速与同期私营单位就业人员平均工资增速，可以发现两者的工资增速基本相同，但农民工的工资增速波动幅度还是略大一些。这说明两者工资水平定位和工资水平变动受经济环境和市场因素影响的程度都比较大，农民工工资所受影响更大（见图3）。

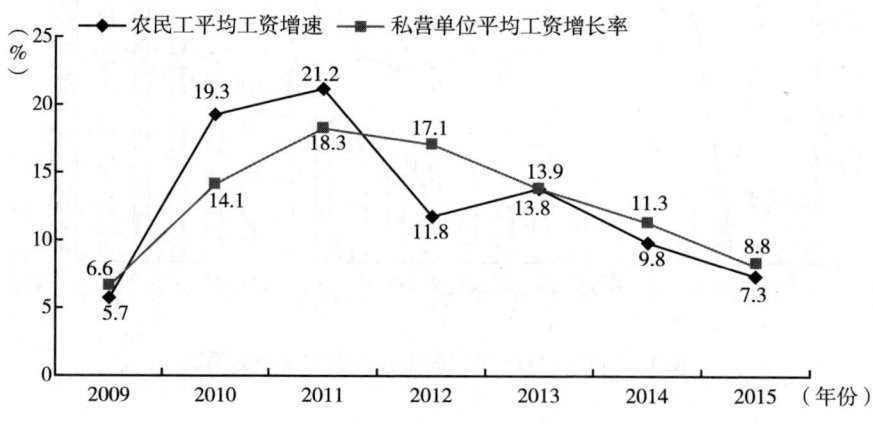

图3 2009~2015年农民工与城镇私营单位就业人员平均工资增速

3. 与城镇单位、私营单位平均工资相对水平比较

2005年以来，农民工平均工资相当于城镇非私营单位就业人员平均工资的比例基本维持在57%左右，变动不大。近年来小幅上浮到60%左右。

农民工平均工资相当于城镇私营单位就业人员平均工资的比重则达到约96%左右,基本接近。

4. 与人均GDP增速相比较

2007年之前,农民工平均工资除个别年份外基本低于人均GDP增速,2008年开始,农民工平均工资增速很快,明显超过了人均GDP增速。除2009年之外,近一时期一直以高于人均GDP增速态势发展,直到2014年,农民工工资增速趋于放缓,而且与人均GDP增速的增速越来越接近(见图4)。

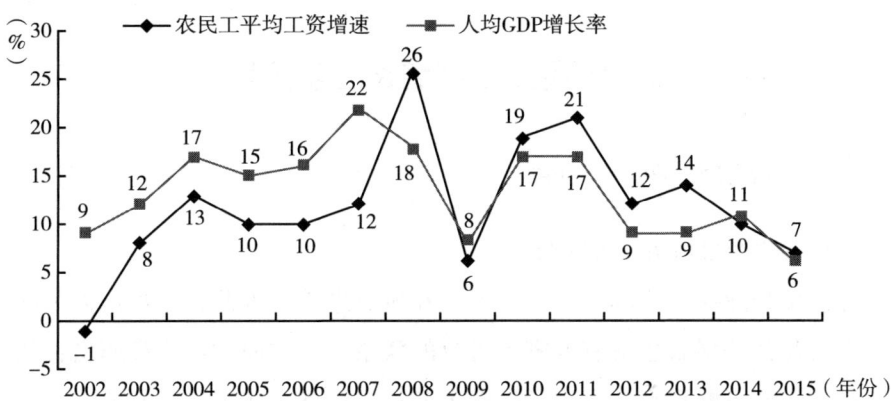

图4 2002~2015年农民工平均工资与人均GDP增速比较

(二)不同地区和行业农民工工资增长情况

1. 地区农民工工资水平变动情况

2008年以来,东部地区农民工工资水平和增速均高于中部和西部地区,且近三年来中、西部同东部地区的工资水平差距快速扩大。从工资水平的绝对值看,东部地区相对中部和西部地区较高,中、西部工资水平基本相当于东部地区的95%,而近3年以来这个比例呈逐步下降趋势,到2015年,中、西部农民工工资水平分别相当于东部地区的91%和92%。月平均工资的绝对值差距也从2013年之前的不足60元,逐步扩大到近几年的200~300元。从工资的增速看,2008~2015年,东部地区农民工工资的年均增速为

13.2%，高于中部地区的12.6%的增速和西部地区的12.8%的增速。

2. 行业农民工工资水平增长情况

2008~2015年，在选定的六个重点行业中，交通运输、仓储和邮政业以及建筑业农民工平均工资水平较高，居民服务、修理和其他服务业最低。从增速看，制造业农民工平均工资增长相对较快，年均增速达到13%，不同程度地高于建筑业，批发和零售业，交通运输、仓储和邮政业，住宿和餐饮业，居民服务、修理和其他服务业。

二 农民工工资增长因素分析

（一）经济增长促进因素

1. 国内生产总值增长的影响

经济增长取决于资本、劳动的投入和科技进步，因此，工资作为劳动的收入所得与经济增长也就有着密不可分的联系。一方面，经济高速增长的收入效应使工资不断提高，这也是劳动者分享经济增长成果的必然要求；另一方面，工资水平的提高也会带来消费和储蓄的增加，由储蓄率提升带动的投资率的增加和消费需求的增长，又会进一步促进经济增长。工资水平的提高离不开经济的持续发展，我国经济长期持续较快发展应当是近十年来农民工工资增长的主要因素。2006~2015年十年间，农民工工资年均增长13.98%，GDP年均增长13.51%，农民工工资增长和GDP增长完全同步并略高于后者。

2. 劳动生产率提升的影响

劳动生产率提高是工资增长的一个重要前提条件。2006~2015年我国人均GDP的增长率年均增幅为12.95%，同期农民工的工资增速也随之起落并且幅度很大，年均增长13.98%，比人均GDP增速高1个百分点，总体上看，农民工工资与人均GDP保持同步增长的趋势，两者相关系数高达0.995。

3. 农业和非农产业比较利益的影响

2004年以后在基本完成农村税费改革的基础上，普遍实施了一系列惠农政策，如减免税费、实施农业补贴以及改善乡村治理环境及农村公共服务和社会保障体系等相关政策，大大增加了农民的务农纯收入。惠农政策在提高农民收入的同时，也会提高家庭劳动或闲暇对工资收入的边际替代率并减少外出打工劳动力的供给。为了应对近年来持续的"民工荒"，经济发达地区企业不得不提高农民工工资，农民工工资得以持续增长，这也是农业和非农产业比较利益较之前有所变化带来的结果。

（二）劳动力市场供求变化因素

1. 农民工流向重点地区和行业的求人倍率变动

2010年以前，我国劳动力市场求人倍率一直小于1，自2010年以后，求职人数开始少于岗位空缺，表明劳动力市场供大于求的状况开始发生变化。2006~2015年农民工重点流向的东部长三角和珠三角地区劳动力市场的求人倍率明显高于全国的水平，并且基本都超过1，特别是北京市2009年以后劳动力市场上的求人倍率都在3.0以上。劳动力市场上供求关系的变化始自2004年以来福建省东南部最早出现的缺工现象，逐渐由沿海向内地扩散后成为一种常规现象。目前不仅技术工人短缺，普通工种也出现了短缺现象，季节性缺工和某些行业缺工现象并存。这种变化使农民工可以"用脚投票"，各种缺工现象也必然会逼迫企业在提高劳动者权益方面付出更多的成本，不断提高劳动者的报酬和保险福利待遇水平。

2. 农民工就业增量占城镇就业增量比重的变动

从2011年开始，我国农民工增量开始由上升转为下降，2015年农民工增速降至1.28%，外出农民工增速更低，仅为0.37%。农民工就业增量占城镇就业增量的比重也在逐年下降，农民工就业增量由2010年的1245万人下降到2015年的352万人，下降了893万人，农民工增量占城镇就业增量的比重也从2010年的91.2%下降到2015年的32%，占比下降了59.2个百分点。同期外出农民工增量从802万下降到63万，下降了739万，占比从

58.5%下降到5.7%,下降了52.8个百分点。农民工总量供给的减少造成某些地区和某些行业出现民工荒,因此也就必然会促进农民工工资的增长(见图5)。

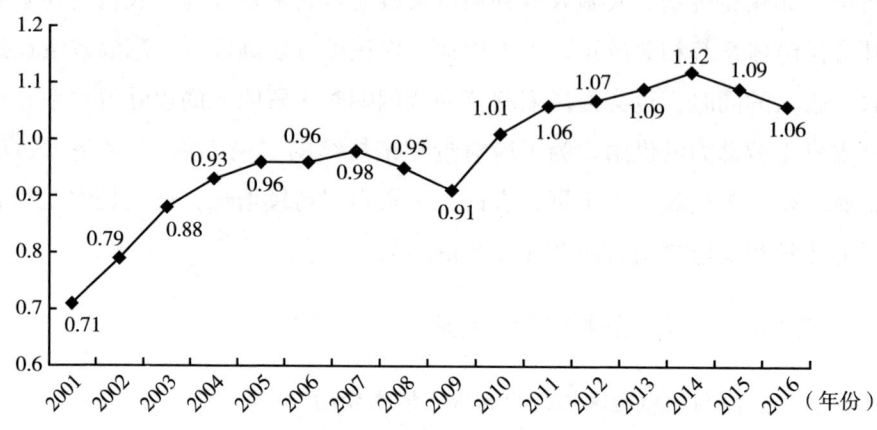

图5 2001~2016年度全国劳动力市场求人倍率

(三)农民工自身素质及生活需求的影响

1. 学历及年龄结构变动

相对于老一代农民工教育程度较低甚至文盲较多的状况,新生代农民受教育程度普遍提高,80%以上的农民工具有初中以上的文化程度,25%以上的农民工接受了9年义务教育。农民工学历的普遍提高对于农民工工资的快速增长起到了一定的推动作用,一些实证研究也验证了这一点。年龄较大的农民工外出的动力和能力相应减弱,外出的概率降低,农民工供给总量趋于减少,年青一代的农民工供给更加短缺,从而对年青一代农民工的工资产生更强的拉动作用,继续带动农民工工资的总体增长,特别是起点工资水平的持续上升。

2. 新一代农民工生活需求及生活成本变动

新生代农民工更热衷于读书看报、上网、购物、交友和运动,自费培训(如电脑)、购买书籍,甚至希望拥有自己的住房。这些生活需求的改变需要更高的收入水平和更多的收入来源支撑。这从客观上提高了农民工的必要生活成本和劳动力的自身价值,从而迫使农民工工资必须保持一种与之相应的较快的增长速度。在城市特别是大城市工作的住宿、饮食、交通等生活成本不断上升,也成为拉动农民工工资增长的外生压力。特别是在外出打工相对于在家乡获得的打工收入没有明显差异的情况下,中西部农民工到东部沿海打工数量就会逐渐减少,这也是近几年跨省外出农民工比重小于省内务工比重的主要原因,由于生活成本的提高和存在的地区差异在一定程度上造成东部地区农民工的供不应求,从而促进了农民工工资的增长。

(四)收入分配及宏观调控政策因素

1. 提高低收入者工资收入政策导向的影响

各级政府和人力资源管理部门就提高低收入者工资收入方面出台了很多政策,如推进企业工资集体协商,推广行业性和区域性工资集体协商;提高工资指导线的针对性,如各地在制定工资指导线政策时强调,各类企业在确定本企业工资增长时,应当着力提高工资水平偏低的生产一线及技术工人岗位人员的工资水平;提高最低工资相当于本地区社会平均工资比重,各地普遍加大了最低工资的调整力度和调整频次。由于农民工大多在生产一线岗位工作,并且绝大多数属于低工资收入者,因此,国家的这些提高低收入者的政策措施已经起到了并且还将起到对农民工的工资增长的促进作用。

2. 调整最低工资标准的影响

1995~2005年全国最低工资标准年均增长8.7%,"十一五"期间的2006~2010年,全国最低工资标准年均增幅为12.9%,2011~2015年,最低工资标准年均增长11.12%。大量农民工的工资水平徘徊在略高于本地区最低工资标准的范围内,因此,每当最低工资标准发生调整时,农民工的工资会随之发生调整,这就使最低工资对农民工工资的影响更为明显。从图6中可以看出,2006~2015年农民工工资和最低工资两条趋势线基本是重合或者是平行的,十年间农民工工资和最低工资的相关系数为0.997,可以看出二者的相关度非常高。

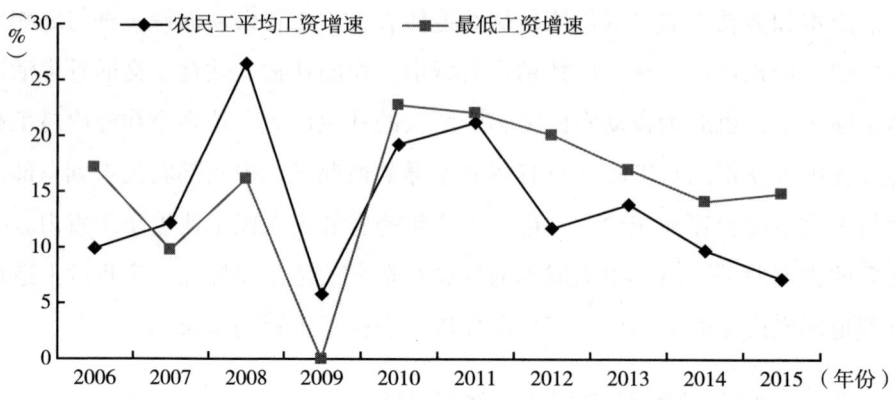

图6 农民工平均工资与最低工资增速趋势比较

3. 促进同工同酬的影响

自农村剩余劳动力大量涌入城镇参与非农产业生产以来,中央政府高度重视农民工享有同等劳动报酬及其他权益问题,并采取了许多措施,取得了积极成效。2006年《国务院关于解决农民工问题的若干意见》(国发〔2006〕5号)中提到要规范农民工工资管理,切实改变农民工工资偏低、同工不同酬的状况。2010年2月27日,时任国务院总理温家宝在与网民交流时提到,"农民工已是现代产业工人队伍的主体,没有理由不享受与城镇职工同等社会保障权利和福利待遇"。"十二五"规划纲要提出"促进城乡劳动者平等就业,努力实现农民工与城镇就业人员同工同酬,提高农民工工资水平"。党的十八届三中全会决定再一次明确提出要"保障农民工同工同酬",这都充分表明党和政府对农民工基本权益的高度重视。在相关政策措施引导下,为促进农民工工增长起到了一定的促进作用。

4. 加强农民工工资支付保障的影响

长期以来党和政府一直关注农民工工资支付保障工作,政府部门先后出台了一系列农民工工资支付保障政策措施,建立了一整套农民工工资支付保障的制度体系,主要内容包括,建立三项制度:工资支付标准制度、工资支付监控制度和工资支付信用制度;建立三项基金:工资保证金、欠薪保障金和应急周转金；健全完善三个机制：工资支付监督检查机制、欠薪法律救济机制和欠薪责任追究机制。这些政策措施在保障农民工工资合法权益的同时，也在一定程度上促进了农民工工资的合理增长。

参考文献

[1] 国务院农民工办课题组：《中国农民工发展研究》，中国劳动社会保障出版社，2013。

[2] 国务院农民工工作联席会议办公室：《中国农民工发展研究专题报告》，2011。

[3] 卢锋：《中国农民工工资走势：1979~2010》，《中国社会科学》2012年第7期。

[4] 徐辉、甘晓燕：《新生代农民工人力资本与收入的相关性研究》，《调研世界》2013年第2期。

[5] 徐水源：《东部地区农民工工资增长影响因素及地区差异实证研究》，《人口学刊》2016年第2期。

[6] 邓永辉：《新生代农民工工资收入影响因素的实证分析》，《统计与决策》2016年第13期。

[7] 严于龙：《对农民工收入影响因素的初步分析》，《中国统计》2006年第10期。

[8] 蔡昉、都阳：《工资增长、工资趋同与刘易斯转折点》，《经济学动态》2011年第9期。

[9] 丁守海：《农民工工资影响农村剩余劳动力转移的一个实证研究》，《中国经济问题》2006年第5期。

[10] 蒋若凡等：《我国农村剩余劳动力存量估算及预测》，《软科学》2013年第12期。

[11] 丁守海：《劳动剩余条件下的供给不足与工资上涨——基于家庭分工的视角》，《中国社会科学》2011年第5期。

[12] 李良：《惠民政策对农民工工资的影响》，《安徽农业科学》2011年第36期。

[13] 易露霞、黄蓉：《我国农民工工资变动及其影响因素研究》，《价格理论与实践》2011年第7期。

中国图书出版行业薪酬问题研究

王学力*

摘　要：　改革开放以来，我国出版社的管理体制发生了较大改变，逐步由原有的事业单位体制转变为企业，与之相伴，出版社的薪酬制度改革也在逐步深化。由于受原有体制影响较深，出版社薪酬制度、薪酬结构、薪酬关系、薪酬总额管理等方面还存在许多不完善之处，为加快图书出版社系统发展，需要进一步深化改革，一方面，要加大政府对图书出版社系统薪酬改革的推动力度，出台相关的指导意见，对图书出版社系统薪酬加强规范；另一方面，出版企业自身也要在薪酬制度等方面的改革上下功夫。通过改革激发活力。

　　近年来，图书出版社系统薪酬制度改革虽然取得了很大成绩，但由于受体制机制影响，图书出版社系统薪酬制度改革与文化产业发展的总体要求还不相适应，为此，我们将图书出版社系统薪酬列为研究课题，对我国图书出版社系统薪酬进行了初步研究。

关键词：　图书出版行业　薪酬制度　薪酬水平

---

* 王学力，人社部劳动工资研究所综合室主任，研究员，主要研究方向为工资收入分配理论与政策。

一 文献综述

近十几年来,围绕图书出版社系统薪酬制度改革,部分专家学者和实际工作者进行了一些研究,其重点主要围绕以下几个方面,一是对薪酬分配制度和薪酬水平进行调查分析。如出版商务周报、众达朴信管理咨询公司发布了图书出版社系统薪酬现状分析报告等。二是对出版企业劳动特点进行了分析。有学者提出,出版社主要是通过将分散的、初始的、粗放的知识元素经过加工、整合的创造性劳动而生产出知识产品,并通过市场手段来实现社会效益和经济效益。三是对图书出版社系统员工的激励理论做了分析。有学者提出,出版企业知识型员工的激励需求要素是:个人成长、业务成就、工作自主、企业发展前景、薪酬和奖金等。有学者提出激励相融理论。四是分析了图书出版社系统薪酬制度如何进行改革等问题,提出出版社的薪酬设计既要考虑外部因素也要考虑内部因素。

二 我国图书出版社系统基本情况

(一)我国出版社基本情况

1978年,我国共有114家出版社,1988年增加到504家。截止到2015年,我国共有584家出版社,职工人数为67103人。

(二)图书出版社系统管理体制改革的过程

出版社系统的改革大致可分为两个阶段,第一阶段为1978~2002年,这一阶段以放权搞活、转换经营机制为重点。1988年,提出"在发展社会主义有计划的商品经济条件下,出版社必须由生产型向生产经营型转变",同时提出要推行社长负责制。1989年出版社大多归为"自收自支管理"事业单位。1993年,事业单位改革的方向是实行政事分开,推进事业单位的社会化。1994年提出了"探索建立出版企业制度"。1999年，北京出版社出版集团、上海世纪出版集团、广东出版集团成立，2000年，辽宁出版集团、山东出版集团等也相继成立，标志着出版社转企工作有了重大突破。

第二阶段是2003年以后。这一阶段改革重点是产权制度改革、集团化建设、股份制改革、转制试点整体推进等内容。2003年6月，"全国文化体制改革试点工作会议"在北京召开，提出了文化体制改革试点工作方案，对试点工作提出了明确的内容和措施。2003年确立了文化体制改革试点改革单位的相关政策。2004年，国务院正式批准中国出版集团整体转制为中国出版集团公司，并获得国务院国有资产经营授权，成为第一家转制为企业的出版集团。2005年，一些试点出版单位的企业化和引进外资的改革方案全面实施，实现投资主体多元化。2006年，提出要有计划、有步骤地将中央和国家机关所有在京出版社、报社、期刊社逐步转制为企业。2006年以中央国家机关所属在京出版单位和大学出版社为重点的出版单位第二批体制改革试点工作全面推进。2009年，提出全面完成经营性新闻出版单位转制任务，建立现代企业制度，在企业内形成有效率、有活力、有竞争力的微观运行机制，培育一批大型骨干出版传媒企业。明确要求除公益性的图书、音像制品和电子出版物出版单位外，所有地方和高等院校经营性图书、音像制品和电子出版物出版单位2009年年底前完成转制，所有中央各部门各单位经营性图书、音像制品和电子出版物出版单位2010年年底前完成转制。党政机关所属新闻出版单位转制为企业后原则上逐步与原主办主管的党政机关脱钩。已经完成转制的新闻出版单位要按照《公司法》的要求，加快产权制度改革，完善法人治理结构，建立现代企业制度，尽快成为真正的市场主体。

截至2011年年底，我国地方出版社、高校出版社、中央出版社等全国承担改革任务的580多家出版社已全部完成转企改制。截止到2015年12月31日，中国内地在境内外上市的出版传媒公司共计37家。其中，出版公司10家。

(三)我国图书出版社系统薪酬制度改革历程

1. 1985年工资改革

1985年工资改革,文化艺术事业单位的工作人员分别实行以职务(艺术等级、岗位)工资为主要内容的结构工资制。结构工资由基础工资、职务(艺术等级、岗位)工资、工龄津贴和奖励工资四个部分组成,其中基础工资、工龄津贴和奖励工资按国家统一规定执行。1985年编审基础工资和职务工资两项合计最高档为每月355元,与省长工资最高档相同,当时对于知识分子的重视程度是比较高的,而社长基础工资和职务工资两项合计最高档为每月255元,明显低于编审的工资,比机关行政人员中的局(厅)长略低。

2. 1993年工资改革

1993年中央决定对事业单位工作人员工资制度进一步深化改革。图书出版社系统专业技术人员实行专业技术职务等级工资制。其工资收入主要分为专业技术职务工资和津贴两个部分。专业技术职务工资为相对固定部分,津贴是工资收入中活的部分,管理人员实行职员职务等级工资制,工资主要由职员职务工资和岗位目标管理津贴两部分构成。

3. 2003年以后

随着出版社逐步转制为企业,其薪酬分配制度也逐渐脱离原有的事业单位分配体制,薪酬分配制度更强调激励的导向作用,对经营性出版社,国家不再出台统一的调资政策,由出版社自主决定薪酬分配制度。2002年,新闻出版总署提出出版单位要解放思想,全面、深入地推进人事、劳动、分配三项制度改革,充分引入竞争机制。要加大对有突出业绩的管理人员、业务骨干的激励力度,拉开分配差距,探索多种形式的收入分配制度。2014年国家提出经营性文化事业单位转制后执行企业的收入分配制度。职工工资收入与岗位责任、个人贡献以及企业效益密切挂钩,参照劳动力市场价位,合理拉开差距。要加强对转制后的国有文化企业收入分配的指导和调控,合理确定工资总额。建立并完善国有文化企业负责人薪酬管理机制。探索国有文化企业股权激励机制，经批准允许有条件的国有控股上市文化公司按照国家有关规定开展股权激励试点。

三 我国图书出版社系统薪酬情况

（一）图书出版社系统员工薪酬水平比较高

1. 行业薪酬水平情况

从国家统计局发布的分行业城镇单位就业人员薪酬水平看，新闻和出版业就业人员薪酬水平在各行业中一直处于前列。2005年，新闻和出版业城镇单位就业人员薪酬水平为33199元，是全国平均水平的1.82倍，在109个细分行业中，薪酬水平排名第9位；2010年，新闻和出版业城镇单位就业人员薪酬水平为56267元，是全国平均水平的1.54倍，在109个细分行业中，薪酬水平排名第15位；2013年，新闻和出版业城镇单位就业人员薪酬水平为75025元，是全国平均水平的1.46倍，在99个细分行业中，薪酬水平排名第13位。从排名看，虽然不同时期有一定波动，总的来看，在各行业中一直处于前列。

2. 图书出版社系统上市公司薪酬水平情况

从上市公司支付给职工以及为职工支付的现金的平均值看，2010年北方联合出版传媒人均收入水平达到129011元。湖北长江传媒总部2012年度人均收入水平达到224085元。2015年，江苏凤凰传媒公司职工人均收入水平达到186402元。在各上市公司中，总部人均收入水平最高的是中文传媒，人均达到483460元。在7家出版上市公司中，年人均收入水平在40万元上的企业有3家。虽然上市公司支付给职工以及为职工支付的现金包括了社会保险等未直接支付给员工的保险福利等部分，但也可以从一个侧面看出，上市出版企业薪酬水平还是比较高的。

3. 部分典型职位薪酬水平情况

据出版商务周报的调查，2015年，图书出版社系统编辑室主任年平均薪酬为 18.04 万元，编辑室副主任年平均薪酬为 15.41 万元，策划编辑年平均薪酬为 10.57 万元，文字编辑年平均薪酬为 7.95 万元。国家统计局发布的分地区分岗位就业人员年平均薪酬数据，2015 年中层及以上管理人员平均薪酬为 11.54 万元，专业技术人员平均薪酬收入为 7.10 万元，图书出版社系统典型职位薪酬水平明显高于全国平均水平。

（二）图书出版社系统高管薪酬水平比较高

从图书出版社系统上市公司看，2010～2011 年图书出版社系统总经理年薪水平在 40 万～70 万元，2015 年，年薪水平在 50 万～100 万元，薪酬水平还是比较高的。

（三）图书出版社系统职工薪酬保持较快增长

受益于国家文化产业跨越式发展，我国图书出版社系统职工薪酬总体保持了较快的增长速度。从图书出版上市公司"十二五"期间职工薪酬增长看，多数出版上市公司职工薪酬水平增长幅度在 10% 左右，与全国职工薪酬水平增长基本一致。

四 我国图书出版社系统薪酬存在的问题

（一）薪酬制度不完善

表现之一是在单位内部，员工仍然存在多种身份，不同身份员工实行不同的薪酬制度。表现之二是岗位要素没有得到充分体现。在薪酬分配中，与岗位价值、岗位责任无关的基本薪酬、各种津贴补贴等所占比重比较高，薪酬中相当一部分是体现员工的资历、学历、职称等属"人"因素。

（二）薪酬结构不合理

薪酬结构不合理的表现，一是薪酬项目过多，弱化了薪酬的激励功能。

二是薪酬总量中，固定薪酬比重偏低。有些出版社的个别部门和员工的固定薪酬部分仅占到全部薪酬收入的 20%～30%。

（三）薪酬差距过大

由于贡献的计量存在偏差，导致一些出版企业内部收入差距偏大，收入差距与员工的实际贡献不匹配。据典型调查，有的企业中层正职间的收入差距达到近一倍，企业中层正职薪酬达到新入职员工的七八倍。同时，不同出版企业之间，由于占有资源的不均衡，市场化的程度不同等因素，收入差距也比较大，据不完全调查，收入水平高的出版企业人均薪酬是最低出版机构的近 10 倍。

（四）薪酬总额管理不完善

由于大多数出版机构没有摆脱原有的管理体制，以及受股权单一，公司决策层与执行层高度统一等因素影响，公司法人治理结构没有发挥有效作用，更多的是在形式上转为公司制企业。所有者缺位和内部人控制现象仍然比较普遍，由此，导致薪酬总额管理尚存在不规范之处。各主管部门对出版社薪酬总额管理标准不一，有的参考市场因素多一些，有的根据效益增长因素进行调控，有的放的比较活，主要由出版机构自主决定工资总额，有的管理力度比较大，但又管的比较死，由于参照系不同，造成各单位人均水平差距比较大。

（五）薪酬缺乏正常增长机制

出版社薪酬制度大多从原有的事业单位薪酬制度衍化而来，一般是将原事业单位岗位工资和薪级工资作为基本工资，然后再设立岗位工资及各种补贴等，随着单位效益的增长，奖金在工资中所占的比重大幅增加。基本工资、岗位工资等部分大多是多年不动，"岗位"缺乏动态运行管理机制，除职务晋升外，员工基本没有其他渠道增加基本薪酬。职工在分享图书出版社系统发展红利的过程中，没有建立比较稳定的薪酬增长机制。

（六）薪酬分配相关配套基础工作不扎实

一是岗位设置不合理，岗位职责不明晰，更多的是基于人的管理而不是基于岗位的管理，没有进行岗位分析，没有进行岗位价值度的科学评估等。二是业务流程不顺畅，一些主要流程存在重叠或交叉等，不同部门之间存在扯皮等现象。三是业绩考核不科学。考核指标难以剔除非劳因素，考核指标存在偏差，不能体现一个部门或岗位的全部价值，考核的目标值确定不合理，这些问题影响了薪酬分配的科学性。

五 改革的指导思想和基本原则

（一）改革的指导思想

图书出版社系统薪酬分配制度改革必须全面贯彻党的十八大和十八届三中、四中、五中、六中全会精神，深入贯彻习近平总书记系列重要讲话精神，按照党中央、国务院决策部署，紧紧围绕建立图书出版社系统现代企业薪酬分配制度这一总体目标，坚持以按劳分配为主体、多种分配方式并存和效率与公平兼顾的原则，允许和鼓励管理、知识、技术等生产要素参与收益分配；强化国家的宏观指导，充分发挥市场机制的作用，争取在较短的时间内，建立起制度科学、水平适度、关系合理、激励充分、秩序规范的符合图书出版社系统劳动和生产经营特点的薪酬分配制度，充分调动各方面的积极性，促进出版企业经济效益不断提高。

（二）薪酬制度改革应坚持的基本原则

一是坚持效率与公平兼顾原则。中央明确包括图书出版企业在内的国有文化企业要把社会效益放在首位，实现社会效益和经济效益相统一，因此，经营性出版企业在薪酬分配中要处理好效率与公平的关系，必须将社会效益放在重要位置，在确保社会效益的前提下，力争创造最大的经济效益。

二是坚持市场调节与政府调控相结合原则。要充分发挥市场机制的作用，引导出版企业多出符合市场需要的产品，同时也要更好地发挥政府对薪酬分配的调控作用，推动出版企业深化改革，规范图书出版社系统的收入分配秩序。

三是坚持系统改革原则。薪酬分配制度是企业管理众多环节中的一个重要节点，需要相关配套条件的同步推进，要同步推进法人治理结构、人事制度改革等的完善，根据相关条件的成熟情况适时推进薪酬制度改革。

四是坚持积极稳妥原则。图书出版社系统薪酬问题较多，想要将所有问题一次性解决也不现实，要根据客观条件情况设定改革的目标和路径，坚持既积极又稳妥，确保改革的成效。

六　政策建议

（一）加大政府对薪酬制度改革的推动力度及薪酬管理的调控力度

1. 出台指导图书出版社系统企业薪酬制度改革的指导意见

有关部门应加强研究，尽快出台有关指导性意见，指导图书出版社系统企业薪酬制度进一步加大改革力度，尽早建立与市场经济体制相适应的现代企业薪酬制度，争取在较短的时间内，改变原事业单位身份员工与企业招聘的劳动合同制职员间的同工不同酬等问题，通过政策推动、内部促动、市场倒逼等多方面力量，推进出版企业薪酬制度改革进一步深化。

2. 加强对薪酬总额的调控和管理

出版企业绝大多数是国有企业，在出版企业股份制改造未到位，所有者缺位以及完善的法人治理结构没有建立起来前，政府应及时补位，更好地发挥政府对收入分配的调控作用，确保图书出版社系统企业薪酬分配规范有序。要建立起薪酬总额以及薪酬水平增长与效益增长紧密联系的机制，实行企业工资总额和工资水平双重调控政策，对于凭借资源或市场垄断获取效益增长的，要建立合理的剔除制度，保证市场竞争的公平性。加强对人均工资收入过高的图书出版社系统企业的调控，逐步缩小行业内部各企业间的工资收入差距。选取行业内管理经营、薪酬分配等各方面做得比较好的出版社作为改革试点，通过完善法人治理结构、加快人事制度改革、深化薪酬分配制度改革等措施，在行业内树立典型，通过典型引路，促进图书出版社系统薪酬制度改革的深化。要强化对图书出版社系统企业的评估，加强分类调控和管理。对于市场化程度高，企业法人治理结构比较健全且运转良好，企业内部各项管理比较完善的出版社，在薪酬总额管理上可以给予更大的自主权。对于主要凭借主管部门的资源优势获得效益，企业法人治理结构发挥不到位，内部管理制度尚不完善的企业，则应加大调控力度，充分发挥出资人的作用。

3. 加强对企业负责人薪酬的管理

第一，要深入理解中央关于深化中央管理企业负责人薪酬制度改革的意见精神，探索通过改革形成既有激励又有约束、既讲效率又讲公平、既符合图书出版社系统企业一般规律又体现出版文化国有企业特征的负责人薪酬管理模式。第二，要加强行业薪酬关系的统筹管理。要处理好文化行业企业负责人薪酬与其他行业薪酬关系，处理好文化行业内部各细分行业间的薪酬分配关系，处理好图书出版社系统企业内部不同效益、不同规模、不同产品、不同地域间的关系。处理好上市公司与非上市公司间的薪酬分配关系等。第三，建立与企业领导人分类管理相适应、选任方式相匹配的企业高管人员差异化薪酬分配制度，对于组织任命的按照国家有关规定确定其薪酬。对于市场化选聘的经理人，可参照市场价位由双方协商确定其薪酬待遇，并按照有关规定履行报批或报备手续。第四，要综合考虑当期业绩和持续发展，建立健全根据经营管理绩效、风险和责任确定薪酬的制度，对行政任命的国有企业高管人员薪酬水平实行限高，推广薪酬延期支付和追索扣回制度。第五，处理好企业负责人与职工间的收入差距，将差距控制在与产业发展阶段相适合的合理水平。

4. 提高薪酬分配的透明度

一是要提高负责人薪酬分配的透明度，将企业负责人薪酬分配制度、业绩考核办法和考核指标等向企业职工代表大会公布。同时，应将企业负责人员的薪酬分配情况、保险福利等情况纳入企业内部公开范围，接受职工监督。条件成熟时，应向社会公布，接受社会监督。二是进一步创造条件，将图书出版社系统薪酬总体情况纳入向全社会信息公开范围。通过提高薪酬分配透明度，加大社会监督力度，促进薪酬分配的规范化和科学化。

（二）积极推进出版企业内部薪酬制度改革

出版企业内部薪酬制度改革，重点应在以下几个方面推进。第一，要改革图书出版社系统企业的薪酬制度。要将传统的侧重职称、资历等以身份为主体的薪酬制度，改造为以岗位价值、实际业绩贡献为主导的现代薪酬制度，在企业内部确立新的价值导向。要将短期激励与长期激励结合起来，在时机成熟时，探索建立以股权、期权为代表的长期激励机制。第二，进一步优化图书出版社系统企业薪酬结构。将原有的基本工资、岗位津贴、绩效工资、奖金、年功工资、各种津贴补贴等重新进行整合，需要合并的合并，加大岗位工资和绩效工资的比重，将有限的工资总额充分利用起来，真正发挥激励的作用。第三，处理好薪酬分配关系。包括处理好年轻员工和资历长员工间的关系，既要承认老员工的历史贡献，也要让贡献大的年轻员工得到合理回报。处理好产品生产部门、经营部门、管理部门间的关系。既要突出编辑部门、营销部门的作用，也要适当体现管理和后勤服务部门的价值。处理好不同发展阶段间的薪酬分配关系。第四，建立工资正常增长机制。要建立员工工资随物价指数上涨和企业效益增长而提高的联动机制，进一步完善集体协商制度，充分听取职工的意见和建议，在企业经营正常且效益增长的年份，员工工资每年都能够获得一定幅度的增长，保证员工能够及时分享企业发展的成果。

（三）加快薪酬市场化步伐

首先要强化战略薪酬的理念，使薪酬分配体系与企业发展战略形成紧密的对接。其次要增强薪酬的敏感性，员工薪酬水平充分反映人才的市场供求状况，对于市场紧缺的人才，其薪酬水平应在行业中保持较强的竞争力。最后是要充分发挥第三方中介的作用，不断检讨企业的薪酬政策，借助外力，保持薪酬体系竞争力的不断强化和巩固。

（四）打牢薪酬分配的基础工作

一是做好岗位分析工作。现代企业人力资源管理是以岗位为基础的，为此，做好薪酬分配工作，首先要做好岗位分析工作，要根据企业发展战略分析各类岗位的性质、任务、职责、劳动条件和环境，以及员工承担岗位任务应具备的资格条件等，并在岗位分析的基础上制订岗位规范、工作说明书等人力资源管理文件。探索建立职位体系，按照职责相近、知识技能要求类似的原则，搭建不同的职业发展路径，为员工职业发展提供多向通道。二是做好岗位测评、岗位定编等工作。岗位测评是保证企业薪酬分配内部一致性的基础，岗位定编是保证人员精简高效的前提。三是做好绩效考核工作。绩效考核是做好内部薪酬分配工作最重要的环节，决定了员工积极性是否调动以及公司发展战略能否实现。要做好考核指标的选取、考核指标值的确定、考核结果的公开等工作，确保考核过程的公平公正，使考核制度形成对分配制度的有力支撑和促进。

参考文献

［1］柳斌杰：《"十三五"期间我国出版业的机遇与挑战》，《现代出版》2016年第1期。
［2］王秋林：《出版经济学教程》，上海辞书出版社，2014。
［3］范军等编《中国出版业发展报告（2014～2015）》，中国书籍出版社，2015。
［4］刘益：《我国出版企业组织结构变革的影响因素及其经营绩效研究》，中国政法大学出版社，2014。
［5］杨玲：《出版企业动态能力研究》，中国人民大学出版社，2016。
［6］国家新闻出版广电总局规划发展司：《中国新闻出版统计资料汇编（2016）》，中国书籍出版社，2016。

［7］杨海平：《现代出版业经营管理》，北京交通大学出版社，2015。

［8］沈东山、张小新：《出版企业财务管理专题研究》，华中师范大学出版社，2015。

［9］北京印刷学院文化产业安全研究院：《中国出版传媒产业安全报告（2015～2016）》，社会科学文献出版社，2016。

［10］郝振省等编《中国出版业发展报告（2012～2013）》，中国书籍出版社，2013。

［11］汪继祥等：《追梦之旅》，中国劳动社会保障出版社，2015。

［12］刘畅等：《我国出版集团竞争力综合评价体系研究》，浙江大学出版社，2016。

［13］范恒山主编《中国事业单位改革探索（上中下卷）》，人民出版社，2016。

［14］韩玉：《2015～2016美国出版业薪资调查出炉——收入最高的老总已被东家炒鱿鱼》，http：//www.bookdao.com/article/351867/。

［15］赵晓丽：《出版企业薪酬设计因素和原则》，《编辑之友》2010年第4期。

［16］高鹏：《关于出版社薪酬制度改革的思考》，《现代出版》2015年第1期。

［17］王四朋：《大学出版社薪酬管理创新研究》，《经营与管理》2011年第5期。

［18］刘凯：《论宽带薪酬在出版社中的应用》，《湖南社会科学》2004年第1期。

［19］雷永利：《转企改制后出版社薪酬与绩效分配体系构建探析——以陕西师范大学出版总社有限公司为例》，《出版发行研究》2012年第11期。

［20］吴曦：《出版业人才激励机制的建立与改进》，硕士学位论文，西南交通大学，2013。

Ⅴ 工资集体协商改革篇

经营困难企业工资集体协商的重点难点问题

王 宏[*]

摘 要： 当前，部分企业经营恶化、支付能力下降，用工总量萎缩，劳动关系双方在工资福利待遇、工时休假、再就业安置等方面的矛盾进一步激化。推动困难企业通过集体协商工作，引导劳动关系双方增进沟通谅解、和衷共济共渡难关具有现实意义。当前，应通过宣传，引导劳动关系双方正确认识协商的功能作用，扭转"逢谈必涨"观念；进一步细化分类，对暂时经营困难企业、关停并转企业给予不同政策支持与指导；继续发挥行业性区域性协商优势，促进企业互帮互助；引导困难企业协商重点进一步向约定工资延期支付期限、歇业停产期间待遇标准、暂缓增资以后补偿、职工安置和经济补偿金等聚焦。协商中应当落实党和国家要求，

---

[*] 王宏，人社部劳动工资研究所副研究员，主要研究方向为收入分配、劳动关系和企业人力资源管理。

主要依据劳动力市场、经济效益和劳动生产率等因素的变动趋势和相对关系合理决定工资。

关键词： 经营困难企业　工资集体协商　歇业期间待遇　经济补偿金

近期，受宏观经济形势和化解过剩产能的影响，我国部分地区、部分行业和部分企业出现了经济效益恶化、用工萎缩的现象和职工薪酬福利待遇下降、劳动权益受到损害、就业安置困难等问题。我国劳动关系矛盾已经进入凸显期和多发期，集体停工和群体性事件时有发生，推动困难企业通过集体协商来共渡难关、最大限度地减少不和谐因素具有现实意义。但在实践中，经营困难企业工资集体协商工作往往会碰到更多障碍和矛盾，很难发挥应有的作用。2015年，劳动工资研究所课题组就经营困难企业工资集体协商的重点难点问题进行了深入研究，得出了有价值的研究结论。现就研究成果总结如下。

一　困难企业经营、用工和劳动者权益状况

受经济下行、国家化解过剩产能政策等因素影响，全国部分地区、部分行业企业效益下滑，经营恶化。以河北省为例，根据河北省统计局公布数据，2015年1~9月，河北省规模以上工业企业主营业务收入和主营业务利润分别比上年同期下降4.4%和9.8%；其中亏损企业2391家，比上年同期增加19.6%；亏损额达到361.5亿元，同比增加29.4%。尤其是钢铁、水泥、煤炭、有色金属、化工等行业企业数量集中，普遍面临投入减少、开工不足、库存增大、利润下降或亏损局面（见图1）。再以高端餐饮行业为例，2012年年底以来，餐饮行业受经济下行、中央八项规定等因素影响，全行业收入增长放缓，成本压力加大，企业利润率摊薄[①]，尤其是限额以上企业

---

① 根据中国烹饪协会发布的《中国餐饮产业发展报告（2015）》，餐饮百强企业净利润率从2008年的13.37%大幅度下滑到2013年的4.4%，2014年小幅回升到4.5%。

严重受挫，高端餐饮生存困难。限额以上企业餐饮收入 2013 年增幅连续四个季度为负，2014 年四个季度的收入增幅也未超过 5%。全聚德、湘鄂情、小南国等上市餐饮企业营业收入和营业利润出现不同程度的下滑。其中，湘鄂情 2013 年全年营业收入同比下降 41.82%，亏损 5.6 亿元，于 2014 年年底宣布退出餐饮业。

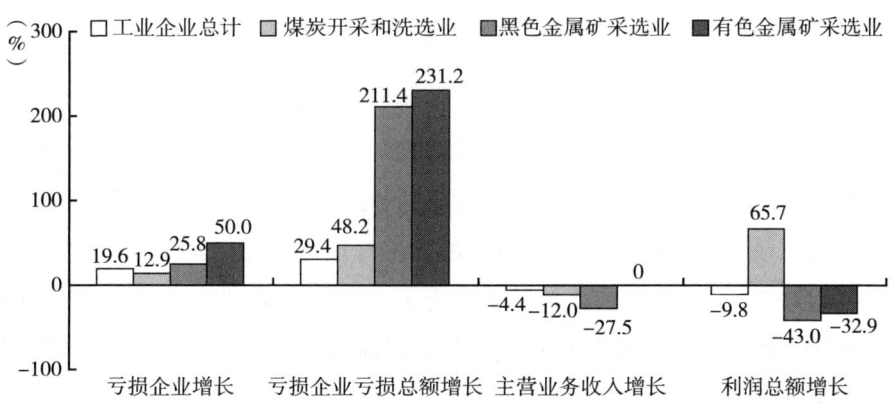

图 1　河北省 2015 年 1~9 月企业主要效益指标

经营困难企业用工量萎缩，产能过剩行业集中地区的职工安置压力加大。2013 年以来，一些高端餐饮企业通过调整用工结构，增加小时工、学生工、劳务派遣用工等灵活用工形式降低用工成本，有的持续关闭门店，导致用工总量萎缩，个别高端餐饮企业员工数甚至比上年减少 40% 以上。[①] 北京东兴楼酒楼受企业经营状况恶化影响，职工数量从 187 人缩减到 44 人。在产能过剩行业已经出现职工安置压力加大问题。河北省反映，在煤炭、钢铁、水泥等产能过剩行业压减产能、退市进郊、关闭污染源头过程中，就业岗位大幅度减少，带来职工下岗、转岗。邯郸武安市 2015 年两次淘汰落后产能集中行动涉及 6 家企业，拆除 8 座高炉，压减钢铁产能 330

---

① 中国烹饪协会：《中国餐饮产业发展报告（2015）》，中共中央党校出版社，2015 年 4 月第 1 版，第 26 页。

万吨,直接影响7110人。① 这些下岗、转岗职工大多数长期从事单一行业、年龄偏大、技能单一,再就业主要方向是餐饮、家政、保安、环卫等社会服务行业,很难找到稳定的职业,再就业面临难关。

困难企业职工权益难以保障,工资集体协商阻力加大。部分产能过剩行业企业,经营持续恶化,已经出现了职工工资下降情况。河北峰峰集团有职工3.7万人,在市场需求和价格双降的大环境下,采用"以收定支"的倒退成本策略,压减生产成本直至被迫减压人工成本,2015年1~9月职工平均工资同比下降了20.2%。河北邯郸矿业集团(以下简称"邯矿集团")2015年1~6月在岗职工月平均工资为3600元/人,比2012年减少1444元;4个直属单位欠发职工工资,其中阜平分公司欠发职工7个月工资。与此相关,还会出现企业欠缴社会保险费用的情况。保定市建工集团因效益问题欠缴养老保险3044万元、工伤保险200万元,职工权益难以完全保障。从调研情况看,经营困难工资集体协商工作难度加大,劳动关系双方协商积极性下降,协商进度有所推迟甚至中止。

二 困难企业集体协商中的问题与矛盾

从调研情况看,经营困难企业协商过程中问题较多,矛盾重重,工资集体协商工作难度加大。其中,既有集体协商普遍存在的"不愿谈""不敢谈""不实谈""不会谈""谈不拢",协商流于形式,协商主体代表性独立性不足等共性问题外,也有困难企业的个性化矛盾。这些个性化矛盾包括以下几点。

一是协商重要性上升,但主体参与热情下降。越是企业经营困难的时期,越需要劳资双方通过集体协商这个平台增进信任、加强了解,形成"利益共享风险共担"的共同体。但与开展协商的重要性上升形成对比的,是企业方和职工方参与协商的热情在下降,集体合同签订工作纷纷推迟甚

---

① 摘自《河北省总工会关于困难工业企业及其职工状况的调研报告》。

中止。武汉市餐饮业工资集体协商坚持了5年，是全国行业的典型和样板。2015年由于龙头企业小蓝鲸经营难以为继，职工人心不稳定，协商热情明显下降，签订集体合同比往年推迟了4个月。对已建会餐饮企业进行的问卷调查显示，有30.9%的企业2015年没有签订集体合同。当问及原因，有20.7%的企业主选择了"因为企业效益恶化，缺乏支付能力"，还有41.4%的企业主选择了"员工流动性大，不愿意与企业签订集体合同"。调查结果在一定程度上证实了企业经营困难，凝聚力下降，劳动关系双方在开展集体协商热情下降。

二是企业支付能力下降但员工增资期望值上升。我国劳动力市场从总体供大于求向结构性失衡转变，普通劳动者工资持续上涨，加上党和国家坚持"提高劳动报酬占初次分配比重、提高居民收入占国民收入的比重"以及"扩大中等收入群体比重"的分配导向。在这种大背景下，劳动者普遍对工资增长有较高预期。然而与此形成对比的是，企业经营困难、支付能力下降，一般希望缓涨或不涨工资，资金周转困难的企业还希望能够延迟支付工资。劳动者对工资增长的预期与企业经营恶化、支付能力下降形成矛盾。沈阳客运集团是沈阳市唯一国有公交企业，有职工7000人左右。2011年沈阳市第一次公交行业集体协商中，驾驶员、车辆修理工、调度员等主要工种最低工资标准分别上调45.6%、36.4%和31.8%。2012~2015年受多种因素影响，沈阳客运集团每年营业收入比2011年减少2000万元左右，每年增资成本则高达1800万元。2015年三年集体合同到期，企业想提出"工资下调"的要约，由于上次协商增资幅度较大，职工对工资增长有较高期望值，双方对于工资增长的分歧较大，出于稳定因素考虑，2015年没有企业继续开展集体协商，工资水平维持不变。建会餐饮企业问卷调查也显示[①]，48%

---

① 2015年9~10月，人力资源和社会保障部劳动工资研究所联合全国总工会保障工作部、中国财贸轻纺烟草工会联合组织开展建会餐饮企业经营者和职工问卷调查。调查范围为北京、河北、山西、辽宁、浙江、湖北、广东、海南、四川、陕西共10个省市的已建工会餐饮企业及其职工。企业样本和职工样本的抽选采用分层多阶段随机抽样的方法确定。本次调查共收集经营者有效问卷100份，员工有效问卷1201份。

的被调查企业经营者认为 2015 年劳动者工资水平与上年持平，34%预计有所增长，还有 18%预计有所下降。而对同样的问题，劳动者的回答相对乐观得多，41.7%的人认为会持平，50%的人认为会有所增长，只有 8.3%的人认为会有所下降。这个调查结果，反映出劳动关系双方对于工资增长的预期存在落差（见图 2）。

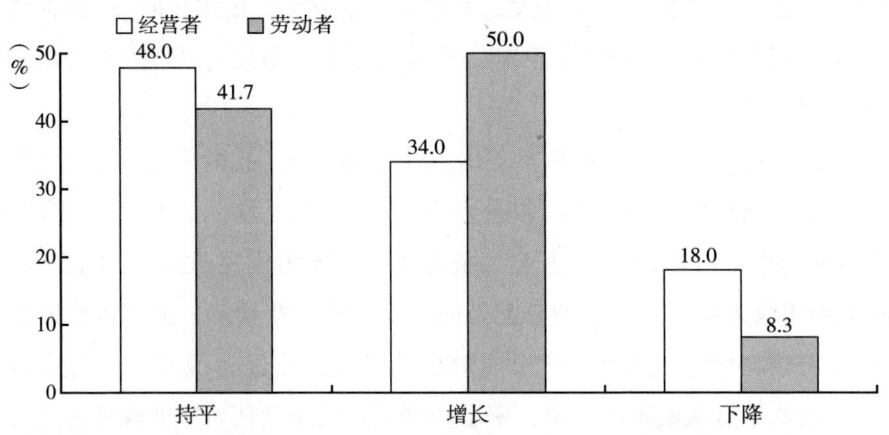

图 2　您认为 2015 年员工工资与上年相比将如何变动

三是双方在就业安置方面的诉求出现冲突。企业经营困难，业务量和收入大幅下降的，希望减少固定用工、增加临时用工来保持用工弹性、降低人工成本，情况严重的企业还会选择调整经营思路、压缩产能，关停分支机构等，造成职工转岗、下岗或者失业。职工则希望尽可能保留更多工作岗位，希望企业能够为劳动者转岗再就业提供帮助，或者支付更高的经济补偿金。在餐饮企业问卷调查中，关于"企业效益持续下降，您更倾向于在用工管理上作何种调整"这一问题，企业选择"裁减富余人员，保留骨干并维持工资不降低"、"尽量不裁员，轮班、培训或适当降低薪酬"和"降低高管工资，减少用人成本"三个选项的分别占 67%、42%和 38%，而劳动者回答分别占到 36.4%、81%和 75.5%，反映出劳动关系双方对裁减富余人员的看法有较大出入（见图 3），劳动者希望岗位稳定的愿望远远高于经营者。

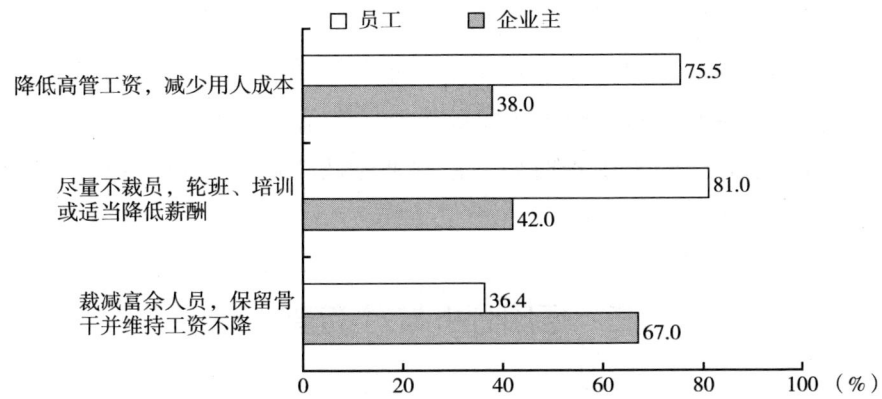

图3 企业效益持续下降，您更倾向于在用工管理作何调整

四是企业希望稳定骨干而核心人才流失严重。经营困难时期，企业希望稳定骨干员工，而有技术、有能力的劳动者则希望保留自由流动的自主权。这些骨干员工往往在企业非常有影响力，掌握核心技术、关键秘密、重要资源甚至能够影响一个团队的人心去留，有的还是职工代表要参加工资集体协商或职工代表大会。企业经营困难时期，骨干员工的流失会更加严重，给职工队伍稳定造成更大的负面冲击，给工资集体协商工作带来更多的阻碍，给企业经营带来更大的损失。

五是工时休假方面的矛盾更加突出。企业在效益下降时期除调整用工结构，增加临时性用工外，往往还会裁剪用工总量，延长在岗职工的工作时间或者增加工作班次来降低人工成本支出。由于效益恶化，企业不愿意或无力全额支付加班工资，造成劳动者工作强度加大但单位时间内的工资回报下降，也因此使劳动关系双方在工时、休息休假方面的分歧变得更加突出。

此外，福利补贴成为又一个分歧焦点。企业效益较好时期，为了提高劳动者的工作积极性和效率，在工资外还会支付多项津补贴。有的企业还向劳动者本人（或其家属）提供免费体检、免费食宿、免费班车、集体旅游、医疗补助、助学补贴等各种福利项目。这些补贴福利名目繁多，性质和功能复杂，缺乏统一规范，与劳动者的工作时间和成果没有直接对应关系，很多人将其视为工资外的额外福利。在企业正常经营时期，劳动者能够足额按时获得工资并且对工资增长有明确稳定的预期，因此对福利补贴的增减不那么敏感。而企业经营发生困难时，减少津补贴福利项目或者降低标准，就会对劳动者的生活质量甚至工作条件产生较大影响。因此，在企业效益恶化、经营困难时期，福利补贴政策的变化也会成为工资集体协商的另一焦点。

三 原因分析与对策建议

造成工资集体协商实效性不强，困难企业协商举步维艰的主客观原因和障碍很多，包括：一是宏观经济增长放缓，要素价格上涨，企业成本和经营费用居高不下，传统行业企业利润率受到挤压，部分行业产能过剩，亏损面不断扩大，企业支付能力下降影响其开展协商的内在动力；二是劳动力市场从总体供大于求向结构性失衡转变，同时劳动者整体素质不断提高，维权意识和维权能力提高，劳动利益诉求呈多元化趋势，增加了协商工作难度；三是劳动关系双方对工资集体协商的主观认识还存在偏差，"逢谈必涨"观念依然占据很大市场，企业怕被集体合同"捆住手脚"，劳动者怕用人单位报复，认为协商流于形式，有的宁愿选择"用脚投票"；四是法律法规有缺失，《工资集体协商试行办法》属部颁规章，法律层次低且未及时修订，且强制性不足，违法罚则不明确，现行法规对于协商代表的代表性、产生程序以及行业性、区域性协商的程序和效力等问题界定不清晰，在实践中造成了很多问题；五是主体建设相对滞后，工会管理制度和组织运行保障机制还没有完全理顺，代表企业方的行业组织缺失严重；六是协商中多采用在法定最低工资标准基础上加成、参考市场价位或根据企业效益确定工资，较多体现微观因素，对中宏观因素考虑不足，且没有体现国家政策方针要求，量化程度低，方法不尽科学；七是数据信息服务不到位，劳动定额标准缺乏统一规范，行业管理缺位，一些企业标准严重落后，劳动力市场工资价位和人工成本信息、工资指导线以及薪酬调查信息等重要信息服务落后现实工作需要。另外，社保缴费负担较重，养老保险未能真正实现跨地区转移，国有企业工资总额管理体制等对工资集体协商工作也有掣肘。

（一）总体工作思路

宏观经济环境和劳动力市场的变化提出了新要求、新挑战，也带来了新机遇，工资集体协商是增进劳资双方理解信任、构建和谐劳资关系，推动职工与企业和衷共济、应对挑战、攻克难关的有效手段。经济新常态背景下，经营困难企业开展工资集体协商工作必须顺应这些新挑战、新变化的要求，不能固守原来的思路和工作方式。

经济新常态下，推进困难企业集体协商工作的总体工作思路应当是：深刻认识当前客观环境背景，针对不同类型的困难企业分类提供指导和帮扶，以区域性、行业性集体协商为主攻方向，坚持政府主导、工会力推、企业与职工积极参与的工作方式，引导困难企业协商重点向"保岗位、保工资、建制度、增效益"聚焦，促进建立和衷共济、利益共享、风险共担的理念。今后随着经济、社会和劳动力市场进一步发展，通过宣传和引导转变观念，完善立法，逐步建立健全工资集体协商制度，使其真正成为工资共商共决、效益共创、利益共享的平台。

（二）近期工作建议

1. 转变观念，重新认识集体协商功能

通过加大宣传，引导各方树立正确的认识，即集体协商的基本功能不仅是维护劳动者权益的途径，而是劳资双方协商共决机制，是劳动关系双方沟通交流的桥梁，更是构建和维护和谐劳动关系、预防和缓解劳资矛盾的重要平台。通过集体协商，双方可以讨论甚至争论来决定和完善工资制度，调整和完善福利政策以及其他与劳动者工作、报酬相关的制度，劳动者可以畅通地表达意见诉求，企业方也可以通过这个平台使各项决策取得职工的理解支持。工资集体协商不仅仅是协商工资水平或工资增长，协商共同决定工资也不仅仅是单向的增加工资，必须通过宣传和引导，转变"逢谈必涨"的片面认识。在经济增长放缓、企业利润下降甚至出现困难的时期，工资集体协商应该更多发挥沟通桥梁、协商平台功能，引导企业更多承担按时支付工资、力争工资不下降、保留或寻求更多岗位的责任和义务，引导职工减少流动、献计献策降本增效和提高劳动生产率，促使劳动关系双方形成利益共同体、事业共同体、命运共同体。

2. 从国情出发，坚持中国特色的工作方式

我国的市场经济是社会主义市场经济体制，可以借鉴但不能照搬西方的经验。在这种经济体制背景下，在劳动力市场主体发育不健全、力量不对等的前提下，推动工资集体协商工作必须从当前的现实国情和阶段性特征出发，坚持党委领导、政府主导、三方协同、工会力推、企业与职工积极参与的工作方式。在具体的要约、协商、备案、监督检查等环节既要充分发挥劳动关系三方机制的作用，又要做到依法行政、依法推进，三方各司其职，按照法律法规要求的程序开展工作。工作重心应当从简单的"扩面建制"转到"提质增效"上来，通过加强职工方代表的选配和保护、激发职工参与热情，提高职工满意度和效率，增强协商工作的针对性和实效性。

3. 进一步发挥行业区域协商优势，促进企业互助

鉴于当前"一村一品""一镇一品"的特色经济模式日益普遍，针对企业规模小、职工人数少、工会组织化程度低的行业，仍然要将行业协商和区域协商作为重点形式和主攻方向，针对劳动定额、工时标准、工资保底线等共性问题开展行业工资集体协商，一方面发挥行业集体协商层次高、社会成本低、范围广的优点，解决小微企业协商难问题；另一方面可以增加上下游企业、同业企业之间在业务互补、经验交流、职工安置等方面的互助措施，帮助困难企业渡过难关，维护职工权益。

4. 内容聚焦，提高协商针对性

结合基层工作中的有益经验，通过深入思考，并经过问卷调研的检验（见图4），困难企业工资集体协商重点应当包括以下几点。

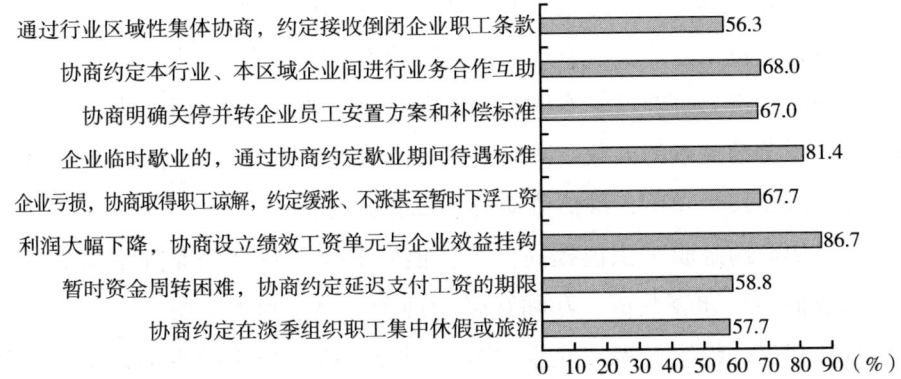

图4 经营困难时期通过集体协商下列措施能否促进企业生存发展

一是协商约定企业在经营淡季可以组织职工集体休假或出游，休假期间待遇不变，从而维持员工稳定。

二是协商约定工资延迟支付的时间界限。对于经营困难、资金暂时紧张，确实需要延迟支付工资的企业，可以通过集体协商取得职工谅解，明确延期支付的时限，给企业周转时间。

三是协商约定在工资暂时缓涨、不涨甚至暂时下浮，待企业经营好转后予以补偿。

四是通过协商调整工资结构和工资制度。如设立浮动工资单元，实现工资与企业效益浮动；确保基本工资不降低，同时增加工龄工资单元或标准，增加员工稳定性；在条件许可时可以探索建立利润分红、"身股制"等利润共享机制，将员工与企业长远发展紧密结合。

五是通过协商确定企业暂时停产、歇业整顿等特殊情况下的工资福利待遇标准。出现实际业务量过低、未达到企业盈亏平衡点，企业选择暂时歇业、装修或者重整的，可以通过集体协商明确，职工在临时歇业期间的待遇标准（例如一个月内按原岗位工资的80%发放，超过一个月的按不低于本地区最低工资标准支付），同时约定是否继续提供免费食宿等福利待遇。

六是协商讨论职工分流安置方案。对于企业经营非常困难需要关闭、兼并重组或者转产的,可以通过企业内部集体协商或者区域性、行业性工资集体协商,讨论员工分流安置方案和解除劳动关系的补偿支付标准,在本集团内部、兼并重组方企业或者本区域、本行业内部创造工作机会,尽可能降低裁员或解除劳动关系的人数,同时根据法律法规或国家政策明确补偿金标准和列支渠道,减少矛盾,维护劳动关系和谐稳定。

七是协商约定职工积极提高劳动技能和效率、帮助企业降本增效的内容。积极倡导"和衷共济、互利互赢"理念,企业和工会组织开展降本增效合理化建议,组织开展"企业为我保岗位,我为企业做实事;企业为我保工资,我为企业增效益"活动,确保企业稳定经营,增加企业效益,形成职工与企业利益共享、风险共担局面。

5. 细化分类,加强政策支持与指导

一是在现有税费优惠政策基础上,加快研究出台降低养老保险、医疗保险以及住房公积金等缴费的政策,切实减轻企业负担,帮助企业尽快走出困境。

二是对因国家产业政策调整等因素造成的企业经营困难、关停并转等,政府部门应当在落实稳岗补贴政策基础上,重点就职工分流安置以及促进企业重整兼并等大的方面予以支持。

三是对于暂时性经营困难的企业,可以鼓励行业内或区域内抱团,鼓励上游企业优先与下游企业合作,鼓励效益较好企业向困难企业分包业务,指导困难企业职工与企业和衷共济、共同渡过临时性困难。

四是对于企业确实经营不善需要关停并转的,要指导双方依照法律法规和国家政策,在企业经济承受能力范围内就经济裁员、职工安置分流、解除合同、经济补偿等内容进行协商。严格协商程序、协商成果合理合法,要避免企业业主恶意欠薪损害职工利益,也避免职工期望值过高超出其业承受能力,造成劳资矛盾激化。

五是对于实行工资总额管理的国有企业,指导其就企业内部分配制度、分配形式和分配差距进行具体协商,增强协商的实效性,发挥民主参与决策作用。

6. 加大技术服务,提高方法的科学性

针对工资集体协商中,确定工资的参考因素不统一,测算方法粗放不科

学问题，有关部门可以提供指导，提高测算方法的科学性、权威性和认同度，促进工资集体协商工作顺利开展。

一是按照《中共中央国务院关于构建和谐劳动关系的意见》（中发〔2015〕10号），中共中央、国务院《关于深化国有企业改革的指导意见》（中发〔2015〕22号），国务院批转发展改革委等部门《关于深化收入分配制度改革若干意见的通知》（国发〔2013〕6号）等文件关于"建立健全与劳动力市场基本适应、与企业经济效益和劳动生产率挂钩的工资决定和正常增长机制"的要求，树立工资决定和增长应当与劳动力市场、经济效益和劳动生产率三大要素相适应的原则（见图5）。

二是找准反映三大要素的指标。劳动力市场因素包括劳动力市场供求关系和劳动力市场价位两个方面，前者用招工难度反映，后者可以用政府公布的劳动力市场工资指导价位或者行业、企业自行组织的市场调查数据反映；企业经济效益因素，可以用"利润"①"利润率""收入"②等指标及其变动情况反映；劳动生产率因素，可以用"就业人员人均营业收入"或"人均餐饮收入"等指标及其变动情况来近似反映。根据上述指标在不同时期的纵向变动情况，在上年数据基础上增（减）确定今年工资；用上述指标在行业、企业、地区间的横向对比情况，来反映行业、企业和地区差异，根据实际情况确定本企业工资。

三是在行业性区域性协商中，可以根据劳动力供求、工资价位、经济效益和劳动生产率确定工资支付的最低标准（见图6）。

四是可以参照政府工资指导线政策，根据劳动力供求、经济效益和劳动产率确定工资增（减）幅度（见图7）。

五是可以根据收入水平和消费能力体现地区差异，根据规模、效益和劳动生产率相对水平体现企业差异（见图8）。

---

① 从统计和财务角度，利润包括营业利润、利润总额、净利润或利润率等指标。
② 从统计和财务角度，收入包括营业额，主营业务收入等指标。本办法选择主营业务收入来反映企业收入状况。

图5 协商中计算确定工资的总体原则

图6 计算确定工资支付最低标准的方法

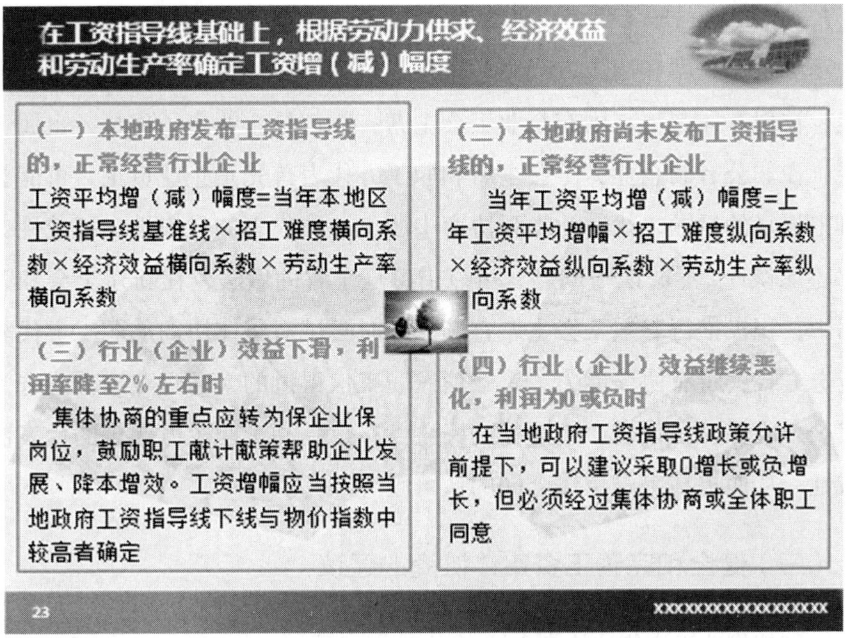

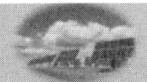

在工资指导线基础上，根据劳动力供求、经济效益和劳动生产率确定工资增（减）幅度
（一）本地政府发布工资指导线的，正常经营行业企业
工资平均增（减）幅度=当年本地区工资指导线基准线×招工难度横向系数×经济效益横向系数×劳动生产率横向系数
（二）本地政府尚未发布工资指导线的，正常经营行业企业
当年工资平均增（减）幅度=上年工资平均增幅×招工难度纵向系数×经济效益纵向系数×劳动生产率纵向系数
（三）行业（企业）效益下滑，利润率降至2%左右时
集体协商的重点应转为保企业保岗位，鼓励职工献计献策帮助企业发展、降本增效。工资增幅应当按照当地政府工资指导线下线与物价指数中较高者确定
（四）行业（企业）效益继续恶化，利润为0或负时
在当地政府工资指导线政策允许前提下，可以建议采取0增长或负增长，但必须经过集体协商或全体职工同意
23
XXXXXXXXXXXXXXXXXX

图 7　计算确定工资增（减）幅度的方法

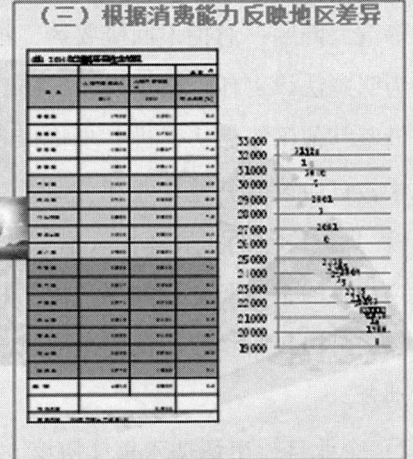

根据市场消费能力、规模、效益、劳产率体现企业和地区差异性
（一）在行业协商中根据规模、效益等指标分类分档确定工资水平
最高和最低档次之间的差距，主要参考市场价位实际情况，在2-4倍之间确定
（二）企业考虑自身效益和劳产率相对水平决定工资
本企业某岗位工资水平=同类企业同岗位工资水平×本企业效益横向系数×本企业劳动生产率横向系数
（三）根据消费能力反映地区差异
24
XXXXXXXXXXXXXXXXXX

图 8　根据企业差别和地区差别计算工资的方法

7. 创新工会与职工代表产生途径，提高代表性

基层工会主席和职工方代表，是在工资集体协商程序中职工利益的直接代表。在现有体制下，国有企业工会主席一般都是企业班子成员，也属于经营层，在非公有制企业，工会主席和职工方代表首先是企业员工，可能会有怕打击报复的后顾之忧。为增强协商中职工一方代表的代表性、权威性，解决"不愿谈""不敢谈"问题，可以借鉴辽宁省的做法，在新建工会和工会换届中，积极推行基层工会主席直选；同时尝试对集体协商的职工方代表采用竞选方式，将有协商能力、有威信、职工信得过的人通过竞选方式选为职工代表，既保证了代表产生途径的民主性，也提高了职工方代表的代表性和权威性，从而提高工资集体合同的认可度。

（三）健全和完善工资集体协商的建议

1. 继续推动工资集体协商立法

加快国家层面的立法进程，进一步规范协商主体的产生程序、代表性等问题；进一步明确协商主体的义务与责任，明确协商程序；研究回答行业性、区域性、企业集体协商的关系，工资集体协商机制与工资总额管理体制关系等重大问题；对拒不回应要约、拒不提供证实材料、拒不履行集体合同等行为明确法律责任，制定处罚措施。

借鉴其他国家做法，进一步将行业性、区域性工资集体协商成果扩展适用到未签订协议的其他企业和劳动者，具体可以采取两种方式。

1）集体协议的扩展适用。借鉴德国、保加利亚和韩国的法律，在受集体协议约束的企业职工达到一定比例时，由协议双方或一方提出申请，劳动行政部门可以宣布将该协议的全部或部分内容扩展到行业或区域内相关企业和劳动者。

2）企业自行申请加入集体协议。集体协议签订后，企业自行书面申请加入集体协议，并向劳动行政部门备案，可以直接认定为被集体协议覆盖，可以不需要进行二次协商。

2. 推动主体建设，完善协商程序

一方面，进一步加强工会体制改革以及内部制度建设，增强工会的代表性和独立性，理顺地方工会与产业工会的关系。同时培养选聘懂法律政策、能代表职工、会维护权益、善于协商协调的工会干部或职工代表。在这一方面国家已经有所考虑和布局。2015年11月9日上午中央全面深化改革领导小组第十八次会议已经通过的《全国总工会改革试点方案》总体方向是"从群众需要出发开展工作、深化改革，眼睛向下、面向基层，改革和改进机关机构设置、管理模式、运行机制，坚持力量配备、服务资源向基层倾斜"。

另一方面，对于企业自发形成的行业自律组织应当予以支持，发挥其在核算劳动定额标准、行业自律、相互扶助等方面的功能。在企业方的行业组织缺位时，可以采用"以上带下、以上参下，协商上提，而签订协议下移"的方式，但协商主体的选举、协商程序以及集体合同的签订都要严格按照法律程序和规定，提高协议的合法性、权威性和实效性。

3. 持续改进信息服务职能

进一步加强和完善企业薪酬调查数据、人工成本数据等信息发布服务职能，逐步解决覆盖范围窄、分类较粗、信息滞后等问题；积极探索履行劳动定额管理的途径和方法，发挥行业组织和工会组织的积极作用，为工资集体协商奠定良好的基础；完善工资指导线制度，提高政策的精准度，特别是在针对经营困难行业、企业的工资调整幅度出台针对性意见，为工资集体协商提供服务支持。

参考文献

[1] 刘燕斌主编《国外集体谈判机制研究》，中国劳动社会保障出版社，2012。

[2] 王霞：《工资集体协商与利益共享机制》，社会科学文献出版社，2015。

[3] 谭浩：《集体谈判的相关理论综述》，《首都经济贸易大学学报》2005年第5期。

［4］蔡彤：《工会与集体谈判理论研究述评》，《经济学动态》2009年第6期。

［5］张胜辉：《希克斯工资谈判模型对我国工资集体协商的启示》，《职大学报》2009年第4期。

［6］任小平、许晓军：《劳资博弈：工资合约中的制度救济与工会行为》，《学术研究》2009年第2期。

［7］谭新华：《基于经济学视角的工资集体协商探析》，《河北企业》2011年第11期。

［8］杨冬梅：《加强工资集体协商立法的几点思考》，《中国工人》2011年第10期。

［9］《河北省总工会关于困难工业企业及其职工状况的调研报告》，2015。

低收入劳动者工资权益保障研究

杨艳玲*

摘　要： 低收入劳动者处在各个生产、服务一线，承担着繁重的生产、服务任务，是社会直接创造财富的人。近年来，国民经济迅猛发展，整体与人均职工工资都随之明显增加，相比之下，部分低收入劳动者因为一些自身、社会的因素影响，在工资权益方面经常受到侵犯，作为一个弱势群体其工资权益的保障仍然是个不可忽视的突出问题。当前，我国低收入劳动者通常通过付出自己的劳动，取得相应的工资性收入。对每一名劳动者来说，其基本人权之一就是工资权益，他们的生存和发展都与此休戚相关。

关键词： 低收入劳动者　工资权益　工资水平谈判权

一　低收入劳动者工资权益保障的内涵和内容

（一）工资权益的内涵

在研究低收入劳动者工资权益保障问题前首先要弄清楚什么是权益，德国法学家耶林最早指出了权益的内涵，在他看来，权益即为权利与利益之和[①]，二

---

* 杨艳玲，人社部劳动工资研究所研究二室助理研究员，主要研究方向为劳动关系、工资收入分配和企业人力资源开发管理。

① 肖梦瞾：《比较法视野下劳动者工资权的法律保障》，《华中师范大学研究生学报》2014年第2期。

者是紧密相连的。耶林通过结合实用主义与功能主义，引导着人们开始关注隐藏于权利后的利益，并强调利益只在法律法规认可同时为后者提供保障之下，才能称为权利。

所谓工资权益，指的是劳资双方事先平等地商定了工资水平，劳动者履行完应尽的劳动义务后有权要求用人单位支付自己应得的工资报酬并自由支配。究其性质，主要表现在，第一，基本人权。人们劳动的目的在于获得与之对应的物质利益，即工资，不然就难以维持自己的正常生活，人也就无法存在。第二，其属于一项基本劳动权。劳动权分广义和狭义两种，前者囊括了所有受宪法与劳动法保障的关乎劳动的权利，后者专指劳动者就业择业的权利，获取劳动报酬的权利也可归为此类。我国的《劳动法》具体阐明了广义劳动权，所以工资权可视为合法的基本劳动权。第三，生存权与发展权。公民借由劳动权获取财产并实现自己的价值，完成对自我的提升和完善。第四，债权。工资权拥有如下几点与债权相符的基本特征：主体特定性，劳动者和用人单位双方，均为特定；效力性质的请求，法律赋予劳动者权利，要求用人单位支付酬劳；效力范围的相对性，劳动者行使该权利的对象只能是接受了自己劳动的特定用人单位。

（二）工资权益保障的内容

根据行使顺序的先后，可以将劳动者工资权益具体分为如下四部分内容。

1. 工资水平谈判权

谈判权也分个别和集体两种，前者特指劳动者个人与工作单位针对工资高低与发放形式进行谈判并达成协议的权利，一般来说，如果劳动者和用人单位签订了合同，并涉及工资，那么就业单位就要按照合同中约定的工资进行履约，但劳动者和就业单位通常在履约过程中，对工资的范围和劳动者等价交换的劳动产生争议，通常劳动者并不能占据丝毫优势，除非其拥有较为特殊的技能，不然根本无法全面捍卫该项权利。集体谈判权，顾名思义，劳动者为了自己的利益不受伤害而组成力量更强大的集体,借由组织或代表来和用人单位谈判工资高低与发放形式的权利。

2. 工资获取权

工资权的本质正是在于获得并持有工资,其主要包括三方面的内容:一是劳动者已经根据用人单位的要求付出了自己的劳动,这是此项权利的前提,即工资是基于雇工关系所产生,工资不能在雇佣关系之外;二是最低限度保障权,工资权具有一定的生存权属性,劳动者作为弱势群体,国家要保障其基本生存能维持下去;三是工资增长权,劳动者通过自己的劳动给用人单位创造了经济价值,分配利润时劳动者也有份。

3. 工资支配自主权

劳动者有权自主占有、使用、支配及处置自己劳动所得工资,任何人不得干涉。如果劳动者不能绝对自主地支配自己的工资,那么其生存和发展权也将得不到保障,工资权的其他内容也将失去意义。

4. 工资支付请求权

该权利可视作债权请求权的一种,可细分为三种:首先,只要劳动者依法或如约付出了符合要求的劳动,那其就有权要求用人单位准时准额以货币形式支付其工资,且不能在最低工资水平以下;其次,出现特殊情况,如遭遇工伤,企业停产等,就算劳动者因此而无法再付出劳动,法律同样赋予其要求工资的权利;最后,如果用人单位拖延、扣留或拒付工资,劳动者有权要求其提供工资及利息。上述三类权利中,劳动者最渴望自己的第三项权利能切实拥有保障。

二 低收入劳动者的辨析

(一)低收入劳动者概念区分

低收入劳动者不同于贫困人口、低收入群体/家庭和城镇低收入群体等概念。

1. 低收入与贫困人口的区别

就标准而言，低收入与绝对贫困是两码事，二者虽然关系紧密，但并不相同，通常来说，前者的相对标准在后者的绝对标准之上。在文献收集过程中发现，很少有研究不是用的"低保"标准，以至于国内关于低收入与贫困二者的研究总是不分彼此，当前最新的文献著作也显示，国内学术界大多不曾将二者明确区分开来。学者樊平[1]专门比较了二者异同，发现了诸多相似之处：人均生活费不高，无论是基本的生活需求还是生活质量又或者社交均落后于平均水平；差别在于，前者拥有一定的劳动能力，只是未能占据有利的投资或就业地位，劳动所得的薪酬较低，能用个人作为最小单位来计量；后者既包括了少数前者，又包括了那些没有劳动力或固定收入来源的无业、失业人员，多以家庭作为最小单位来计量。出于严格区分二者的考虑，有一些研究在度量前者时选用了相对标准，比方说，国家统计局宏观经济分析课题组（2002）就曾将最低20%收入阶层的人均消费水平当作标准来判定哪些人属于低收入群体；学者钱津[2]所用的标准是城镇平均工资水平；而孟昕等人则同时用到了绝对与相对两套标准，然后适当拓展了常用的"基本需求成本法"。

2. 低收入劳动者与低收入群体的区别

从外延上来看，低收入群体包含了农民、城乡贫困人口、企业退休人员和低收入劳动者，其外延最大，贫困人群和低收入劳动者都属于低收入人群。因此，课题研究的低收入劳动者是低收入群体的一部分。低收入劳动者主要是指企业中工资收入偏低且以工资为主要收入来源的在岗职工。其分析是以个人为单位，而不是家庭。因此低收入劳动者属于相对性的概念，反映的是劳动者的个人收入水平未能跟上大众水平（即人均或中等偏上收入水平）。从定性的角度来看，低收入劳动者主要是指企业中工资性收入为主要来源的。因此本课题所指的保障主要是个人的工资性收入，而不是家

---

[1] 樊平：《中国城镇低收入群体——对城镇在业贫困者的社会学考察》，《中国社会科学》1996年第4期。

[2] 钱津：《关于低收入问题研究》，《经济学动态》1996年第8期。

庭型收入。

综上,借鉴低收入劳动者和低收入群体的区别,本报告在这里提到的是低收入劳动者,侧重于对其工资性收入高低的界定,与我们经常提及的低收入劳动群体有不同,后者侧重于居民可支配性收入或者家庭可支配收入的界定。关于低收入劳动者无论是从就业还是工资数据两方面都没有直接的统计数据进行界定,但是对于该篇报告低收入劳动者的界定是一个重要的组成部分,因此,在这里要先界定低收入劳动者这类群体,其就业和工资的基本情况如何。

(二)低收入劳动者划分方法

1. 国外对低收入劳动者划分方法

前面已经提到,收入高低是相对而言的,因此没有哪一个地方或时期不存在低收入人群。再发达的国家也会有那么一些相对收入不高的人。尽管低收入群体的存在是一个普遍现象,但以什么标准来判定却是各国有各国的特色,一般都是视自身实际情况得出(见表1)。

表1 关于"低收入劳动者"标准的主要观点

来源	方法依据	口径
世界银行(2012年)	在745美元以下的为低收入国家,746至2975美元为中下收入国家	人均国民收入(GNI)
国际劳工组织(2010)	确定低工资群体为所有劳动者工资中位数的2/3以下人群	工资中位数
欧盟委员会	用平均工资的75%作为衡量最低工资群体的标准	平均工资
日本劳动政策研究所(2009)	低于法定最低工资标准和相当于法定最低工资标准的1.05、1.1、1.15等标准界定	最低工资标准
德国劳动力市场和职业研究所(IAB)	德国低收入劳动者为每小时工资低于9.54欧元	小时工资
统计部门	绝对值法:将总平均收入的一半或三分之一作为判定标准	总体平均收入
	比例法:依据住户人均收入排序,将排在前5%、10%或20%的住户划为低收入户	人均收入

续表

来源	方法依据	口径
亚洲银行《亚洲和太平洋地区 2010 年关键指标》	贫困线拓展法：按比例扩大贫困线，可能是 115%、125%，也可能是 135% 或 150%	贫困线拓展
国家统计局宏观经济分析课题组	将最低 20% 收入阶层的人均消费水平当作标准来判定哪些人属于低收入群体，在该标准之下即属于低收入劳动者	收费支出
国家统计局	三分法：考察完相关人群收入后，将他们依收入分为低、中、高三类，第一类人群的住房完全依赖政府解决，第二类人群同时依赖市场与政府，第三类则完全通过市场	人均可支配收入
	五分法：同样是先考察一部分人群的收入，但将他们分成了五类，分别是：低收入、中下收入、中等收入、中上收入、高收入；假定五类人各占总人口的五分之一	人均可支配收入
国家统计局《中国统计年鉴》	七分法：按各家庭收入高低分作：最低、低、中低、中、中高、高和最高七等，前两类与后两类各占总人口的十分之一，中间三组则各占五分之一。这种划分方法要用到两大指标：人均年终总收入，人均可支配收入。需要指出的是，城镇居民家庭收入包括其所有的实际收入，含经常或固定所得与一次性所得；可支配收入要在全部收入中减掉个人所得税部分，加上各种补贴津贴	人均可支配收入

2. 国内对低收入劳动者的界定

国际上通用的那一套划分标准在中国也获得了一定的沿用，具体判定哪些人属于城镇低收入群体时会从三方面入手。首先是相对标准，根据收入高低排序，选取某一比例作为分界线，可能是前 5%，也可能是前 10% 或 20%。基于此类界定，可通过两种以上的办法来具体计算：一是将完全的相对收入家庭作为标准，将中间值的相对贫困标准 50% 作为界限，在其之下即为贫困群体；二是按家庭收入从低到高分成五个等级，算一下排在前

20%的家庭所拥有的收入占到了全部家庭收入的多少，以此反映贫困程度。中国国家统计局在界定低收入群体时大多选用的是第二种办法，实际分类时可能是分五类，也有可能是分七类、九类等，以五分法最为常用。具体操作是先考察一部分人的收入，接着依据收入高低将其分作：低、中下、中等、中上和高五等，假定这五类人各自占到了总人口的五分之一，这样就能直接地看出整个低收入人群大约年收入。其次是制定地区和城市的最低工资标准，并以此判定低收入人群；有时候干脆就将总体平均收入的一半或三分之一划为界限，低于该界限即属于低收入人群。最后是基于个人的最基本生活需要来计算其所需收入，此即为贫困线，收入达不到此线的人就属于低收入者；有时候贫困线会被适当扩展至115%、125%、135%甚至150%不等。

3. 低收入劳动者研究路径选择

（1）定量角度的分析研究

综上，虽然对低收入劳动者界定不具备国际通行的办法，但是结合国内外的各种对低收入劳动者划分标准的情况可归纳一下，划分低收入劳动者的方式有以下三种：一是绝对标准，只要是个体收入低于某个标准即划分为此类；二是相对标准，采用排列法把所有居民按收入由低至高地加以排列，而最低的比例则属于低收入类别；三是贫困线拓展法，按照比例把贫困线扩大，扩大倍数不等。我国统计局对可支配收入采取相对标准来确定低收入组的，但是对于工资性收入在国家层面无任何相对标准来进行收入等级的分组，综合考虑各种划分方法，结合实际，本课题参考相对值法对低收入者采取测量并取得数据，年均收入与本地城镇职工平均收入相比不足50%的职工为低收入劳动者，这种算法也是为了方便与最低工资标准、城镇单位在岗职工平均工资和个税、社保的计算基数进行比较和探讨。同时，这部分人群主要是指企业的一线职工，不含公务员、事业单位职工和企业离退休人员[1]（参照表2）。

---

[1] 王霞：《工资集体协商与利益共享机制》，社会科学文献出版社，2015。

表 2　2005~2014 年我国低收入劳动者工资上限标准

单位：元/年

年份	城镇单位就业人员平均工资	低收入劳动者工资上限
2005	18200	9100
2006	20856	10428
2007	24721	12361
2008	28898	14449
2009	32244	16122
2010	36539	18270
2011	41799	20900
2012	46769	23385
2013	51483	25742
2014	56360	28180

注：根据《中国统计年鉴 2015》计算整理。

（2）定性角度的分析研究

随着改革深入，具有中国特色的市场体系已初步建立，目前处于健全和完善的状态之中，虽然我国经济发展迅速，但由此而引发的社会深层矛盾也日趋严重，其中不同阶层之间的矛盾占较大比例。如果按照经济标准来划分可以分三个层面，即高收入阶层、中间阶层、低收入阶层。在我国低收入劳动者的人数较多，属于低收入阶层的一部分，主要源于一部分为中小微企业，其构成人员为农民工；另一部分为国有企业的下岗、失业职工；还有各类企业从事生产一线的普通职工和劳务派遣工。这些低收入劳动者构成了初级劳动力群体，这部分群体的特征是作为劳动者具有劳动能力，但技术含量不高，以简单型的劳动为主，如果劳动力市场是金字塔，那么低收入群体技能和技术都位于最底端。

三　低收入劳动者工资权益保障的相关制度和法律

从其他国家的情况可以看到，国际上对于低收入劳动者工资权益保障是非常重视的，采取各种不同的方法、制度、法律来加以保护，下面详细说明。

（一）构建最低工资制度

首先，最低工资标准是确保低收入劳动者最低工资水平不偏离目标的重要手段，也是解决不同决策意见分歧的重要依据。国际劳动组织章程规定，作为会员国的一个目标，凡批准本公约的会员国都要做出积极反应，实施必要的监督和制裁方法来保障最低工资率的执行，保证在适用最低工资率的岗位所给付劳动者的工资必须达到最低工资率的要求，国际劳动组织第135号建议书中也明确提出制定最低工资的目的，即为了低收入劳动者获得可容许的最低水平的工资所需要的社会保障。该制度包括：维护低收入劳动者和家庭赡养者最低生活水平，所得收入能够支付基本生活的费用，同时可以满足社会需求，尤其是对经济发展以及社会稳定方面起到积极作用，对于提高劳动者的综合素质也起到重要作用。

其次，为了保障最低工资制度的可行性，不同成员国都对法律规制、机构和程序设置以及使用人群做了规定。第一，为最低工资制度制定了相关法律，例如，美国在1938年制定的《公平劳动标准法》（FLSA）中对最低工资制度的相关法例和法案进行了规定，而且基于经济形势的改变进行了多次的修订。第二，设置最低工资的制定机构和程序。例如，英国最低工资方面由"低薪委员会"制定，并由9名成员组成，分别具有雇员、雇主和学术背景。根据《全国最低工资法》负责每年向政府就最低工资提供独立的专业咨询意见。此外，还要确定最低工资的人群结构问题，英国在1998年所颁布的法案明确规定适用最低工资的个人需要具备以下三个条件：一是工人身份，二是处在正常工作的状态中，三是年龄限制，只对超过上学年龄的成年人有效。英国还对不适用最低工资标准的人群做出详细规定：一是涉及行政与刑事保护，在《确定最低工资并特别考虑发展中国家公约》中对此有明确的说明，再次明确最低工资制是具有法律效力的，任何人和机构不得擅自更改和降低，对于拒不执行此标准者，应给予适当刑罚或其他制裁；二是民事司法保护，《确定最低工资制定办法公约》中有明确的规定，对于适用最低工资的人群，工资支付如果低于工资率的人，可以通过司法或其他合法方式以及途径追回缺少的部分，需要注意的是民事追究是有时限性的，需要在法律所规定的时间之内采取措施追回。在现实中，法律保护措施是效果最高的，也最具可操作性的。2014年，我国国民经济在新常态下保持平稳运行，有19个地区根据本地发展情况对最低工资标准做出不同幅度的调整，增长幅度的比例已达到14.1%，全国有23个地区构建了工资指导线，从工资增长基准上看大约在12.4%，这些政策措施也为工资水平继续增长奠定了基础。

（二）集体协商制度

集体协商制度也被称为集体谈判制度，国际劳工组织所制定的集体谈判公约中对此是这样阐述的，指的是雇主、雇主团体或一个以更多的雇主组织与一个或更多的工人组织所发生的谈判活动，谈判有明确的目标，核心内容是对工作条件和就业条件进行商议，对雇主和雇工的关系加以协调，同时加强对雇主组织和工人组织关系的协调。

外国对集体协商的实践，主要从四个方面进行了建设。一是确定了工人与雇主享有平等的地位。例如，日本《工会法》体现了日本职工拥有"结社权"、"集体谈判权"和"争议权"。其中第七条还规定："资方不得无正当理由而拒绝与劳方代表进行集体谈判"。二是订立集体谈判的专项立法。不同成员国通过立法对集体谈判的地位、内容、程序以及集体劳动争议的处理作出规定。从立法形式上看分为四类[①]，一是制定单项的法律法规，例如德国的《劳资协议法》则对工会和雇主组织从法律上对其地位有明确的规定，对谈判规则有详细的说明，尤其涉及集体合同的起因、内容、程序等环节必须规范的进行，德国把集体谈判和集体合同纳入法制化、规范化的轨道中来；二是在拉丁法典等基本法中设置集体协议的专章，例如《俄罗斯联邦劳动法》和《美国国家劳动关系法》；三是在工会法中进行规定，例如日本的《工会法》《哥伦比亚工会法》；四是在宪法中明

---

① 国家工商总局个体私营经济监管司和中国个体劳动者协会：《中国个体私营经济与就业关系研究报告》2015年10月27日，来源：经济日报。

确集体谈判的法律地位和主体权利,例如葡萄牙、意大利。三是规定扩展集体合同效力的方式。例如一些国家工会的组织率并不高,但是集体谈判的覆盖率相当高,这是因为其集体合同的效力可以"扩展"或"放大"。以法国为例,集体合同的有效范围通常是通过广泛采用的扩展程序决定的。在劳动部和国际集体谈判委员会协商一致并发布执行命令后,某一行业的集体合同就可以扩展至该行业内未参加集体谈判的或非雇主组织成员的企业。四是工会发挥有力的推动作用。工会的目的在于维护工人的合法权益,为了实现这一目标,各国工会在集体谈判中要不停地探索实践。

(三)工资优先权制度

工资优先权的目标是对劳动者权利实施保障,用人单位如果面临破产或者清算时,劳动者在此之前所获得的工资可以享受到优先偿还的权利,这是为了维护劳动者合法权益而设立的规定,以此来保障因为单位破产或清算不得不重新寻找就业机会的劳动者的生存权。公约规定了劳动者在企业破产清偿时可以享有的补偿,并详细规定了工资优先权的内容,在公约相关条款中提出劳动者优先权的范围:第一,工人对雇主或本人雇佣关系结束前一段规定时间内因为工资所产生的债权,具体来说,规定时间要高于三个月;第二,工人对雇主破产或者雇佣关系终止的当年及前一年的时间里,在工作关系下引发的假日报酬等方面的债权;第三,由于雇主破产或者工人终止雇佣关系前一段时间出现的其他形式的有酬缺勤而出现的债权,从时间上有所限制,必须超过三个月以上;第四,由于终止合同有权获取的遣散金。建议书强调以优先权手段保护工人工资债权并做出详细列举和说明。但是,往往在企业破产的时候,他们剩余的资产已经不多了,很难偿付工资的债款。当你想要得到这个债权的时候,工人也不知道他们是否能够拿回全部的工资。这就需要一个必要的机构去及时应对破产时企业工人工资等问题。在公约的第三部分对此有详细的规定和说明,雇主破产而无能力支付工人的工资债权,担保机构要发挥作用保障劳动者工资债权不受侵害,并对会员国提出具体要求，必须以法律的形式或者其他有效手段，使工资担保机构在组织、管理、资金筹措等方面保持正常状态。173号公约进一步特别规范了工资担保机构的职责和内容。

在一些国家的实践中主要从以下四个方面展开工作，第一，工资优先权要在法律层面予以确认，世界各国要把保障劳动者权利放在首要位置上，从立法上予以体现，例如，法国工资优先权从法律角度上是这样体现的，工资优先权是具有法定性的权利，工资优先权从法律意义上的确定，会对其他债权造成一定的损害，正常情况下债权人地位应遵循平等的原则，而工资债权优先权则打破了这一原则，在这种情况下工资优先权的创设要持慎重的态度，如果没有法律上的确定，工资优先权是无法落实的，由此可知，工资优先权设立时需要以法律为后盾，即要强调法定性原则。第二，债权性质对优先权起到决定性作用，创设优先权要严密慎重，立法者对债权人是谁往往不会过于关注，对债权性质则考虑得较多，假如债权性质没有特殊之处，没有充分的理由作为支撑，那么不得获取优先权，由此可知，优先权的决定因素是债权的性质。第三，工资优先权必须优先受偿。工资优先权从其实质来说是一种特殊的法定担保形式，享受工资优先权的人就担保物的价金在其他债权人或抵押权人之前将得到偿还，这是工资优先权的核心内容和最为关键的效力。如果担保物的价金较少，没有能力偿还所有的债权，但是优先权人、抵押权人、其他债权人同时存在时，优先权这种担保物权在获得担保债权时则可以享受到优先偿还的权利。第四，优先权是秘密性的，不必公示是优先权的最主要特征。首先，工资优先权是以不动产为载体而存在的，法国的法典在此方面的规定十分明确，工资优先权是免除登记手续的。其次，从工资债权的范围可以看到，很多国家是采用时间标准的，法国的民法对此有详细的说明，劳动报酬优先权所担保的债权范围是有时间性的，即受雇人在过去一年和当年所应获取的合法收入；农业在时间方面也是要求将过去一年和当年的迟延报酬转为债权；而雇工和学徒工则指的是最后6个月的合法收入。还有一些国家的标准是具有双重性的，以债权产生的时间、总额为标准进行优先权的界定，美国这方面比较成熟，在破产法中有详细的规定，在提出破产申请的前 90 天内所有的数额不满 2000 美元的工资具有优先受偿的权利，而超出时间部分则转为普通债权，按规定参与清偿，这部分工资债权是无担保的。最后，法律就工资优先债权进行了排序，法国的民法指出，优先权人应先就债务人的动产受偿，如果还有不足以偿还债务则由不动产受偿。

（四）欠薪保证基金制度

欠薪保证基金制度，政府有权向用人单位筹集资金，并利用所取得的资金成立基金会，基金会的作用是如果用人单位一旦出现破产、清算、负责人出逃等情况，劳动者无法按时按量获取劳动报酬时，基金会将予以垫付，在垫付后取得追偿权。173 号公约的第 10 条款对工资担保机构所要加以保护的债权有详细规定：①工人在雇主破产和雇佣关系终止时，在规定时间内由于工资问题而拥有债权，具体规定时间不要超过 8 周为宜；②工人对雇主破产或本人雇佣关系终止前一段规定时间内因为工作关系而出现的假日报酬问题而产生的债权，具体规定时间要超过 6 个月；③工人在雇主破产或中止雇佣关系前一段时间里，由于其他形式的有酬缺勤所产生的债权，具体时间要高于 8 周；④在解除雇佣关系后有权获取遣散金。国外的工资债权保护机构的作用极为重要，与中国香港政府劳工处的薪酬保障组和破产欠薪保障基金委员会的功能有异曲同工之效。

综上，95 号和 173 号公约及其同名建议书着重就工资保护和雇主无偿债能力的情况下保护工人债权做了完整、系统的规定，就工资支付保障的法律规制、运行机制、运行机构都做了具体详细的规定。迄今为止，我国尚未批准 95 号和 173 号公约及其同名建议书，发展中国家与发达国家的国情有较大差异，国际劳工标准体系与发达国家的经济情况是相适应的，是为了满足经济发展的需求而设立的，而发展中国家由于情况复杂特殊，存在很多问题是公约难以解决的。但是国际劳工组织认为虽然存在经济发展水平的高低，但是不能以此为理由不遵守工资支付保障的相关法规，另外，这些标准合理性强，对各国的经济发展或社会发展不会产生负面影响，更不会导致发展中国家的比较优势遭到损害，公约和建议书的根本作用和功能是为了保护工人的合法收入不受侵害，尤其是在雇主无偿还能力时避免工人债权不被清偿的危险。中国已成为WTO重要成员之一，纵观国内形势，经济处于良好的发展时期，与其他国家经济往来越来越频繁和复杂，所以，要与国际劳工标准接轨是必然的发展趋势。

随着国际标准的陆续发布，各国也相继设立了工资支付保障立法体系，其主要做法是从劳动法或劳动标准法中明确界定工资含义；在民法、破产法或商法中确立工资优先权制度；通过雇佣关系法、劳动法或独立的工资支付保障立法，建立欠薪保障机制并明确其权限；逐步完善劳动争议处理机制；加强恶意欠薪的法律责任。由此可见，工资支付保障是一个系统化的法律体系，除了对工资的基本规制，还有对工资保障机制的规制，在民法和刑法上都有对发生欠薪问题的惩罚措施。

（五）对恶意拖欠工资的行为要予以法律制裁

恶意拖欠工资行为的重点是"恶意"两字，即用人单位具备支付工资的能力，但却为了个人目的而采取拒绝支付的行为，这是一种主观恶意的行为。针对此行为各国都采取了不同的制裁方式，一般是遵循国际公约的相关规定进行处罚。由于经济和形势处于不断变化中，各国国情也不一致，关于惩处恶意拖欠工资的行为，越来越多的国家将其纳入刑事范畴。以俄罗斯为例，其制定出严厉的刑事处罚规定，而拖欠行为的范畴也不再局限于简单地拖欠工资，退休金、助学金以及各种补助都属于恶意拖欠范围，除了罚金外还要判处有期徒刑，并剥夺担任某些职务和参加某些活动的资格。在德国，雇主拖欠工资的行为将受到严厉处罚，被处罚金的同时还要承担刑事责任，但是规定有免责条款，如果雇主能够在支付保险金或者工资期限满前能够满足下面条件则可以不承担刑事责任，一是对收款机构提供书面材料，对所截流的款项和数额履行了通知的义务；二是如果在做了偿还努力后仍然无力支付时，向收款机构说明详细情况。

四 低收入劳动者工资权益被侵现状及成因分析

（一）低收入劳动者的现状分析

1. 低收入劳动者的分布

（1）数量大，行业特征明显

低收入劳动者是我国社会结构变迁、产业升级中利益分化的一个重要群体，有着数量大、行业特征明显的特点。从工资水平来看，2014年我国传统的低收入劳动者主要部分在农、林、牧、渔业，制造业，建筑业，零售批发等四个劳动密集型行业，城镇单位就业人数占全国的53%，而这四个行业的年平均工资比全国平均水平分别低25663元、5052元、9411元和1175元，四个行业的平均工资仅相当于全国城镇单位就业人员平均工资的80%。

2014年全国城镇单位就业人员平均工资为56360元，低于该平均水平的共有9个行业，除了上述的四个劳动密集型行业外，还包括了竞争比较充分且门槛较低的行业，例如住宿和餐饮业、居民服务和其他服务业、批发和零售业等，这些行业2014年工资水平在28356～55568元，均低于平均水平。有些是雇佣临时劳动者较多，人力资本质量低，例如基础设施和环境业，其维护管理人员多为临时聘用人员。有些是人力资本质量较低，同时存在重建设轻管理的问题的行业，例如：水利、环境和公共设施管理业工资水平为39198元，也处于明显偏低的水平。有些是生产率较低，不具备比较优势的行业，例如农、林、牧、渔业，生产率明显较低，不具有比较优势，工资水平明显偏低。2010年，农、林、牧、渔业工资水平为28356元，在所有行业中排在最后，是平均工资水平的50%。

（2）来源广，所有制性质特征明显

从所有制结构和企业规模来看，我国低收入劳动者大量集中在中、小、微的私营、民营企业中。2013年城镇私营经济吸纳了全国61%的城镇就业人口，但是工资水平却不到全国工资水平75%。据国家工商总局相关数据显示，截至2014年12月底，全国个体私营经济从业人员实有2.5亿人。其中，制造业和住宿餐饮业的个体工商户吸纳业能力最强，[①] 其就业以低技能、低学历的中青年劳动者为主，主要是来自城镇无业人员、农村富余劳动力、高校毕业生和全国分流人员，这些也是低收入劳动者就业的主要渠道。据国家统计局公布的数据显示，2014年全国城镇私营单位就业人员年平均工资为36390元，相当于全国城镇非私营单位就业人员年平均工资56339元的65%，相当于国有企业就业人员平均工资57296元的64%。受经济增长速度放缓等因素影响，城镇私营单位年平均工资的名义增速分别比上年回落2.5个百分点。

纵向数据比较，在2000年时人均工资仅为9333元，而经过14年的发展到了2013年人均工资达到51483元，增加了5.52倍，国有单位职工平均工资的涨幅比较明显，在2000年仅为7441元，而到了2013年则高达52675元，增加了7.08倍之多，而城镇集体单位员工的公司在2000年仅为6241元，但是到了2013年时已全面达到38905元，增加了6.23倍之多，相比之下私营企业涨幅不够明显，在2000年时平均工资是11238元，而在2013年时达到51453元，仅增加了4.58倍。从这一数字可以看出，工资最高的是国有单位，私营企业次之，而城镇集体工资最低，如果从增长幅度看平均工资是私营企业最低。

(3) 一线普通职工多为低收入劳动者，岗位特征明显

从就业岗位看，我国低收入劳动者主要分布在商业、服务岗位和生产运输岗位。2014年，国家统计局通过一套表联网直报平台对不同岗位工资情况进行调查显示，单位负责人[②]，专业技术人员，办事人员[③]，商业、

[①] 全国工商联：《2011年中国中小企业调研报告》，中华工商联合出版社，2012。
[②] 该职业大类标准全称为"国家机关、党群组织、企业、事业单位负责人"，因本调查只涉及企业中的劳动者，故简称其为"单位负责人"，本大类中不仅包含高层管理人员，还包括企业的中层管理人员。下同。
[③] 该职业大类全称为"办事人员和有关人员"，此处简称为"办事人员"。

服务业人员，农业生产工人①，生产运输工人②这六类职业中，劳动者平均工资报酬高于全部劳动者平均值的有两类，分别是单位负责人和专业技术人员，另外四类职业的工资报酬都低于平均水平，分别是办事人员，生产运输工人，商业、服务业人员和农业生产工人。各职业大类工资报酬的平均数都明显高于中位数，说明低于平均工资值的劳动者超过了半数。从中层及以上的管理者工资看，人均工资达到109760元，专业技术者人均工资可以达到66074元，而普通工作人员人均工资为47483元，而从事生产、运输操作的工作者人均工资为42914元，从这个统计数字可以看出，中层及其以上的管理者人均工资最多，是人均水平的2.20倍；而商业、服务业人员③的人均工资最少，仅占平均水平的81%，从平均最高工资和平均最低工资的比例看是2.70。

从企业角度看，各类企业生产一线的普通职工是低收入劳动者的主要群体。根据总调查表明，在2011年技术人员的月平均工资已达到4315元，而普通职工最低工资仅为2715元，两者差距比较突出。

（4）集中在次级劳动力市场，用工形式特征明显

工资作为衡量社会群体分化和社会异质性的一项重要指标，也是测量社会分层的基本标量。目前，在城镇劳动力市场中，劳动力供给主要由城镇劳动力和城镇农民工构成。由于各种社会原因，导致这两大劳动力在就业方面出现问题，不论是就业机会还是就业待遇都出现矛盾冲突，与其他劳动群体出现分割的情况，存在薪酬、福利待遇、社会保障等一系列的差异。次级劳动力市场主要集中了以制造业、建筑业和服务业为主要就业行业的农民工，以及各类所有制劳务派遣用工和临时用工。这部分群体收入较低，缺少福利

---

① 该职业大类全称为"农林牧渔水利业生产工人"，此处简称为"农业生产工人"。下同。
② 该职业大类全称为"生产、运输设备操作人员及有关人员"，此处简称为"生产运输工人"。
③ 商业、服务业人员：指从事商业、餐饮、旅游、娱乐、运输、医疗辅助服务及社会和居民生活等服务工作的人员。具体包括购销人员，仓储人员，餐饮服务人员，饭店、旅游及健身娱乐场所服务人员，运输服务人员，医疗卫生辅助服务人员，社会服务和居民生活服务人员，其他商业、服务业人员。

保障,少有晋升机会。

2. 低收入劳动者收入特征

(1) 整体收入水平低

2014年全年城镇居民可支配收入28843.9元,比上年名义增长8.9%。在城镇居民人均总收入中,工资性收入是17936.8元,比上年名义增长7.9%。按城镇居民五等分收入分组,低收入组人均可支配收入为11219.3元,较上年增长13%。综上,低收入组人均可支配收入增速高于全年城镇平均水平,但整体基数较低,仅为全年城镇居民人均可支配收入的39%。

根据国家社科院一项调查显示,在低收入群体中有99.2%的员工工资待遇在平均水平以下,低收入人群中有83.1%群体工资没有达到个税起征点,34.4%的低收入群体工资水平在最低工资标准以下,1.6%的低收入群体工资水平低于实际市场最低工资水平。

从国家统计局收入分组数据看,2002～2014年高收入组与低收入组人均可支配收入比例在4.9～5.7(参照表3),2010～2013年这一比例呈缩小趋势,但是2014年比例增至5.5。

表3　2002～2014年不同收入组城镇居民人均可支配收入

单位:元

年份	低收入组 (20%)	中等偏下组 (20%)	中等收入组 (20%)	中等偏上组 (20%)	高收入组 (20%)	高低收入 收入组之比 倍数
2002	3032.1	4932.0	6656.8	8869.5	15459.5	5.1
2003	3295.4	5377.3	7278.8	9763.4	17471.8	5.3
2004	3642.2	6024.1	8166.5	11050.9	20101.6	5.5
2005	4017.3	6710.6	9190.1	12603.4	22902.3	5.7
2006	4567.1	7554.2	10269.7	14049.2	25410.8	5.6
2007	5364.3	8900.5	12042.2	16385.8	29478.9	5.5
2008	6074.9	10195.6	13984.2	19254.1	34667.8	5.7
2009	6725.2	11243.6	15399.9	21018.0	37433.9	5.6
2010	7605.2	12702.1	17224.0	23188.9	41158.0	5.4

续表

年份	低收入组 (20%)	中等偏下组 (20%)	中等收入组 (20%)	中等偏上组 (20%)	高收入组 (20%)	高低收入 收入组之比 倍数
2011	8788.9	14498.3	19544.9	26420.0	47021.0	5.4
2012	10353.8	16761.4	22419.1	29813.7	51456.4	5.0
2013	11433.7	18482.7	24518.3	32415.1	56389.5	4.9
2014	11219.3	19650.5	26650.6	35631.2	61615.0	5.5

注：根据《中国统计年鉴2015》计算整理。

(2) 工资性收入比例高，财产性收入①比例低

从收入来源来看，城镇居民可支配性收入通常被分解为工资性收入、经营性收入、财产性收入和转移性收入四个分项。从2012年我国城镇居民不同收入组各项收入构成情况来看，总收入中，低收入组的工资性收入比重最高为65.5%，比全国平均水平64.3%高出1.1个百分点，由此可见，对于大多数低收入劳动者来说工资性收入是收入构成的主要来源，是维持生计的基本保障；同时这也是产生城镇居民收入差距的主要因素（参照表4），工资性收入和财产性收入具有扩大城市居民家庭收入差距的效应，再进一步观察各分项在总体收入基尼系数中所占的比例，发现工资性收入的不平等程度

表4　2012年不同收入组城镇居民收入构成

收入项目	全国 (100%)	低收入组 (20%)	中低收入组 (20%)	中等收入组 (20%)	中高收入组 (20%)	高收入组 (20%)
家庭总收入	100.0	100.0	100.0	100.0	100.0	100.0
工资性收入	64.3	65.5	66.1	63.7	64.4	63.5
经营性收入	9.5	9.9	8.4	8.3	7.7	11.5
财产性收入	2.6	1.1	1.4	1.8	2.4	4.1
转移性收入	23.6	23.5	24.2	26.2	25.6	20.9

① 财产性收入是指动产如银行存款、有价证券等；不动产如房屋、车辆、土地、收藏品等所获得的收入。

对总体收入差距的影响力最大,其贡献率达到75.9%。因此,保障低收入劳动者工资性收入按时、足额的方法是维护其最基本的生存权益。

(3) 工资基数低,与其他群体工资差距大

由于低收入群体工资性收入基数较低,在工资增长比例增高的情况下,绝对增资量仍然低于其他群体。根据《2014年中国住户调查年鉴》统计,2014年全国城镇人均工资性收入为比上年有所增长,农民工资月均收入比上年有所增长。相比较可以看出,农民工工资增速高于全国城镇工资水平增速,但工资绝对数都小于全国平均值。

从可支配收入来看,2010~2014年按五等分收入组增速统计来看,低收入组年均增长3.74%,高收入组年均增长4.02%;从增速比例来看高收入组增速仍快于低收入组;从结构来看,低收入组主要依靠工资性收入,而高收入组增长依靠经营性收入和财产性收入;从所有制结构来看,近几年私营企业职工平均工资尚不到非私营单位2/3;从用工形式看,2009~2011年,劳务派遣工工资收入远低于劳动合同制工人。调查显示,劳动合同制工人的平均工资均往往要超过劳务派遣者,从2011年的统计数字可以看到劳务派遣工的月均工资仅为2295元,而合同制工人的工资则达到3388元,两者差距较大,其中收入最低的一线工人没有与企业签订劳动合同,基本权益无法得到保障。经过调查发现,签订劳动合同职工、签订劳务派遣工合同的工资与未签订合同的临时工相比要高得多,与未签合同的职工工资收入相比要高出较大数额。例如在2012年签订劳动合同的劳务合同、派遣合同的职工收入超出未签合同职工收入分别是1077元和594元。[①] 此外,农民工收入整体偏低,与城镇职工的差距较大,而且一直保持低收入水平,很难出现增长。据最近三年的统计资料可知,从一线员工的待遇上可以看到,城镇员工薪酬远远高于农民工的薪酬,在2011年时,城镇职工月均收入能够达到3488元,而农民工平均工资仅为2963元,中间有525元的差距,两者之比为85%。转换角度从增长比例上进行分析,不

---

① 赖德胜:《2014年中国劳动力市场发展报告》,北京师范大学出版社,2014。

包括2011年，城镇职工收入大于农民工三年累计增长60%，超过农民工增长5%。而从具体原因进行分析主要是由于两点因素所决定：一是农民工整体素质不高，技术水平处于低级阶段，从事的岗位以熟练工程为主，技术性不强，岗位工资较低；二是由于劳务派遣工以农民工为主要来源，由于身份导致收入出现差别。

3. 低收入劳动者的消费特征

消费水平低，从低收入劳动者家庭消费支出看，2015年城镇低收入户人均生活性消费支出为5221元，是全国水平21392元的24.4%。

4. 低收入劳动者的劳动特征

1）劳动报酬引发劳动争议的案件较多。根据社会蓝皮书指出，在所有社会矛盾中劳动争议所占比例是最高的，由相关部门的统计数字可以看出，在2015年的前三个季度里所出现的劳动人事纠纷共有52.2万件，其中涉及劳动者人数高达72.1万人，同比增长5.6个百分点和11.1个百分点，审理结束的案件有48.7万件，同比增长了3.7个百分点。另外，由于劳动争议所导致的群体事件有上升趋势，而其核心问题就是工资问题，最常见的是民工讨薪事件和职工保险福利争议等问题。以广东省为例，2010年以来，广东企业发生停工事件日益增多，调查显示，劳动争议发生的主要原因依次是劳动报酬（34.1%）、福利待遇（7.1%），说明关于劳动合同的争议主要聚焦在劳动报酬上，因此，职工发生劳动争议的主要原因也是劳动报酬。

2）超时劳动，不依法支付加班工资。低收入劳动者因为收入和社会保障不足引发的超时劳动、过度劳动均为普遍现象。2013年我国居民收入基尼系数为0.473，加之经济下行，通货膨胀、生活成本上升给低收入劳动者带来巨大经济压力。在超时劳动中很大一部分是自愿延长劳动时间，这部分人多为低收入劳动者，以此增加收入。对从事于技能较低职业的低收入者，延长工作时间是增加收入的主要方式。在第六次全国职工队伍调查中可以看到，职工周工作时间是48.6小时，而实际上周工作量超过40小时的职工占

60.2%，从行业看，在低收入劳动者比较集中的住宿餐饮行业每周加班时间最多，超过标准工时 11 个小时[①]"长工时低收入"现象明显，据调查统计 19 个行业中"工资高、工时短"的居首位的为金融业，其平均工资是"工资低、工时长"居末尾的住宿餐饮业的 3 倍，其工作时间不到住宿餐饮业的 80%。此外，分职业看，低收入劳动者集中的商业、服务业平均周工作时间为 50 小时，比标准工时超出 10 个小时，是六大类职业中工时最长的。然而根据调查统计在加班职工中只有 55.2% 的职工能够按照法律规定领取加班费，25.6% 的职工不能足额领到，12% 的职工完全领不到。

3）欠薪、逃逸仍有发生，受经济下行压力今年有增长趋势。根据人力资源和社会保障部 2015 年统计，因欠薪问题引发的突发事件明显增多，处置难度越来越大。今年前三季度，全国共发生涉及拖欠农民工工资问题的突发事件达到 11007 起，比去年同期增长 34%。同时，我国欠薪案件早发、多发，案件数量和欠薪金额大幅上升。欠薪问题从工程建设领域向加工制造业、采掘业等其他领域扩展的势头明显。以 2015 年陕西省为例，因受经济增速下行压力加大、市场需求萎缩等不利因素的影响，陕西拖欠农民工工资案件数量及欠薪金额均有所攀升。截至 2015 年 10 月底，陕西已办结案件 4283 件，其中补发农民工工资以及其他相关费用 10.8 亿元，涉事农民工有 8 万多人，与去年同期相比增长 13%、56.5% 和 20.8%，形势更为严峻。欠薪问题仍主要发生在工程建设领域，该领域欠薪案件所占比例为 85%。同时，欠薪案件逐步向加工制造业、采掘业、餐饮业等劳动密集型领域蔓延扩张。截至 2015 年 10 月底，因欠薪引发的群体性事件 364 起，涉及人数 3.3 万人。

4）同工不同酬，福利和社保待遇差距大。在低收入劳动者中，同工不同酬现象很普遍，集中体现在国有企业劳务派遣、农民工两大群体当中。据中华全国总工会调查数据显示，劳务派遣工在工资待遇上处于较低水平，与

---

① 由于缺少所适用劳动力人数，采用最低工资标准各个档次的平均值计算最低工资标准年均增幅。本文涉及最低工资标准年均增幅的，均采用此计算方法。

劳动合同制工人相比要相差很多，以2011年为例，劳务派遣工的平均薪酬待遇每月为2295元，而合同制工人月人均工资为3388元，两者相差一千多元，派遣工的收入仅占合同制工人收入的68%，2009~2011年的劳务派遣工工资增幅均低于劳动合同制工人。这种差异在福利待遇上依旧突出。我们知道正式职工的社会保险是以职工工资总额为基数缴纳，而一些企业劳务派遣的保险，相当一部分是以当地最低工资标准缴纳。在企业经济效益好时还会给本企业正式职工缴纳高的住房公积金和企业年金，但劳务派遣人员无法享受到此类待遇。同时，很多福利待遇是以工资水平为基数的，根据新华经参仕邦人力资源研究院一项调查统计，2011年劳务派遣工分行业月均工资报酬为3167元（含社保），按一般企业缴纳社会保险费比例31.8%扣除后，估算月均工资为2403元，只相当于城镇在岗职工平均工资的68%；而且职工社会保险的基数，大约相当于城镇在岗职工基数的70%。

（二）低收入劳动者工资权益保障存在的问题

跟其他群体相比，低收入劳动者工资权益被侵犯问题突出，工资权益争议数量多，缺少配套的福利政策，社会保障不健全。这些主要体现在以下几个方面。

1. 劳动个体方面的问题

（1）低收入劳动者劳动技能素质较低

主要体现在低收入劳动者人力资本水平较低，根据世界银行一组数据表明，我国内地劳动力的资本水平较低，说明在一定程度上占中国就业人口很大比例的低收入劳动者人力资本水平较低。这种较低的人力资本导致了这部分低收入劳动者就业质量低，以及劳动权益屡遭侵害等现象。这主要是低收入劳动者自身人力资本投入不足，文化水平普遍不高，没有参加正规的职业培训，工作能力偏低，而劳动报酬却往往与职工的文化水平、职业技能成正相关关系。另外，农民工是低收入劳动者的一部分，这部分群体普遍存在人力资本水平低的情况（参考表5）。这也是低收入劳动者在工资权益保障方面处于弱势地位的原因之一。

表5 农民工签订劳动合同情况

单位：%

	无固定期限劳动合同	一年以下劳动合同	一年及以上劳动合同	没有劳动合同
2013年农民工合计	13.7	3.2	21.2	61.9
其中：外出农民工	14.3	3.9	23.2	58.6
本地农民工	12.9	2.1	18.2	66.8
2014年农民工合计	13.7	3.1	21.2	62.0
其中：外出农民工	14.6	3.7	23.1	58.6
本地农民工	12.5	2.3	18.5	66.7

（2）低收入劳动者维护自身权益意识较弱

低收入人员往往没有受过高等教育，经济条件较差，由此导致低收入劳动者在工资权益保障方面处于弱势地位，工资权益屡受侵害。此外，我国目前正处于社会转型的关键环节，市场机制还有很多需要完善之处，尤其是关于工资方面的法律严重不足，劳动法律和相应的法规也存在较大的缺陷，在劳动执法方面缺少依据和力度，监测力方面更是薄弱，使低收入劳动者处于劳动力市场的弱势地位。他的生存权、安全感、社会认同感以及体面劳动权利都严重受到侵害。具体表现在，第一，拖欠逃逸仍有发生。低收入劳动者工资获取权受到侵犯，在工资支付保障方面拖欠工资、欠薪逃逸仍在发生，建筑业仍然是欠薪的多发地，批发和零售业欠薪比重也有所上升。据2014年农民工检测数据显示，建筑业仍是拖欠农民工工资的多发地，最严重的是农民工工资拖欠问题，其比重高达1.4%，虽然与上年相比略有下降，但情况依然不容乐观，除此之外在批发零售行业也陆续出现农民工工资拖欠的问题，比重比上年上升0.2个百分点。第二，拖欠工资额度在上升。据2014年农民工检测数据显示，拖欠农民工人均工资达到9511元，与上年相比呈上升趋势，增加1392元，涨幅高达17.1%，由于低收入劳动者缺乏相应的法律知识的意识，大部分人也不了解《劳动法》以及《劳动合同法》的内容，更不会拿起法律武器维护自己的权益。

（3）劳动合同签订率低

据2011年全国农民工监测报告统计，外出受雇佣农民工与雇主或单位签订劳动合同的仅占38%，从近几年调查数据看，这一比例变化不大，没有明显改善。分行业看，外出受雇佣农民工在建筑业合同签订率较高，达到75.1%；但是在制造、服务、住宿餐营以及零售批发业等行业比率都较低，均不足60%。没有劳动合同，这些劳动者的工资构成标准、发放依据就缺少了法律层面的保障，由此严重侵犯了低收入劳动者的知情权，更谈不上协商共决。由此导致职工民主参与工资制定的权益受到威胁，没有劳动合同，更谈不上工资集体协商权。

2. 劳动就业组织方面的原因

（1）企业产权透明度不明晰

我国很多中小微企业、民营企业，多为家族性企业，民营资产掌握了企业的所有权，他们直接参与企业的管理、分配制度的决策，对劳动者提供劳动力的使用进行支配，而劳动者在企业中的参与权、协商权几乎没有。而且即使他们组织成立了工会，但工会却往往处于无权状态之中，这种集权管理、决策的就业组织直接影响到了劳动者的工资权益，对议价能力较弱、法律保护意识缺乏的低收入劳动者来说根本得不到工资权益的保障。

（2）工资信息制度不公开透明

由于中小微私营企业产权透明度不清晰，造成工资的决策制度集权化，经常侵犯到低收入劳动者的工资权益，具体表现在，第一，低收入劳动者的实际工资支付与社会保险混同。根据劳动合同法的规定，社会保险和福利是企业必须为职工缴纳的，不属于工资范畴，但现实情况却与之相反，很多企业把保险类项目计入工资之中，表面看收入达到国家规定的最低工资标准，但扣除保险等费用后所余下的收入是低于规定的标准的。第二，低收入劳动者的社会保险缴纳标准混乱，且比例不透明。2015年4月14日对东莞的裕元鞋厂来说是个特殊、难忘的日子，上千名员工举行了大规模的罢工活动，员工们利用条幅、标语等形式，要求企业归还社保和住房公积金。裕元鞋厂在东莞地区属于最大的鞋厂，属于台资企业，包括阿迪达斯在内的多个名牌运动鞋都是从这里生产的,承担着全球几十家大品牌鞋产品代加工业务,知名度较高,罢工活动引起社会的广泛关注。起因是东莞鞋厂没有足额为工人购买社保,我国社保局明确规定企业要为员工缴纳工伤、养老、医疗、失业、生育等五项保险,缴费率是企业要缴纳工人收入的11%,个人承担8%,但裕元鞋厂却只把个人承担部分向社保部门缴纳,企业应承担部分却一直没有上缴,员工发现这一情况后进行维权活动,在引起相关部门的重视后对裕元鞋厂进行查处,发现该企业不但额度严重不足,其标准也不符合规定,最后对裕元鞋厂的问题进行查处并发出限期整改的通知。第三,一些企业无视国家规定,按照自己的内部政策私自调低企业应承担的社会保险,擅自提高职工自己缴纳的数额或比例,对劳动者的收入影响很大。第四,超时劳动严重,加班工资获取权受到侵犯。从2014年农民工检测数据分析,农民工的超时劳动没有明显的变化,农民工劳动时间平均达到十个月,而每月劳动时间平均高达25.3天,每天的工作时间平均达到8.8小时,与2013年相比基本相同。有40.8%的农民工每天工作超过8小时,这个数字与去年同期相比虽然有降低,但幅度较小;而有85.4%的农民工每周劳动超过44小时,与2013年相比呈上升的趋势(见表6)。

表6 外出农民工从业时间和强度

	2013年	2014年
全年外出从业时间(月)	9.9	10.0
平均每月工作时间(天)	25.2	25.3
平均每天工作时间(小时)	8.8	8.8
日工作超过8小时的比重(%)	41.0	40.8
周工作超过44小时的比重(%)	84.7	85.4

不难看出近六成的农民工每周工作6天,农民工受教育程度、技能水平、职业、行业、所有制类型、劳动合同类型、单位规模等因素影响,造成农民工大量的加班。另外,在超时劳动的同时,加班费给付的争议案件也一直不断。以北京劳动仲裁部门反馈的信息为例,在2011年的上半年,有

28928件大小不一的劳动争议案件，具体来说报酬争议的最多，占总数53.8%，共计15564件，在所有报酬争议的案件中有八成以上是由于加班所引发的，涨幅占第一位。在我国其他地区在这方的争议也时常发生，增长的速度十分猛烈。上海市虽然属于国际大都市，但是在2010年上半年的劳动争议也较为严重，有43.9%的争议属于劳动报酬问题，其中有44.9%的争议是由于加班所引发的。而在苏州的高新区此类争议也较为严重，由于职工加班所引发的案件占到总数的三成以上，总结一下，现阶段低收入劳动者加班费权益被侵犯的主要现象体现在：企业主不按规定放发加班工资；法定节假日、休息日加班工资没有按照国家所规定的标准执行，还有特殊工时等情况。

（3）工资决定机制不健全

从收入分配角度看，职工工资的决定可以从要素内分配和要素间分配两方面。要素内分配指的是劳动者内部收入分配的比例和程度。劳动者内部分配差异取决于不同类型职工的工资决策机制，目前企业职工工资决定机制并不利于低收入劳动者工资权益的保障，具体体现在很多企业只重视经济效益，忽略了员工的民主权益，在组织员工参与收入和分配决策、民主管理监督等方面没有形成相应的管理机制或者出现措施执行不利的情况，职工工资分配方案以及协商办法随意性较强，没有合理的制度来保障，尤其是经营者收入过高而不愿意也不敢公开。还有一部分企业认为工资如何制定和分配是企业自己的事，无须进行工资协商等活动，即使开展工资协商活动的企业也多数是在走过场，形式主义严重，在这种情况下，推行工资集体协商就一直处于阻力和压力之中，没有取得明显的进步，企业、职工代表协商的协商共决机制无法落实，企业职工工资无法实现正常增长，在调查中有的职工感叹他们"不是主人翁，而是主人空""政治上无地位，经济上无保障"。具体表现在，第一，低收入劳动者工资水平处于无序增长状态，企业的经济效益、经营者收入处于增长状态，但是低收入劳动者却没有随之提高工资待遇，工资基数较低。第二，对于一些企业的管理者认为达到上级制定的经济要求即可，而职工收入是否实现增长对绩效高收入不会产生重大影响,所以在进行收入分配时无视低收入者的工资增长问题。第三,企业没有受到法规法律的束缚,政府部门也没有实现有效的监控,低收入者收入增长与企业的经济效益增长没有形成有效的关联性,有的企业虽然在取得良好的经济效益时会提高低收入者的工资待遇,但增长幅度远远低于其他员工或其他群体;而有的企业虽然经济效益并没有实现增长,普遍员工收入甚至出现负增长,但经营者的薪酬待遇却一提再提,即企业经营者收入增长无序化的现象仍然存在。第四,企业在推进工资集体协商制是极为困难的,一部分企业有意识地忽略或者淡化员工的民主权利,并没有落实职工参与分配决策、民主管理和监督等权利,国家和管理机构没有出台保护措施,使职工工资分配方案、协商办法无法得到真正地落实,经营者收入过高,密薪制的情况极为普遍,员工的意见极大。另外,很多经营者在认识上存在误区,认为在工资分配上企业有自主权和决定权,工资集体协商是没有必要的;有的企业虽然表现上进行了工资集体协商,其实就是走个形式而已。其实职工民主参与的最重要的形式就是工资集体协商,但是我国企业在这方面做得不到位,民主性没有得到真正地发挥,参与主体严重缺失,员工没有发言的权利或者即使提出建议也不会被采纳。

值得一提的是,企业不论是对待工资政策还是增加工资收入,基本都是由企业决定的,由人事部门在上级领导的指示下制订出方案,由行政管理部门确定,不经过职工讨论,即使有的企业组织员工进行讨论,也是形同虚设;企业工会无法发挥出作用,主体地位缺失严重。从企业的不同体制上看,公有制企业中工会主席位同副总,企业较为重要的活动要进行集体研究,或者由法人代表决策,但是非公企业的公会主席与其他人员一样属于雇佣性质,这种身份是很难代表员工说话和反映员工要求的,为员工争取权利更是无从谈起,即使进行集体协商,也会按照经营者的意志而行事的。

(4)企业负担过重,无法保障低收入劳动者获得足额工资

就目前经济下行压力,一些小微企业、民营企业、产能过剩企业、僵尸

企业以及传统的劳动密集型行业负担较重,无法负担职工工资,很多企业利润已经很低,不堪重负。此外,随着人工成本的不断上涨,特别是社保上缴比例的不断增大,已经挤占了低收入劳动者实际工资报酬的空间,因为社保缴存比例高,很多餐饮行业的小微企业,无论是企业还是雇员,五险一金并不上缴。以北京某大型股份制企业一位低收入劳动者工资单可以看到,工资总额达到4860元,但扣除各项保险及税金,实发工资仅为3972.94元,财务人员认为这份工资单不体现企业缴纳社保和个人上缴的比例,社会的缴存基数是员工在上年平均工资的基础上计算而来的,而在2014年12月缴费保险明细上可以看到,五险一金缴存比例与本市社保机构的规定相符。

3. 政府方面

(1) 工资分配的法律法规尚不完善

一是在工资分配方面缺少相应的法律约束,《工资条例》一直没有进入立法的轨道中来,企业在进行工资分配时缺少依据,工资的决定和支付往往由企业自行决定。

(2) 目前工资分配法规等方面存在很大缺陷

没有企业工资增长机制的刚性规定,尽管很多地区出台了法令,并大力推行工资协商机制,但是企业在这方面是消极的,加之没有形成法律条款,工资协商机制没有法律为基石是无法实现的。

(3) 企业破产保障性制度不健全

在企业破产时对低收入劳动者工资权益保障建设制度可行性不足,国内所执行的劳动债权优先权并未完善,究其症结可知,由于虚拟经济无限扩大,互联网、金融以及信用社,以企业的财产作为担保的情况下进行破产清算,尽管法律规定在担保债权、破产费用和共益债务后,劳动债权要优于其他债权,但这种规定流于形式,企业已无财产偿付劳动债务,优先权已没有执行的基础。现实中出现这样的问题,政策性引发的企业破产,财政会负责,也就是说企业在偿还了担保债权之后已无经济能力进行劳动力债务偿还,全体国民将承担余下的责任。也就是说,将用所有国民的纳税为有担保权的债权人担责,之所以会采用这种方式,是因为劳动创造了财富,本来就理所应当的用于保证劳动者生存所需要的劳动报酬,不允许用于优先清偿担保责权人。

(4) 对企业工资分配缺乏有效调控

具体表现在两个方面,一是底数不清,目前还没有覆盖全国各类用人主体的真正意义上的社会平均工资。大量中小私营企业、个体工商户等低收入职工相对集中的单位或仅以抽样方式进入统计范围或根本未进入统计范围,统计数字难以客观反映职工工资收入的真实水平,难以发挥预警作用。二是在调控手段上,目前单靠地方最低工资标准难以调控所有行业的最低工资。在一些行业收入差距较大的城市,必须在全市最低工资标准的基础上,制定各行业的最低工资标准,并以此指导行业内企业的工资协商,才能设立"政府保最低,行业定标准,企业谈增长"这样一个立体防线,达到全市工资调控的目的。

4. 工会方面

(1) 工会独立性不高

工会扮演着作为劳动者利益代表的主体和维护者的角色,但是目前在一些中小微私营企业,工会经费不独立使工会组织仍是依赖于企业而进行的,其仍然是围绕企业利润而进行的组织行为。此外还有一些中小微私营企业组织工会滞后,甚至没有能力组织工会,因此在这些企业低收入劳动者工资权益的保障就缺乏真正意义上的组织。

(2) 工会谈判能力弱

很多中小微企业工会组织滞后,又依赖于政府和企业的经费,使得工会普遍存在"不敢谈、不会谈"的现象。此外一些低收入劳动者群体的就业形式处于流动性大的状态,造成工会组织代表性低,很难吸收到这部分劳动者群体,因此,涉及这部分劳动者的工资权益保障就难以有效开展。

五 对我国低收入劳动者工资权益保障的建议和措施

在提出建议之前,我们要认识到低收入劳动者工资权益保障形势的重要性和艰巨性:一方面,当前我国经济下行压力依然很大,苏缓慢,产业结构调整以及提升国家创新能力、转换经济动力都任务艰巨,部分传统行业纷纷进入微利时代，持续面临升级改造和激烈的市场竞争的双重压力，那些微利中小企业赋税负担较重，将明显影响低收入劳动者的工资水平；另一方面，长期片面理解企业自主分配，忽视职工民主参与。不少企业经营者甚至政府管理人员对"企业自主分配"的理解也出现误区，片面地认为企业可以自行决定员工的工资待遇，而对于职工群众在企业收入分配方面所具备的知情权、协商权、监督权都没有加以关注和重视，忽视工会在代表和维护职工经济权益上的重要作用，造成企业工资分配缺乏相应的制衡。此外，现阶段一个明显特征就是人工成本较高，这主要表现在养老保险缴费较高，按规定所缴纳的"五险一金"占工资总额的四成甚至是五成，使多数低收入者的工资不到工资总额的六成，这同时也挤占了低收入劳动者实际的增资空间。

（一）我国低收入劳动者工资权益保障的建议

1. 建立国家层面的工资支付保障立法

为保障低收入劳动者工资知情权、制度权和调整权，企业必须建立明确的工资支付标准，为低收入劳动者工资权益保障创造公平环境：通常所说的工资支付标准包含了一般性的工资支付标准和特殊性的工资支付标准，这也是构建劳动者工资支付保障的基础，特别对于法律意识低、维权能力低的低收入劳动者来说，这是保障其工资权益的基本前提和依据。当前，我国国家层面对于工资支付标准是通过《劳动法》《劳动合同法》，这两部立法只是从侧面对工资支付某个方面进行了规定，并不系统。此外《工资支付暂行条例（1995）》和《建设领域农民工工资支付暂行管理办法》等一系列条例和办法具体表现为地方性、部门性规章，法律价位低，法律效率不明显。从权威性、稳定性和威慑力都无法同国家层面的法律等同。因此实施效力和效果明显有限。因此要加快国家层面的对工资支付保障的立法进程，以作为低收入劳动者工资权益保障的必要法律依据。对低收入劳动者在工资制度权、工资知情权以及足额获得报酬的权利制定规制，对欠薪、逃逸等事件从国家层面进行法律的规制，对工资分配中存在的主要问题进行系统的、明确的、国家层面的法律规范，有如下几个方面。①保障低收入劳动者的工资制度权;明确劳动关系双方有关工资的基本权利和义务进行规定,对企业工资支付进行规定。②保障低收入劳动者的工资知情权,一是,明确企业劳动者获取工资报酬的时间、形式以及在劳动合同中明确工资结构。二是,完善人工单价等劳动基准的动态调整机制。应当重视对劳动定额、计件报酬标准以及加班加点工资等具体劳工基准的立法。避免因不知法,不懂法和不会用法造成无意识的欠薪和无恶意的欠薪。三是,强化用人单位的举证责任,应当规定由用人单位承担举证责任,如果用人单位不配合提供所需资料,劳动行政部门和仲裁委员会以及法院则采纳劳动者所提供数据并做出认定。四是,企业应通过劳动合同说明劳动者的工资结构、依据、支付周期等以确保低收入劳动者的工资知情权;企业应当履行将有关工资分配的财务重要信息和数据向工会和劳方代表通报的义务,建立职工代表大会,并公开职工工资调整(上调或下调)的依据和信息,保障低收入劳动者工资协商和调整的权利。③保障低收入劳动者足额获得报酬的权利:一是建立工资账户管理制度,做到职工工资专项,专款专用;二是建立银行代发工资制度,将工资通过银行职工账户进行发放,防止层层拨款带来工资拖欠问题,特别是在建筑、住宿餐饮行业,这种情况在建设领域非常突出;三是规范分期支付工资行为,企业与职工协商实行分批支付工资的,应当每月预付工资,在建设领域争取做到季结季清,年底做到年结年清。

2. 健全工资支付保障信用评价制度

将企业工资支付情况作用企业信用的重要方面,加强信用审查,及时披露信息。对存在拖欠公司的企业要进行约束性的限制。例如,2013年7月江苏省社会法人失信办法进行了分档认定和分类惩戒。将拖欠员工工资设定为失信行为,两个月以内的设定为一个失信行为;拖欠两个月至六个月的设定为较重失信行为;六个月以上拖欠工资的设定为严重失信行为。对严重失信行为的社会法人,列入省市公共信息系统黑名单,并向社会公开,有效期七年。

3. 加强企业工资支付信息方面的监控预警机制

建立企业工资支付信息制度是避免企业侵犯低收入劳动者工资权益的一项前期制度。目前已经出台了关于前期预警的用工备案制度,但是各地执行差别很大，因为不是国家层面法律的规定，特别是一些中小微私营企业以及个体小规模的三资企业根本没有执行欠薪预警的制度，也不进行用工备案。因此建议政府部门监督企业建立工资支付报告支付信息制度的管理和监控。一是，掌握企业工资的标准以及执行的情况，必须保证达到最低工资标准的要求，以确保低收入劳动者获得足额报酬的权利；二是，政府对于多次拖欠工资的企业，要坚决加强预警管理，重点监控。

4. 加强在工资支付保障的监管执法力度方面

按照源头过程严防，综合施策，特别是省级以上层面，建立欠薪保障制度。对工资保证金、欠薪保障基金做出具体规定，提高效率层次，统一管理措施。明确在部分特殊行业，实施工资支付担保责任和连带责任。这个主要针对的是建设行业，要推行工程款担保制度，建设单位工程款支付担保，企业履约担保，以及劳动力工资支付担保。同时对合伙企业也要建立相应的连带责任机制。

5. 加强工会组织建设，完善民主监督机制

一方面，加快工会体制改革以及内部制度建设，增强工会的代表性和独立性，理顺地方工会与产业工会的关系；另一方面，培养选聘懂法律政策、能代表职工、会维护权益、善于协商协调的工会干部或职工代表。还要对企业的分配制度行使监督权，启动民主程序，收集和听取员工的意见，同时结合企业的经济效益、劳动生产率、政府工资指导标准、当时居民消费指数等方面的情况，加强与工会的联系进行集体协商，在不超出工资增长预警线的前提下，制订出工资水平调整方案。企业在工资分配上力求公开、公平、公正，经营者的收入以及考核不再"密薪制"。关于工资分配方案和工资专项集体合同的履行等问题，则需要采取不同的方式予以公开，职工可以行使监督权。

（二）我国低收入劳动者工资权益保障的具体措施

1. 制定倾向于低收入劳动者的减税、让利政策

从调控的角度，考虑到当前企业面临转型升级的严峻挑战，对于劳动密集型企业、微利企业、困难民营企业以及传统服务业的劳动者，增资空间有限，甚至工资足额发放都受到威胁。从实践角度，对于以上困难企业的低收入劳动者通过协商谈判等途径很难保障自己的工资水平，由此建议政府能给予这些低收入劳动群体减免优惠的支持。

2. 建立适合低收入劳动者的人工成本的调整机制

探索减轻苦难企业社会保险缴费的比例，保障低收入劳动者工资性收入的足额方法。参考法国（CICE）"企业竞争力与招工减税优惠"政策，政府承诺，企业将以高于最低工资标准的 1.6 倍至 3.5 倍来雇佣员工时，将得到社会保险缴费的减免。对于企业而言，这一政策相当于针对企业的企业税折扣。

3. 切实维护低收入劳动者的加班权益

首先以劳动合同中约定的加班工资基数为计算基数；其次，对于劳动合同中没有约定加班工资基数的，应当以职工本人本工资支付周期内的全部工资扣除加班工资以外的余额作为加班工资基数。

参考文献

［1］Albin L. Goldman, Robertol. Corrada, *Labor Law in the USA*, Public at Wolters Kluwer Law and Business, Third Revised Edition.

［2］Roger Blanpain, *European Labour Law*, Public at Wolters Kluwer Law and Business, Twelfth Revised Edition.

［3］Patrick J. Cihon, James Ottavio Castagnera, *Employment and Labor Law*, Public at South-Western College/West, 2010.

［4］ILO Public General Survey on Protection of Wages (2003).

［5］苏海南等：《合理调整工资收入分配关系》，中国劳动社会保障出版社，2013。

［6］张东升主编《中国居民收入分配年度报告（2013）》，中国财政经济出版社，2013。

［7］李实等：《中国收入分配研究报告》，社会科学文献出版社，2013。

［8］刘军胜：《中国工资支付保障立法研究》，法律出版社，2014。

［9］王霞：《工资集体协商与利益共享机制》，社会科学文献出版社，2015。

［10］林嘉主编《劳动法和社会保障法》，中国人民大学出版社，2009。

［11］〔德〕W. 杜茨：《劳动法》，张国文译，法律出版社，2005。
［12］李扬主编《2015年中国经济前景分析》，社会科学文献出版社，2015。
［13］黄任民：《劳动力市场与维护职工权益》，光明日报出版社，2014。
［14］王宏：《中国弱势群体的劳动权益保障——基于农民工破产企业职工两大群体》，科学技术文献出版社，2011。
［15］周贤日：《欠薪保障法律制度研究》，人民出版社，2011。
［16］林燕玲主编《国际劳工标准》中国劳动社会保障出版社，2007。
［17］中华全国总工会政策研究室、中国职工交流中心：《台港澳劳动法律法规选编》，中华全国总工会，1997。
［18］劳动和社会保障部劳动科学研究所编《外国劳动和社会保障法选》，中国劳动出版社，1999。
［19］周贤日：《我国港台地区欠薪保障基金制度比较研究》，《比较法研究》2010年第6期。
［20］张学良：《国外企业欠薪保障制度及其对我国的借鉴》，《当代经济管理》2006年第4期。
［21］肖梦塈：《比较法视野下劳动者工资权的法律保障》，《华中师范大学研究生学报》2014年第2期。
［22］陈成文、汪晓宇：《我国低收入分配体制改革的效果评价——以四类低收入群体为例》，《探索》2015年第4期。
［23］刘扬、赵春雨：《我国城镇低收入群体动态变迁及微观致贫因素分析——以北京市为例的考察》，《城市发展研究》2010年第8期。
［24］钱津：《关于低收入问题研究》，《经济学动态》1996年第8期。
［25］中华全国总工会劳动关系研究中一线职工收入课题组：《当前企业一线职工工资收入调查》，《经济学动态》2013年第5期。
［26］北京市政协社会和法制委员会：《关于提高企业一线职工收入水平的调研报告》。
［27］国家统计局宏观经济分析课题组：《低收入群体保护：一个值得关注的现实问题》，《统计研究》2002年第12期。

中国集体协商中工会的代表性研究

梁晓勇*

摘　要： 在集体协商中，工会的代表性是指工会的职业经理机构与工会所代表的职工在利益上的一致性。对集体协商中我国工会的代表性进行研究，加强其代表性建设，能促进我国集体协商工作的进一步发展，提高工会的维权水平，具有重要意义。自我国集体协商工作开展以来，工会代表职工维护劳动权益，发挥了重要的作用。然而，由于目标泛化，手段软弱等原因，我国工会的职业经理机构与其所代表的职工利益相关性不强，工会的代表性仍然较弱，存在不足。对此，本书提出了明确工会职能目标，增强工会维权力量，紧密联系职工会员，加强工会组织建设，全面开展协商工作等措施建议，以增强工会代表性，促进提高我国劳工的权益水平，为社会经济的健康发展做出贡献。

关键词： 集体协商　工会代表性　工会组织

集体协商，是指社会中各经济主体之间利益协调的过程，它是市场经济中相互合作竞争的各方确定劳动条件和处理劳资关系的有效机制。随着我国社会主义市场经济体制的逐步确立，我国劳动关系也日益市场化了。在市场化的劳动关系中，工会代表劳动者参加集体协商，维护劳工权益，是其基本

---

* 梁晓勇，人社部劳动工资研究所研究二室助理研究员，主要研究方向为收入分配、劳动关系、企业管理。

职责。自我国集体协商工作开展以来，工会从计划体制模式下逐步转型，更加重视其维权工作，对促进了我国集体协商工作的开展发挥了重要的作用。然而，总的来看，我国劳工的权益水平并不高，劳动者生存状况不佳，利益被严重侵害事件时有发生。因此，对集体协商中我国工会的代表性进行研究，寻求加强工会代表性建设的途径，以促进我国集体协商工作的进一步发展，对构建社会沟通协调机制，维护利益相关的各方权益，具有十分重要的意义。

一　背景及意义

在我国，工会组织为新中国的建立做出了重要贡献，由此也决定了我国工人阶级领导的社会主义国家性质。这样，新中国成立伊始，便建立了从中央到地方再到企事业单位层级管理的一元化的工会组织体系。工会要将包括一切雇佣劳动者的全体工人阶级吸收并组织起来，共同支持并参加国家建设，努力发展社会经济。然而，由于实行单一公有制的计划经济，国家控制全部社会资源并组织生产、流通、分配与消费，忽略了市场需求的复杂性，也约束了人的能动性及创造力，国家发展及经济建设未能进入正常轨道，实现预期目标。在此期间，劳动者同国家的关系通常由国家行政机关直接调整，工会只是从属于国家行政机关起作用，并没有代表劳动者维护权益的职能。随着我国社会主义市场经济体制改革的逐步深入，2001年人大通过了工会法的修正案，正式将维护职工的合法权益确立为工会的基本职责，这标志着我国现代意义上的工会制度重新开始建立，工会的代表性职能开始恢复。在现代社会，工会通过集体协商代表职工方同相关各方协商，争取并维护职工权益，这是工会代表性职能的重要方面。然而，由于我国经济尚处在转轨时期，市场经济体制仍处于建立和完善中，企业改革、改制发展不平衡，有关法律法规相对落后，这使得我国集体协商工作的开展受到了诸多的限制。一般认为，我国的集体协商工作大多流于形式，并未起到其应有的作用。我国劳动者的劳动时间要比发达国家长很多，劳动所得占国内生产总值的比重却要低很多。据统计，以2009年为例，我国比日本的劳动时间多

30.5%，比美国多27.3%，比英国多38.7%，比加拿大多33.1%，比德国多72.7%，比法国多53.9%。世界重要经济体的劳动者报酬在国内生产总值中的份额一般浮动在50%~57%，例如美国劳动报酬在国民收入中所占的份额，在19世纪后期就已经占到了50%，到20世纪后期的时候已经上升到74%。而我国由于近年来资本要素的增长过快，使劳动所得比例逐年下降，现分配率只有50%左右，处于中下水平。同时，我国收入差距过大，基尼系数过高，现已逼近0.5，严重超过国际公认的基尼系数0.4警戒线。显然，我国广大劳动者的权益水平不高，工会未能为广大劳动者争得最大利益，其维权职能并没有得到切实履行。那么，如何提高我国劳动者的权益水平呢？怎么才能让工会的维权职能真正落到实处？显然，有必要对我国集体协商中工会的代表性进行研究，加强工会代表性建设，以实现我国收入分配的公平正义，维护劳动关系的和谐稳定，并促进国民经济和社会的健康发展。

二 工会代表性概述

在现有文献中，关于工会代表性的研究并不多。有专家认为，工会的代表性是指工会组织的涵盖范围，既包括它所涵盖的人员范围，即它代表谁；也包括它所涵盖的内容，即它代表什么。就前者而言，工会作为职工自愿结合的群众团体，它代表的对象就应该是会员和职工群众。对此，加强工会代表性建设，其内容和目标包括增强工会独立代表身份，明确认定工会代表对象，拓宽工会代表渠道并注重其有效性等；就后者而言，它代表的必然是会员和职工群众的正当权益。对此，其内容和目标包括积极开展工会代表活动并注重其成效，工会代表的成果应为会员和职工群众所认可等。

显然，在此"代表"一词的含义倾向于理解为"显示同一类的共同特征的人或事物"。我国《工会法》第二十条规定，"工会代表职工与企业以及实行企业化管理的事业单位进行平等协商，签订集体合同。"原劳动和社会保障部颁布的《集体合同规定》第三章专门就集体协商代表的产生程序、职责、权益保护等内容进行了规定。其中，第二十条规定，"职工一方的协商代表由本单位工会选派。未建立工会的，由本单位职工民主推荐，并经本单位半数以上职工同意。"显然，在我国的集体协商制度中，就"代表"一词的含义而言，更应理解为是指受委托或指派或被选举出来代替个人、团体、政府办事或表达意见的人。这样，代表性也应该是指代表方为委托方、指派方或选举方办事或表达意见的成效。在此，代表方与委托方、指派方或选举方不是同一方，否则便是当事人亲自办事或表达意见了。而由于我国工人阶级领导的国家政权性质，成为工会会员几乎没有什么门槛限制，在具体法律条款中，工会会员与非工会会员的权利义务也几乎没有什么不同。因此，就工会代表性问题而言，委托方、指派方或选举方一般就是指用人单位职工，不作会员非会员的区分。在我国现行法律法规及日常表述中，工会作为行为主体，有时是指工会的职业经理机构，有时是指整个工会组织，所指对象也没有进行明确的区分。工会法规定，"工会代表职工与用人单位进行集体协商"，在此，工会显然是指工会的职业经理机构。因为，作为组织，工会的各项行为都是由其职业经理机构最后落实执行的。因此，工会的代表性应该是指工会的职业经理机构为用人单位职工办事或表达意见的成效。

  一般来说，工会组织所涵盖的人员越多，所涵盖的内容越广泛，它的代表性便越强。但正如以上所述，工会能否代表广大职工采取措施，争取并维护职工权益，最终都是由工会的职业经理机构组织实施的。因此，如果广大职工与工会职业经理机构的利益不一致，且对其缺乏有效的约束机制，工会的职业经理机构就不一定能够完成既定目标，具有代表性。我国总工会是世界上最大的工会组织，显然会员数量有优势，覆盖面非常高，按照法律规定其代表的是整个职工群体，然而我国工会的代表性却并不强。因此，在集体协商中，工会的代表性应该是指工会的职业经理机构与其所代表的职工在利益上的一致性。这是衡量特定工会的职业经理机构能否有效地为其所代表的职工办事或表达意见的一项指标，如果某一工会的职业经理机构与其职工会员的利益保持一致，那么该工会就是代表性强的工会；而如果用人单位职工的利益受损，工会的职业经理机构却并不会遭受损失，二者的利益不一致，那么该工会的代表性则较弱。以此衡量工会的职业经理机构为用人单位职工办事或表达意见的成效,才能保证社会中各方利益体的力量维持均衡,这样才能促使各经济体健康发展,社会有序运转。

三 我国工会代表性的现状及问题

工会的代表性是衡量特定工会的职业经理机构能否有效地为其所代表的职工办事或表达意见的一项指标,它是指工会的职业经理机构与工会所代表的职工在利益上的一致性。显然,工会代表性的强弱与工会的自身素质、覆盖面以及工会职业经理机构与其职工会员之间的关系等因素有关。在集体协商中,由于组织目标泛化,维权力量有限等问题,我国工会的职业经理机构与其所代表的职工利益相关性不强,工会的代表性较弱,存在不足。

(一)目标泛化,行动缺乏一致性

在社会中,任何组织都有其追求的目标,但我国法律法规对工会组织的目标并没有进行明确界定。计划经济时期,劳动者同国家的关系通常由国家行政机关直接调整,工会只是从属于国家行政机关起作用,工会的目标就是为生产服务。改革开放以后,我国的劳动关系从原先行政性的劳动关系变成了市场化劳动关系。工会就成了自谋职业的雇佣劳动者的合法利益不可或缺的代表者,因此,其目标就应该是维护职工权益。但我国《工会法》第六条规定,维护职工合法权益是工会的基本职责;第七条规定,工会动员和组织职工积极参加经济建设,努力完成生产任务和工作任务。对此,相应地,《工会法》具体列举了工会的各项权利和义务,《中国工会章程》对工会基层委员会的基本任务进行了界定,《企业工会工作条例》对企业工会的基本任务进行了界定。从工会的职责或任务来看,当前,我国工会组织包含两个方面的目标,一方面是维护职工权益,追求社会公平;另一方面是为生产服务,追求经济效率。然而,从某种意义上来说,公平和效率是同一事物的两端，二者同时作为目标存在冲突，不能兼顾。在一个企业中，要求做好生产服务工作提高企业利润，和要求做好维权工作提高职工报酬水平，显然这两者是互相矛盾的，同时设为目标，往往使得责任人无所适从，最后能否实现大多不了了之。由于对职责、任务的界定并非十分科学，以致我国工会目标泛化，限制了其代表性职能的实现，集体协商中工会工作往往流于形式，未能充分发挥其作用。

（二）手段软弱，维权力量有限

我国是工人阶级领导的社会主义国家，作为工人阶级的群众组织，工会是执政党联系职工群众的桥梁和纽带，是国家政权的重要支柱。在计划经济体制下，我国实行生产资料的单一公有制，国家控制着全部社会资源，整个国民经济采取大包大揽的方式，组织生产、流通、分配与消费。那时以"生产为中心的生产、生活、教育三位一体"的基本模式就是建立在工会与企业、政府利益一致的"共谋"关系以及对行政机关依赖基础上的，而工会并没有维权的职能。建立社会主义市场经济体制以来，我国的经济结构发生了很大的变化，非公有制经济迅速发展，公有制经济比重逐渐下降。国民经济由国家大包大揽的局面已经改变，无论是公有制还是非公有制都是以社会化生产为基础的、普遍采用雇佣劳动的、以盈利为目的的资本化经营模式开展市场竞争。一切用人单位与雇主在市场经济中自主经营，自负盈亏，职工群众则已经从依附国家的"主人翁"转变为市场经济下自谋职业的雇佣劳动者，而工会则成了维护职工群众权益的主体。然而，当前我国仍处于转轨时期，有关法律法规相对落后，这使得我国工会的维权行动受到了诸多的限制，一般仍采用计划经济时期的措施，强调自身的官方背景，通过行政手段来协调、干预、协商，通过政府文件形式调节劳资关系。然而，市场经济中各经济体自主经营，自负盈亏，因此，一些经济体很难落实相关措施，而"一刀切"的行政措施往往导致维权形式化，一些效益好的单位也未能提高职工的权益水平。

（三）诉求非对称，关系欠缺平等性

在自由经济的劳动力市场中，由于用人方经营权的作用，劳动者个体处于弱势地位，劳动力价格受到限制，因此，他们团结起来组建工会，由专业的工会工作者控制劳动力的供给，并同经营方、资本方协商，确定劳动力价格的合理水平，维护劳动一方的权益。在此过程中，劳动一方选用工会工作者，并因工会工作者的努力而获益，而工会工作者则从劳动方获益中分享成果，最终由于市场的作用，各方都能获得合理的收益水平。然而，我国《工会法》规定，全国建立统一的中华全国总工会，而基层工会、地方各级总工会、全国或者地方产业工会组织的建立需报上级工会批准。《工会法》第四十一条规定，"企业、事业单位、机关工会委员会的专职工作人员的工资、奖励、补贴，由所在单位支付。社会保险和其他福利待遇等，享受本单位职工同等待遇。"第四十二条第二款规定，"建立工会组织的企业、事业单位、机关按每月全部职工工资总额的百分之二向工会拨缴的经费。"《企业工会工作条例》第二十四条规定，"国有、集体及其控股企业工会主席候选人，应由同级党组织和上级工会在充分听取会员意见的基础上协商提名。"因此，在我国的工会体制中，工会的组建需报上级工会批准，工会工作者的收入则是由用人单位支付的，工会的活动经费也有相当一部分是由用人单位拨缴的，而工会工作者的职务任免则是由上级决定的，或由同级党组织和上级工会协商提名后选举产生。也就是说，在我国职工与工会工作者的关系中，职工需借助工会工作者的专业工作维护自身权益，但工会工作者的利益却几乎与普通职工无关，双方利益诉求不对等，这是我国工会代表性较弱的集中体现。

（四）体系不健全，非公单位未建基层组织

在我国，政府鼓励并提倡组建工会，特别是在非公企业中，新工会的组建及其活动是我国当前工会工作的重点。我国工会法规定，"企业、事业单位、机关有会员二十五人以上的，应当建立基层工会委员会；不足二十五人

的,可以单独建立基层工会委员会,也可以由两个以上单位的会员联合建立基层工会委员会,也可以选举组织员一人,组织会员开展活动。"然而,在市场经济中,企业特别是非公企业拥有经营自主权,他们独立经营,自负盈亏,很少情愿依法拨付经费组建工会,并容忍从事非营利甚至损害营利的工会活动。有资料表明,我国企业拒缴、拖欠工会经费问题严重,各级工会的经费存在难以得到保障的问题。当前,全国工会经费收缴率不足50%,特别是在基层工会中,企业拖欠、拒缴工会经费的现象十分严重,工会经费更为困难。而在小微型非公企业中,由于资产规模、人员规模和经营规模都较小,企业盈利能力较弱,员工收入水平不高,更是无法为工会活动的开展提供必要的经济基础。同时,工会工作的主动权并不在企业员工手中,由于害怕被解聘或内部处理,又缺乏相关的法律知识和组织经验,企业职工看不到参加工会有什么好处,因而参加工会的热情并不高,往往没有积极性和主动性去推动企业工会工作,基层工会的组建及其活动主要靠行政命令来推动。然而,由于缺少企业和员工的参与,行政命令往往执行无力,以致当前我国工会工作形式化问题严重。总之,一些非公企业特别是小微型非公企业尚未组建工会,而一些建有基层工会委员会或设有组织员的企业工会,由于受到经费等限制,一般也不具备法人条件,很难取得社会团体法人资格,其作用十分有限。

（五）制度有空缺,非企单位尚未进行协商

为培育和建立市场经济体制下的新型劳动关系调整机制,我国自1995年颁布实施《劳动法》并配套出台《集体合同规定》以来,已经在企业及企业化管理的事业单位中依法逐步推行了集体协商和集体合同制度。2004年新修订颁布实行的《集体合同规定》第二条规定,"中华人民共和国境内的企业和实行企业化管理的事业单位（以下统称用人单位）与本单位职工之间进行集体协商,签订集体合同,适用本规定",明确规定了该项制度的适用范围。在政府机关及非企业化管理的事业单位中,则尚未制定并实行集体协商或集体合同制度。实践中,近年来,虽然学校等事业单位因待遇低等原因，屡屡发生员工停工、怠工事件，但在政府机关及非企业化管理的事业单位亦尚未发生集体协商签订集体合同的行为。就工资待遇而言，我国《公务员法》规定，政府机关公务员实行国家统一的职务与级别相结合的工资制度，国家定期对公务员和企业相当人员工资水平进行比较，并据此调整公务员工资水平。《事业单位工作人员收入分配制度改革方案》规定，事业单位实行岗位绩效工资制度，国家根据经济发展、财政状况、企业相当人员工资水平和物价变动等因素，适时调整工作人员基本工资标准。我国《工会法》第六条规定，"工会通过平等协商和集体合同制度，协调劳动关系，维护企业职工劳动权益"；第二十条规定，"工会代表职工与企业以及实行企业化管理的事业单位进行平等协商，签订集体合同。"《工会法》明确了工会在企业以及实行企业化管理的事业单位中代表职工与用人方进行平等协商签订集体合同的权利，但未明确在政府机关及非企业化管理事业单位中的协商权利。显然，集体协商中，我国工会在政府机关及非企业化管理的事业单位代表性极弱，制度留有空缺。

四 增强我国工会代表性的措施建议

自20世纪90年代以来，在经济转型过程中，为适应社会关系和劳动关系的变化，我国工会不断加强代表性建设，履职能力有了很大增强，在代表维护职工合法权益方面发挥了重要作用。然而，在集体协商中，由于工会目标泛化、维权力量有限、工会职业经理机构与其所代表的职工利益相关性不强等原因，我国工会的代表性仍然较弱，存在不足。对此，必须明确工会的职能目标，增强工会的维权力量，紧密联系职工会员，加强工会组织建设，全面开展协商工作，积极探索工会代表性建设的各种途径，有针对性地加强工会代表性建设，努力开创工会代表性建设的新局面。

（一）达成共识，明确工会职能目标

在社会中，人的个体或组织的存在都需要特定的物质及精神财富予以维

持，存在着各种各样的需要，而人的个体或组织的需要都是以组织提供产品及服务的方式予以满足的。在组织中，作为人力资本存在的人将环境中的物质、能源、资金、信息、知识等各种资源，与组织中物质资本及其自身结合起来，不断地为环境中的人或其他组织提供着不同的产品及服务。在金融资本的作用下，人的个体或组织不断地为其他人的个体或组织提供产品及服务，也不断地从其他人的个体或组织获得作为资源的各种产品及服务，各经济体分工协作，完成专业化的任务及职责，相互之间既竞争又配合，共同促进了社会生产力的提高及社会的发展进步。在劳动力市场中，由于经营权的作用，劳动者个体处于弱势地位，因此，劳动力价格受到用人方限制，劳动者权益容易受到侵害。这样，劳动者团结起来组建工会，由工会的职业经理机构控制劳动力的供给，并同经营方、资本方协商，确定劳动力价格的合理水平，维护劳动一方的权益。因此，各经济体中，工会尤其是基层工会，其职业经理机构的职能就是代表劳动者维护劳动权益，其目标只能是促进公平。当前，我国工会的一些职责任务，其目标是提高经济效益，这是经济体中管理机构的任务，模糊二者分工，不利于各项工作的开展，弱化了工会的代表性职能，损害了整个经济体的健康发展。因此，必须达成共识，明确工会与管理机构的分工，在相关制度法规中列明工会维护职工合法权益的职能，而不再强制提出其为生产服务的任务，这样有利于理顺各项工作关系，增强工会的代表性，促进社会又好又快发展。

（二）革新机制，增强工会维权力量

在市场经济国家中，工会维权的手段十分丰富，在法律允许的范围内，可以与企业主进行集体谈判、平等协商，不然进行游行示威、联合抵制，也可以开展高层游说活动、进行法律诉讼，最后还可以组织罢工，对社会经济有着重大影响。然而，由于法律法规相对落后，体制机制存在弊端，我国一般强调通过行政手段来协调处理各方关系，化解劳资矛盾。在集体协商中，协商的核心内容是对各方收益水平进行确定，特定时期经济体中一方收益增多必然意味着他方收益减少，存在着不可调和的利益冲突，必然会引发争议。《集体合同规定》第四十九条与五十条规定，企业集体协商过程中发生争议，劳资双方当事人不能协商解决的，当事人一方或双方可以书面向人社部门提出协调处理申请，人社部门应当组织同级工会和企业组织等三方面的人员，共同协调处理集体协议争议。显然，我国的法律法规对集体性劳动争议的处理规定十分模糊，缺少可操作性的内容，往往导致集体协商中我国工会维权形式化的问题。结合对我国企业集体协商的研究，建议立法研究引入中立方参与协商，由中立方及相关各方表决确定各方收益水平，维护劳动者等各方合法权益。当然，在表决时存在多方勾结损害职工方利益的可能性，因此，应该允许工会组织罢工维护职工方利益的权力。我国宪法没有明确规定职工方罢工的权利，但我国签署加入的联合国《经济、社会及文化权利国际公约》规定，"缔约各国应该保证劳动者享有罢工权。"因此，我国《工会法》规定，"企业、事业单位发生停工、怠工事件，工会应当代表职工同企业、事业单位或者有关方面协商，反映职工的意见和要求并提出解决意见。"但显然，工会机构应该是罢工事件的组织者，而非被动参与者，因此，该项规定必须及时予以调整。另外，法律法规还存在着其他诸多不合理规定，限制了我国工会代表职工维护劳动者权益的行动。只有对相关不合理的法律法规及时进行改正，允许职工方采取各种可能的合法手段维护自身权益，才能增强工会维权力量，加强工会的代表性，有效地为劳动者争得更多权益。

（三）紧密联系，建立工会基金制度

在我国集体协商中，工会特别是基层工会（即企业的工会委员会）直接代表企业职工参与集体协商，维护职工权益。然而，在职工与工会工作者的关系中，职工需借助工会工作者的专业工作维护自身权益，但工会工作者的利益却几乎与普通职工无关，双方利益诉求不对等，这是我国工会维权形式化的主要原因，也是我国工会代表性较弱的集中体现。因此，必须赋予普通职工在工会工作中的控制权，改革工会特别是基层工会的领导及经费等相关制度，在普通职工与工会工作者之间建立起紧密的利益关系，这样促使工

会工作者在集体协商中充分了解并表达职工意愿，为职工争得更多权益。

基层工会的工会主席应实行任期制，选举时普通职工或是其他专业人士只要获得一定比例的选举单位职工认可都应有资格参选。选举产生的工会主席在形式上或是法律上都具有绝对的权威，对工会的专职机构人员任免及升迁等事项具有决定权。工会主席及其任免的专职人员代表普通职工参与集体协商，维护职工利益，这是其主要职责。工会主席领导的工会机构履行职责时，应征询职工意见，并最终得到大多数职工的认可。这样，工会才能真实、充分地反映职工意见，以便开展集体协商等工作，化解矛盾，实现和谐。同时，工会，特别是基层工会也必须改革经费制度。工会经费是工会机构运转及其各项活动的保障，包括为工会工作者开支薪水报酬。在西方国家，工会经费一般是由工会会员缴纳的会费提供的。但显然，基层工会的服务工作是用人单位的公共品，也可视为社会的准公共品。作为单位的公共品，基层工会的经费由用人单位提供本也无可厚非。但由此，工会就难免将用人单位的利益放在员工个人的利益之上，且容易受到用人单位经营方或物质资本方的影响，丧失独立性，造成工会本末倒置的问题。另外，既然是用人单位中的公共品，采取入会收费的办法一定会有"搭便车"的问题。近年来，随着工业化国家法制日益完善，其工会组织率出现下降，就是这个问题的反应。因此，将工会机构的服务视为社会中的准公共品，更能体现其职能。基于此，可建立工会基金制度，在社会上成立事业单位性的工会基金管理机构，并由其依法按照一定标准，例如企业及企业职工的纳税规模，给申请成立企业工会的申请人或已成立的企业工会机构拨付活动经费。工会基金管理机构的资金由政府从个人所得税及企业所得税的财政收入中转移支付，或另立税收项目提供。这样，既能规避公权力对市场经济活动的直接干预，又能避免工会机构依附于社会资本而无所作为，真正参与到市场经济活动中去，促进社会和谐发展。

（四）完善体系，加强工会组织建设

当前，我国建立了分级分类的工会组织，全国建立统一的中华全国总工会,同一行业或者性质相近的几个行业,根据需要建立全国的或者地方的产业工会,县级以上地方建立地方各级总工会,企业、事业单位、机关建有基层工会。《工会法》规定,"基层工会、地方各级总工会、全国或者地方产业工会组织的建立,必须报上一级工会批准。"我国公民有集会、结社等自由,组建工会是宪法赋予我国公民的权力,因此,建议工会特别是基层工会的组建无须审批,基层工会组建后只需报上一级工会备案,据此可获得经费等支持,依法开展工会活动。显然,在一些非公企业特别是小微企业中,由于不具备经济条件等原因,未能建立基层工会组织。也有一些具备组建工会条件的经济体,由于拖欠经费等人为限制,未能组建有效的基层工会组织。《企业工会工作条例》规定,"小型企业集中的地方,可由上一级工会直接代表职工与相应的企业组织或企业进行平等协商,签订县以下区域性、行业性集体合同或专项集体合同。"然而,在此,缺少职工参与的集体协商工作往往流于形式,签订的区域性、行业性集体合同或专项集体合同很难真正为职工争得最大权益。对此,可在基层工会的基础上组建行业或区域工会,并由其代表经济体的职工维护权益。在存在基层工会的经济体中,由各基层工会领导机构选举产生行业或区域工会的领导机构。行业工会的活动经费从参加行业工会的各基层工会活动经费中按照议定的比例标准提供。新产生的行业或区域工会领导机构应委派人员到不存在基层工会的经济体中进行代表资格选举,由其所有职工表决是否加入该行业或区域工会。对此,经济体中的管理方可以按照法定的规则做否决陈述,以供其职工参考。如获得通过,行业或区域工会依法代表经济体职工维护权益,经济体则执行行业或区域工会的决议,并按照规定缴纳会费;未通过,则只执行国家劳动法规,不缴纳会费。一般来说,一个经济体只能有一个行业或区域工会代表其职工维护权益。

(五)健全制度,全面开展协商工作

近年来,我国一些公共服务部门,特别是学校等事业单位,因职工待遇低等原因,屡屡发生停工、怠工事件。因此,有必要在政府机关及非企业化

管理的事业单位开展集体协商工作，实行集体合同制度，充分发挥这些部门工会的作用，合理有序地表达职工诉求，维护职工权益，以确保公共服务部门健康有序运行。当然，政府机关、事业单位等部门为社会提供公共服务，其中，一些部门提供的公共服务会直接影响国家安全和社会稳定，对国计民生具有不可或缺的重要作用。因此，在政府机关、事业单位等公共服务部门开展集体协商工作，具有特殊性，应采取特别措施予以规范，特别是对其罢工权进行限制，以避免对经济社会造成重大影响，并保障国民享受基本公共服务的权利。国际劳工组织规定，公共服务中，其终止会威胁生命、个人安全、全体或部分公民健康的服务，包括医疗、电力供给、水道供给、电话服务、航空管制等，是为"严格意义上的必要服务"。如果罢工会威胁到国民的正常生活和享受必要的公共服务，有关公共服务部门应在罢工期间提供"最低限度服务"。

在集体协商中，工会的代表性是指工会的职业经理机构与工会所代表的职工在利益上的一致性。我国劳动者的权益水平不高，生存状况不佳，显然，我国工会的代表性较弱，存在不足。首先，由于法律法规限制，工会自身素质有限，目标泛化，手段软弱，难以有效地开展集体协商，代表职工维护劳动权益。其次，在工会组织中，职工会员需借助工会工作者的专业工作维护自身权益，但工会工作者的利益却几乎与普通职工无关，工会的职业经理机构与工会所代表的职工在利益上不一致，这是我国工会代表性较弱的集中体现。最后，我国工会的覆盖面仍有空缺，集体协商机制也未能全面实行，压缩了我国工会代表职工维护权益的空间。对此，必须明确工会的职能目标，增强工会的维权力量，紧密联系职工会员，加强工会组织建设，全面开展协商工作，积极探索工会代表性建设的各种途径，有针对性地加强工会代表性建设，以促进我国集体协商工作的进一步发展，提高我国工会代表职工维护权益的水平。总之，对集体协商中我国工会的代表性进行研究，加强其代表性建设，这是实现我国收入分配公平正义、维护劳动关系和谐稳定并促进国民经济和社会健康发展的必然举措，具有十分重要的意义。

参考文献

[1] 广东省劳动人事争议调解仲裁院:《劳动人事争议处理法规政策大全》,广东人民出版社,2010。

[2] 刘燕斌主编《国外集体谈判机制研究》,中国劳动社会保障出版社,2012。

[3] 沈琴琴、吴亚平主编《工会管理理论与实务》,复旦大学出版社,2011。

[4] 谢建社等:《中国当代劳动关系研究——以广州企业工资集体协商与非公企业工会组建为例》,中国书籍出版社,2010。

[5] 孙德强:《中国现代工会法律制度构建》,中国法制出版社,2007。

[6] 孟续铎:《劳动者过度劳动的成因研究——一般原理与中国经验》,中国劳动社会保障出版社,2014。

[7] 沈伟、沈扬扬:《调整个人收入差距与促进社会公平研究》,经济科学出版社,2012。

[8] 〔美〕哈里·C.卡茨等:《集体谈判与产业关系概论》,李丽林、吴清军译,东北财经大学出版社,2010。

[9] 梁晓勇:《论组织与管理》,中国劳动社会保障出版社,2013。

[10] 戴文宪:《关于加强工会代表性建设的现实思考》,《工会博览》2013年第8期。

[11] 许晓军、曹荣:《论工会在劳动关系中的独立性与代表性——基于企业工会干部职业化的若干思考》,《中国劳动关系学院学报》2009年第6期。

[12] 陈乃新、楼建兵:《市场经济下中国工会代表性之法学分析》,《郑州航空工业管理学院学报》(社会科学版)2011年第3期。

[13] 狄煌:《我国集体协商和集体合同制度发展状况、立法建议及规范指引课题研究》(待发表)。

[14] 王霞:《我国工资集体协商专项立法问题研究》(待发表)。

[15] 梁晓勇:《我国企业集体协商制度研究》,《探索与创新——中国劳动保障科学研究院2014青年科研成果集》,中国劳动社会保障出版社,2014。

[16] 梁晓勇:《小微企业集体协商制度研究》,载刘学民主编《中国薪酬发展报告(2013~2014)》,中国劳动社会保障出版社,2014。

Ⅵ 最低工资调整机制篇

最低工资标准调整情况

胡宗万*

摘 要： 本文在对"十二五"期间最低工资标准调整情况进行总体介绍的基础上，结合新常态下与最低工资标准调整相关因素的"变"与"不变"，提出了"兜底线、差别化、可持续"的完善最低工资标准调整机制的总体思路和一些具体建议。

关键词： 最低工资标准 新常态 调整机制

"十二五"规划纲要明确，"十二五"期间最低工资标准年均增长13%以上，绝大多数地区最低工资标准达到当地城镇从业人员平均工资的

---

* 胡宗万，人社部劳动工资研究所研究一室副主任，兼任中国劳动学会薪酬专业委员会副秘书长，主要研究方向为工资收入分配和劳动关系政策。

40%以上。总体来看，"十二五"规划目标进展不尽平衡。2011~2015年，每年全国共有20个左右省份调整最低工资标准，远远高于《最低工资规定》中"每两年至少调整一次"的下限要求。1994年至2004年3月，10年左右时间内，每个省份平均调整3.8次左右，年均调整仅0.38次；"十一五"时期，五年时间内全国各地平均调整最低工资标准3.2次，年均调整达到0.64次，全国最低工资标准年均增幅12.9%；"十二五"时期，全国各省份最低工资标准平均调整3.8次，年均增幅13.1%，远高于1995~2004年全国最低工资标准年均8.7%的增幅。同时，最低工资标准占从业人员平均工资40%的目标进展不一。由于尚缺少从业人员平均工资数据，将最低工资标准与在岗职工平均工资、城镇私营单位就业人员平均工资以及折算之后的从业人员平均工资进行比较。与在岗职工平均工资比较，31个省会城市中2015年最低工资标准占上一年在岗职工平均工资比例在40%以上仅有2个城市，占比在30%~40%的有19个城市，占比在23%~30%的则达到10个城市，以最低工资占上一年在岗职工平均工资比例比较，绝大多数省会城市在30%~40%。与折算之后的从业人员平均工资比较，最低工资标准占比在40%以上的城市为20个，占比在30%~40%的为11个，其中占比最高的为53%左右，占比最低的为30%左右。

相比"十二五"期间，2016年最低工资标准调整节奏放缓，调增幅度明显降低，适应了新常态下经济下行压力较大、企业盈利能力下降的实际。2011~2015年，全国依次分别有25、25、27、19、27个地区调整了最低工资标准，对应平均调增幅度分别22.1%、20.1%、17%、14.1%、14.9%。2016年，全国共有9个地区调整最低工资标准，平均调增幅度为10.7%。目前，全国最低工资标准共有100档，除北京、天津、上海、西藏、青海1档、重庆2档、黑龙江5档外，其他省市均为3至4个档。各省会城市月最低工资标准平均在1600元左右。月最低工资标准最高的是上海的2300元，最低的是广西部分地区的1000元。小时最低工资标准最高的是北京的21元，最低的是辽宁、广西部分地区的9.5元。

一 经济新常态下最低工资情况分析

(一)新常态对于最低工资"新"在哪里

新常态下,与最低工资调整紧密相关的劳动力市场、企业效益状况、宏观经济及物价指标等有了新的变化。

一是劳动力市场新变化。劳动力市场的结构性变化,要求相对较快调整最低工资标准。从劳动力市场供求来看,就业总量矛盾相对有所缓解,结构性矛盾逐步凸显。招工难、技工短缺,力工等普通劳动力供不应求,也就是说,最低工资制度的一个重要保障对象的供求关系正在发生变化。同时,从劳动力市场薪酬来看,新常态下平均工资增速有所下滑,但普通劳动力工资收入水平上涨较快。此外,劳动力市场上,普通劳动者要求增加工资待遇的诉求提升,话语权增强。另一方面,当前劳动力市场供求还存在着总体不活跃,局部失业风险和就业压力进一步加大的趋势,要求稳慎调整最低工资标准。

二是企业效益新变化。企业效益的新变化以及最低工资标准调整的传导影响要求稳慎调整最低工资标准。从企业效益状况来看,新常态下经济发展速度下降,部分大中型企业经营效益下降,小微企业融资不易、成本较高的结构性问题依然突出。最低工资标准调整通过影响部分企业固定工资水平、加班工资计算基数、社保缴费基数等,对于劳动密集型行业企业人工成本上涨有一定助推作用。新常态下劳动密集型小微企业生产经营可能还会遇到较大困难,如果经营环境没有明显改善,内部管理和技术改造没有明显提升,继续过快上调最低工资标准将对他们形成压力。

三是经济及物价指标新变化。经济及物价指标的新变化,客观上决定了最低工资标准不宜过快上涨。最低工资标准的可持续增长需要与整个社会劳动生产率的变化相适应,同时为了保证最低工资的实际购买力,其与物价的变动关系密切。从经济增速来看,2016年国内生产总值同比增长6.7%,增速下滑。从物价指标来看，全国城市居民物价增幅为1.5%左右，物价增幅相比前些年已经大幅度回落。新常态下，预计一段时间内物价仍将保持稳定，不会形成通货膨胀推动最低工资标准较快增长。这些都在客观上决定了最低工资标准不宜过快上涨。

四是最低工资调整相关的指导思想、方式方法等发生新变化。指导思想上，"守住底线、突出重点、完善制度、引导舆论"和"共享发展"是新常态下的民生工作思路和发展理念，这就要求最低工资标准调整过程中坚持底线思维和适度思维，不宜超越经济社会发展阶段，努力实现最低工资标准调整与相关经济社会发展指标相匹配，以共建保共享，以共享促共建。制度条件上，新常态下强调市场在资源配置中起决定性作用，同时应更好发挥政府作用，这就要求应更多关注劳动力市场自然形成价格变化情况，依法依规进行调整。方式方法上，新常态下强调问题导向和科学民主决策，要求在最低工资标准调整过程中，从问题出发，依据相关数据、履行规范程序进行最低工资标准调整。

（二）新常态下最低工资"常"在何处

把握最低工资的规律性特征是分析新变化的前提。最低工资制度作为政府在市场经济条件下干预工资收入分配的重要手段，在世界范围内广泛实行，我国也运行二十多年。在运行过程中，最低工资制度形成了规律性的特点，不因经济社会发展形势的变化而变化。主要体现在以下四个方面。

一是最低工资涉及劳动者、企业、社会等相关三方，这些主体不因新常态与否而发生变化。对于劳动者来说，最低工资制度是保障劳动者基本劳动报酬权益的重要手段，最低工资标准的高低决定着直接受影响的普通劳动者及其家庭成员的基本生活保障程度；对于企业来说，工资由企业等用人单位承担，最低工资标准上调，将会对工资水平上调及企业附加的加班工资、社保缴费等支出带来影响，从而影响到企业人工成本承受能力；对于社会来说，最低工资标准上调有助于提升低收入劳动者收入水平，改善收入分配差距，同时最低工资标准调整过快则有可能影响到企业的承受能力，进而影响到社会就业。这就提示我们，研究讨论最低工资标准问题，一定要综合平衡其涉及的三方。

二是最低工资问题涉及政府与市场的关系和边界问题。最低工资政策是政府对劳动力市场的价格干预，也就存在政府与市场的作用和边界问题，在最低工资标准调整上政府既不能"缺位"，也不能"越位"。政府部门确定调整最低工资标准的出发点和立足点，只能是为了公平正义和合理分配，切实保障各种劳动要素获得自己应得的劳动报酬，不能过度干预。这就提示我们，在调整最低工资标准时，需要坚持有限干预、适度干预的原则。

三是最低工资作为劳动力市场的价格起点，也具有与工资相关的一般规律。工资收入水平的高低一般与劳动生产率、劳动力市场供求及价格形成过程中各方力量的强弱等相关，最低工资标准调整也应与劳动生产率增长相协调，同时不能与劳动力市场形成的普通劳动力价格相差太远，这样才符合客观规律，其增长才具有可持续性。

四是最低工资标准调整影响因素相对稳定。就我国来看，最低工资标准调整的影响因素在《最低工资规定》中有明确规定，主要包括当地就业者及其赡养人口的最低生活费用、城镇居民消费价格指数、职工个人缴纳的社会保险费和住房公积金、职工平均工资、经济发展水平、就业状况等因素。世界各国最低工资标准调整的影响因素虽有所侧重，但与国际劳工组织的131号公约建议大同小异，新常态下，最低工资标准调整仍然受到这些因素的影响。

二 新常态下完善最低工资标准调整机制的建议

最低工资标准调整机制的完善应遵循最低工资制度运行规律，结合新常态下出现的新变化，着眼于调整机制相关环节，坚持从我国社会主义初级阶段基本国情出发，充分考虑国内外形势错综复杂、国民经济转为中高速平稳增长，特别是部分小微企业经营困难的实际，把握功能定位，坚持底线思维，建立事前指导事后备案评估衔接机制，统筹处理好维护劳动者权益与促进企业发展的关系，更好地发挥最低工资基本保障功能的作用。

（一）把握"兜底线、差别化、可持续"的总体调整思路

一是"兜底线"。一方面，"兜底线"要求在最低工资标准指导思想和调整方法上必须满足普通劳动者及其赡养人口的基本生活需要。这一人均基本生活水平至少应能保障最低收入户家庭必需支出，应稍高于所在地居民最低生活保障标准所保障的生活水平，同时也应稍高于所在地享受失业保险标准人员的生活水平，并且必须保障普通劳动者及其赡养人口的基本生活水平不因物价上涨而下降。另一方面，在当前经济社会发展背景下，应进一步强调最低工资制度的功能定位是保障劳动者及其赡养人口的基本生活，不宜把最低工资制度作为缓解收入分配差距扩大的唯一"抓手"，不宜仅关注劳动者权益等单一因素而忽视对最低工资标准相关影响因素的平衡。

二是"差别化"。从各地区最低工资标准调整对劳动者、劳动密集型企业和社会就业影响的评估结果来看，不同地区最低工资标准与相关指标匹配程度的差异较大。"十三五"期间最低工资标准调整不宜采取"一刀切"的方式，对最低工资标准过高或过低的地方，国家应进行"窗口"指导，引导各地最低工资标准与新常态下的当地相关经济社会发展指标相协调。

三是"可持续"。完善后的最低工资标准调整机制需按照保证劳动者当前利益与长远利益相结合的原则，兼顾劳动者劳动报酬权益保障程度、企业可承受能力和社会就业影响程度之间的平衡，引导各地在新常态下更加关注最低工资标准调整与人均 GDP 增长相协调，与劳动密集型企业劳动生产率提高相协调，与城镇居民消费价格变动情况相协调，保证最低工资标准调整在新常态下实现长期可持续的增长，将"十三五"规划建议提出的"完善最低工资增长机制"的要求落到实处。

（二）明确功能定位，坚持底线思维

最低工资制度是市场经济条件下政府维护劳动者取得劳动报酬合法权益的重要手段，其功能定位是保障劳动者及其赡养人口的基本生活。新常态下，最低工资标准调整应结合经济发展水平，合理兼顾低收入劳动者发展和企业人工成本承受能力的需要，把握好稳慎调整的总体原则，坚持适时适度调整，量力而行，使最低工资标准增长更好地与经济社会发展相协调。

同时，新常态下，最低工资标准应坚持底线思维，首先，应高于考虑赡养人口系数的最低生活保障标准和失业保险金待遇标准。其次，最低工资标准必须保障普通劳动者及其赡养人口的基本生活水平不因物价上涨而下降。当保障劳动者及其家庭成员基本生活与兼顾企业对人工成本提高承受能力的大小难以兼顾时，合理提高最低工资标准以保障劳动者及其赡养人口基本生活应作为首要目标，这是底线。至于因此可能给部分企业效益及就业带来的负面影响，政府需要以减税、政策扶持等其他综合配套措施帮助困难企业。

（三）规范调整时间和调整幅度，更加关注最低工资标准调整对企业的影响

为了稳定企业预期，引导劳动力有序流动，引导各地运用经济社会发展数据科学合理调整，原则上最低工资标准实施时间统一为某一个时间段。并且最低工资标准发布时间与实施时间应间隔不少于1个月，给企业以充分的消化调整时间。

同时，加强对各地最低工资标准调整幅度的指导。对于连续调整的地区，提供上下限调整幅度方面的针对性建议。对于各地上一次最低工资标准在适度范围内的地区，将同期CPI增幅作为最低增幅，以保证最低工资标准购买力不下降；将本地二、三产业就业人员人均GDP或劳动密集型行业劳动生产率增幅作为最高增幅，以保证兼顾企业承受能力。

（四）完善计算方法，健全协商程序，依法科学民主调整

新常态下，科学决策首先需要完善科学的最低工资标准测算方法。建议继续采用比重法和恩格尔系数法作为最低工资标准的测算参考公式，但是为了更好体现低收入劳动者生活水平不断提高的实际，建议结合住户调查统计数据发布情况，规范明确比重法、恩格尔系数法相关指标口径。将比重法、恩格尔系数法的"贫困户的人均生活费用支出水平""最低生活费用标准""赡养系数""恩格尔系数"等数据口径统一为城镇居民10%最低收入户相关数据；将"调整数"明确为"基本养老保险、基本医疗保险、失业保险的个人最低缴费额"，减少计算方法的随意性。

新常态下，要更加关注最低工资决定过程中相关各方作用的发挥，民主决策，使最低工资标准制定过程逐步转为相关各方对话沟通的过程，兼顾好各方权益，最大程度发挥最低工资制度正面效应。

（五）建立健全事前针对性指导和事后备案评估相衔接的调整机制

新常态下，需要中央政府更加有针对性的宏观指导，更加关注最低工资制度施行对有关各方的影响评估，应建立事前"窗口"指导、事后备案评估的最低工资工作衔接运转机制。

建议由政府、企业、劳动者分别选取专家代表组成国家、地区层面最低工资委员会。最低工资委员会按照最低工资标准调整对于劳动者、企业、社会就业的影响等维度，每年定期对各地最低工资标准调整的适时性、适度性和规范性进行事后评估，同时对下次调整的影响进行事前预评估。其中，适时性评估建议主要评估最低工资标准是否按照规定时间，及时进行调整等；适度性评估建议主要评估最低工资标准调整对劳动者基本生活保障程度、企业人工成本承受能力影响程度、宏观收入分配影响、社会就业影响程度以及与经济社会发展相关指标的匹配程度等；规范性评估建议主要对最低工资标准调整的制定决策程序、备案和执行情况等进行评估；事前预评估建议主要

对最低工资标准相关经济社会指标发展趋势、调整可行性和调整后影响进行预测等。

同时,通过发布各地评估报告,发布年度区域最低工资标准调整系数等量化引导数据,加强对各地调整最低工资标准前的针对性指导。

参考文献

[1] Alan B. Krueger, The Effect of the Minimum Wage When it Really Bites: A Reexamination of the Evidence from Puerto Rico, *NBER Working Paper*, 1994, No. 4757.

[2] Bell, Linda, The Impact of Minimum Wages in Mexico and Colombia, Journal of Labor Economics, Vol. 15, No. 3, Part 2. *Labor Market Flexibility in Developing Countries*, 1997, pp. S102 – S135.

[3] David Neumark, The Employment Effects of Recent Minimum Wage Increase: Evidence from A Pre-specified Research Design, *NBER Working Paper*, 1999, No. 7171.

[4] 蔡昉:《劳动力成本提高条件下如何保持竞争力》,《开放导报》2007 年第 1 期。

[5] 蔡昉、万广华主编《中国转轨时期收入差距与贫困》,社会科学文献出版社,2006。

[6] 傅康生:《实行最低工资制度的经济分析》,《江淮论坛》1995 年第 6 期。

[7] 高培:《我国最低工资测算模型实证研究》,硕士学位论文,暨南大学,2007。

[8] 韩兆州等:《劳动工资与社会保障——广东最低工资调研的统计测算模型研究》,经济科学出版社,2006。

[9] 韩兆洲、安宁宁:《最低工资、劳动力供给与失业——基于 VAR 模型的实证分析》,《暨南学报》(哲学社会科学版)2007 年第 1 期。

[10] 胡宗万:《中国的最低工资制度》,《中国人口年鉴 2012》,2012。

[11] 胡宗万:《"十二五"最低工资标准增长目标的实现途径及其影响》,《湖北师范学院学报》(哲学社会科学版)2011 年第 6 期。

[12] 胡宗万:《新常态下完善最低工资标准调整机制的思考》,《中国劳动》2015 年第 12 期。

[13] 胡宗万:《完善新常态下最低工资标准调整机制》,《中国劳动保障报》2016 年 1 月 16 日。

[14] 贾东岚:《国外最低工资》,中国劳动社会保障出版社,2014。
[15] 杰拉尔德:《最低工资——实践与问题国际述评》,马小丽译,经济管理出版社,1997。
[16] 李明甫:《国外最低工资的确定及调整机制》,《中国劳动科学》1999年第5期。
[17] 李萍、罗竖元:《最低工资制度与初次分配中的公正问题》,《长安大学学报》(社会科学版)2008年第4期。
[18] 李实、赵人伟:《收入差距还会持续扩大吗》,《中国改革》2006年第7期。
[19] 林原、曹媞:《基于T型关联度分析的北京市最低工资标准影响因素研究》,《生产力研究》2010年第7期。
[20] 罗小兰:《最低工资、最低生活保障与就业积极性:上海的经验分析》,《南京审计学院学报》2007年第3期。
[21] 石娟:《我国最低工资标准的就业效应——基于全国和地区的实证研究》,《当代经济管理》2009年第12期。
[22] 苏海南、王学力、刘秉泉、廖春阳:《最低工资制讨论中的几个热点问题》,《开放导报》2006年第6期。
[23] 王丽梅:《中国最低工资制度运行情况分析——以呼和浩特市为例》,硕士学位论文,中国政法大学,2009。
[24] 王梅:《最低工资制度对劳动力市场影响的实证分析》,《开放导报》2008年第2期。
[25] 魏章进、韩兆洲:《最低工资标准测算的一种新方法》,《统计与决策》2008年第5期。
[26] 姚小清:《陕西省职工最低工资界限初探》,《中国物价》1993年第1期。
[27] 张五常:《最低工资种祸根》,《南方周末》2000年11月15日。
[28] 赵武:《厦门市最低工资标准适度性研究》,硕士学位论文,厦门大学,2007。

Ⅶ 实 践 篇

混合所有制企业员工持股报告

许英杰

摘　要： 围绕构建中国特色的混合所有制企业员工持股制度体系的基本任务，分别对我国混合所有制企业员工持股制度的基本概念、理论基础、发展历程、推进现状、政策措施、国际经验、国内实践进行了全面的研究，最终构建形成混合所有制企业员工持股制度体系，并提出进一步完善我国混合所有制企业员工持股制度政策和实践的政策建议。

关键词： 混合所有制企业　员工持股制度　国有企业改革

为了给党和国家制定科学的混合所有制企业员工持股制度政策提供理论

---

* 许英杰，人社部劳动工资研究所助理研究员，主要研究方向为国企改革、工资收入分配和人力资源管理。

支撑，从而推动我国混合所有制企业员工持股制度实践，笔者就混合所有制企业员工持股制度问题开展了全面、深入的研究，以期构建符合我国国情的混合所有制企业员工持股制度体系。为此，笔者对混合所有制企业员工持股制度概念、理论基础、发展历程、推进现状、政府政策、发达国家经验、典型实践以及混合所有制企业员工持股制度体系进行了全面深入的研究。

一　基本概念和理论基础

1. 基本概念

在混合所有制企业员工持股制度概念方面，笔者将混合所有制企业员工持股制度看作混合所有制企业和员工持股制度两个关键词的结合。

由于混合所有制企业可以定义为混合所有制企业是混合所有制经济的微观方面，产权结构中既包括国有产权或集体产权等公有产权，又包括私营经济、外资经济、个体经济等非公有产权，而公有产权又占控股地位的企业法人，混合所有制企业既可以在已有单一公有产权企业的基础上引入非公有资本之后而形成，也可以是单一公有产权企业同单一非公有产权企业共同出资组建而形成，还可以是混合所有制企业引入其他资本或同其他资本共同出资组建而形成。员工持股制度可以定义为以企业员工为目标群体的资金募集机制、利益分享机制、长期激励机制和公司治理的参与机制，通过使员工持有企业的股份，实现员工的劳动提供者和资本所有者的双重身份，从而使员工不仅能够通过提供劳动获得工资，而且也使员工作为资本提供者而取得公司的未来收益权以及公司经营决策权。所以，混合所有制企业员工持股制度可以被定义为在混合所有制企业中所推行的员工持股制度，其概念可以被界定为，在保护国有资产安全的前提下，以混合所有制企业为基本对象的，以混合所有制企业员工为目标群体的资金募集机制、利益分享机制、长期激励机制和公司治理的参与机制，通过使员工持有混合所有制企业的股份，实现员工的劳动提供者和资本所有者的双重身份，从而使得员工不仅能够通过提供劳动获得工资，而且也使得员工作为资本提供者而取得混合所有制企业的未来收益权以及混合所有制企业的经营决策权。

2. 理论基础

双因素理论、分享经济理论、民主公司理论、资产专用性理论、利益相关方理论是混合所有制企业员工持股制度的理论基础。

在双因素理论看来，社会的财富是由资本和劳动两个要素创造的，无论是只有物质资本的投入而没有人力资本的投入，还是只有人力资本的投入而没有物质资本的投入，均不能创造任何的财务或利润。所以，要允许员工通过贷款的方式获取公司股权，从国家层面，要制定相应的税收优惠政策等。

在分享经济理论看来，为了解决滞涨问题，从微观来看，就需要建立员工工资同企业效益之间的联系，实施企业利润分享计划，使企业劳动者也能享受到企业的盈利。

在民主公司理论看来，在民主的公司中，公司和员工之间则不是雇佣和被雇佣的关系，而是成员关系。通过员工持股制度，实现员工作为劳动提供者同企业资本的结合，从而突破员工作为企业主人的产权障碍。在资产专用性理论看来，为了建立起更加稳固的雇佣和被雇佣关系，既然员工对于企业来说是一种专用性的资产，而这种专用性的资产既是员工主动"投资"的产物，也是企业"投入"的产物。所以，就需要建立起一种机制，形成更加牢固的企业和员工之间的关系，而员工持股制度成为一种合意的建立起员工和企业之间更加牢固关系的制度安排。

在利益相关方理论看来，员工是企业最重要的利益相关方之一，通过在公司的产权结构中，引入员工股权的内容，使企业和员工之间的关系不仅仅是雇主和雇员之间的关系，更是股东和企业之间的关系，那么企业和员工之间的利益一致性进一步提升，从而形成了企业和员工之间利益的进一步一致。

二 发展历程和推进现状

1. 发展历程

笔者将我国混合所有制企业员工持股制度的发展分为四个阶段，分别为集资型混合所有制企业员工持股阶段（1984~1993年）、正规型混合所有制企业员工持股阶段（1993~2002年）、激励型混合所有制企业员工持股阶段（2003~2012年）和综合型混合所有制企业员工制度阶段（2013年之后）。

集资型混合所有制企业员工持股制度阶段。混合所有制企业推进员工持股制度的目的主要是为了筹集资金推进企业发展和运营；参与集资型混合所有制企业员工持股制度的员工既可以直接单独行使股权，也可以通过第三方组织代为行使股权；资金的筹集主要是从员工定向募集，并且没有设置任何的预留股为未来员工参与员工持股制度留下空间。所以，这一时期的混合所有制企业员工持股制度既没有体现出员工持股制度所设想的使企业成为资本所有者和劳动所有者的利益共同体，也存在制度设计的"短视"缺陷，并且，由于运作的不规范，超范围、超比例发行内部职工股份、以法人名义购买股份后发给个人、公开发布招股说明书、全国范围内招股、内部员工持股权证的非法交易等问题不断涌现，对我国股份制试点造成了极大的负面影响，并产生了不少社会问题。

正规型混合所有制企业员工持股制度阶段。我国混合所有制企业员工持股制度概念和制度基础进一步规范，发展"混合所有制经济"也成为我国最高政策当局的共识，尽管在国家层面，我国没有出台任何正式的以"员工持股制度"建设为重点的法律法规政策措施，以深圳为代表的我国地方政府成为推进国有企业改革进程中混合所有制企业人员共持股制度尝试的重点。在该阶段，混合所有制企业员工持股制度表现出三个方面的特点，分别为：混合所有制企业员工持股制度的名称更为规范；提升员工福利、形成劳动者劳动联合和资本联合成为推进混合所有制企业开展员工持股制度建设的主要目标；地方政府成为推进混合所有制企业员工持股制度的主力。但是，由于我国制度建设不健全，该时期的混合所有制企业员工持股制度的推进依然具有两个方面的问题，分别为正规型混合所有制企业员工持股制度的推行范围有限、推行员工持股制度的混合所有制企业在股票上市之后依然存在员工抛售股票而牟利的现象等。为此，我国出台了相应的政策措施对正规型混合所有制员工持股阶段的员工持股制度进行规范，并最终喊停这一阶段我国混合所有制企业对于员工持股制度的实践。

激励型混合所有制企业员工持股制度阶段。混合所有制企业推进员工持股的目的主要是"激励",混合所有制企业推进员工持股的对象更多地指向了重要管理层、技术人员等员工,为推进混合所有制企业开展员工持股而出台的法律法规政策举措的针对性也更强,反映了我国对于混合所有制企业员工持股制度的认识更为深刻。但是,由于我国社会主义市场经济体制依然处于完善之中,无论是国有企业改革,还是资本市场建设也均是"摸着石头过河",该时期的混合所有制企业推进员工持股制度还具有一定的问题,分别为混合所有制企业员工持股制度的推行造成了国有资产流失问题、混合所有制企业员工持股制度的推行对我国资本市场的正常秩序造成了一定的损失等。这些问题也造成2008年之后,我国混合所有制企业员工持股制度的推进遭受第三次"困难"局面。

综合型混合所有制企业员工持股制度阶段。从基本特征来看,我国首次提出了推进"混合所有制""企业员工持股"的概念,并从党中央和国务院层面对"混合所有制经济"推进"企业员工持股制度"做出顶层设计;"员工持股制度"同"混合所有制经济"改革结合程度更为紧密;混合所有制企业推进员工持股的目标更为多元化、更具综合性;混合所有制企业推进员工持股制度正处于进程之中。

2. 推进现状

改革开放以来,我国整体国民经济中混合所有制经济成分不断提升,从量的角度来讲,混合所有制经济已经成为我国国民经济的重要组成部分。以混合所有制规模以上工业企业为研究样本,2014年,混合所有制规模以上工业企业数量占所有规模以上工业企业数量的比例已经达到将近30%,混合所有制规模以上工业企业资产总额占所有规模以上工业企业资产总额的比例将近五成,混合所有制规模以上工业企业营业收入总额占所有规模以上工业企业营业收入总额的比例超过40%(41.43%),混合所有制规模以上工业企业利润总额占所有规模以上工业企业利润总额的比例达到43.36%。

从质的角度来看,不仅我国没有进行混合所有制改革的国有企业存在巨大的改革和发展空间,而且我国已经推进混合所有制改革的混合所有制企业也依然存在极大的改革空间。聚焦到我国混合所有制企业员工持股制度,我国混合所有制企业员工持股制度的推进整体处于较低水平,1998年我国上市混合所有制企业员工持股数量相对最高,通过混合所有制企业员工持股制度持有的股份有51.70亿股,之后就一直处于下降态势,截止到2011年,通过混合所有制企业员工持股制度持有的股份再次降低为0.01亿股;从上市混合所有制企业员工持股制度的企业数量来看,我国上市混合所有制企业推进员工持股制度的企业也处于较低的水平。

3. 相关制度政策规定

在中央政府政策层面,2013年、2014年和2015年,党中央和国务院分别通过了《中共中央关于全面深化改革若干重大问题的决定》(2013)、《国务院关于进一步促进资本市场健康发展的若干意见》(2014)和《中共中央、国务院关于深化国有企业改革的指导意见》(2015)三个政策文件,分别提出关于"混合所有制企业员工持股"的政策主张,标志着混合所有制企业员工持股制度的顶层设计也已经基本完成。

在国资委政策层面,2016年,为全面贯彻党的十八大以来相关中央会议精神、落实"四个全面"战略布局和五大发展理念要求,国资委发布《关于国有控股混合所有制企业开展员工持股试点的意见》,对混合所有制企业推进员工持股制度的原则、员工的范围、员工出资、购股价格、持股比例、股权结构、持股方式、股权管理主体和方式、股权流转、股权分红、破产重整和清算、持股方案制订和审批等问题进行了全面的说明,标志着以中央企业为主体的员工持股制度试点工作正式开启。

在证监会层面,2014年,为贯彻落实党中央十八届三中全会所提出的"允许混合所有制经济实行企业员工持股"以及国务院所提出的"允许上市公司按规定通过多种形式开展员工持股计划",证监会发布了《关于上市公司实施员工持股计划试点的指导意见》(2014),对混合所有制企业推进员工持股制度所应当坚持的原则、资金来源、股票来源、期限和规模、管理、实施程序和信息披露等内容进行了全面的阐述,标志着在党中央和国务院的顶层设计指导下,以上市公司为主体的员工持股制度试点工作开启。

三 国际经验和国内实践

1. 国际经验

发达国家(美国、英国、日本)具有四个方面的经验:加强法律体系建设,形成员工持股制度法律支撑体系;完善税收政策,为员工持股制度提供税收优惠;以国有企业为核心,带动所有企业开展员工持股;最大限度减少政府直接干预等(见表1)。

对于我国而言,应结合具体国情,建设具有中国特色员工持股制度;将员工持股制度推进与国有企业改革相结合;因地制宜,根据实际情况发展员工持股制度;考量企业财务状况,一企一策稳步推进。

表1 美国、英国和日本员工持股制度对比

国别	阶段划分	主要做法	主要经验
美国	萌芽阶段,起步阶段,发展阶段,成熟阶段	杠杆型员工持股制度,非杠杆型员工持股制度	税收优惠支持,因企制宜
英国	缓慢发展阶段,快速发展阶段	股票分享计划,收入储蓄计划,股票期权计划	理论基础,国企改革
日本	自主摸索阶段,强制推行阶段,快速发展阶段,成熟运行阶段	日本员工持股制度在出资、管理、退出和政府四个方面具有自身显著的特征	排除高层,融合文化,企业为主

资料来源:根据相关文献资料整理。

2. 国内实践

随着中国证监会于2014年发布了指导上市公司开展员工持股制度试点的意见,我国上市混合所有制企业不断开始推进员工持股制度实践的试点工作。通过对东部地区的典型企业山东黄金、中部地区的典型企业海螺水泥、西部地区的典型企业西宁特钢以及东北地区的典型企业东北制药的混合所有制企业员工持股制度实践进行研究，笔者发现，我国员工持股制度设计同质化有余、探索性不足。

其中，在员工持股制度设计的目的方面，由于我国混合所有制企业是由国有企业改革、改制而来，所以，推进国有企业混合所有制改革、完善混合所有制企业公司治理结构、推进混合所有制企业自身的可持续发展、增加混合所有制企业的活力等往往是四大经济区域混合所有制企业推进员工持股制度的基本出发点。这反映了我国社会主义市场经济的特殊性，更反映了我国国有企业改革、改制以及推进混合所有制企业改革的基本情景。

在员工持股制度设计的原则方面，合规性、自愿性、风险自担是我国混合所有制企业员工持股制度设计的主要原则。

在参与对象的范围确定方面，公司高层管理人员、技术骨干等人员是混合所有制企业员工持股制度设计的重点人群。由于我国混合所有制企业推进员工持股制度更多的是服务于国有企业的混合所有制改革、完善国有企业的公司治理机制，再加上混合所有制企业员工持股制度改革可能导致国有资产的流失，而我国以前所推行的员工持股制度实践不同程度地出现了国有资产流失的问题。所以，在综合型混合所有制企业员工持股阶段，我国员工持股制度实践中，往往在选择参与员工持股制度的对象时，没有将普遍的惠及所有的员工作为根本出发点。

在混合所有制企业员工持股制度的股票来源方面，为了规避以前员工持股制度实践所产生的国有资产流失问题，四个区域的混合所有制企业往往将10%作为非公开发行股票的最高限额，而单个参与混合所有制企业员工持股制度的员工持股比例也不能超过公司总股本1%的水平。

在混合所有制企业员工持股制度的资金来源方面，参与混合所有制企业员工持股制度的员工的合法薪酬以及其他自筹资金是唯一的资金来源，从而排除了杠杆型员工持股制度所涉及的外部借款，这一点同发达经济体推行员工持股制度过程中普遍使用的杠杆型操作截然不同。

在混合所有制企业员工持股制度的行权价格方面，尽管部分作为研究对象的混合所有制企业在员工持股制度设计中并没有将行权价格优惠写入其中，但是大部分企业员工持股制度设计将为员工购买股票提供优惠作为员工持股制度设计的重要组成部分。

在混合所有制企业存续期、变更和终止方面，尽管不同经济区域员工持股制度的存续期不同，但是各个企业的员工持股制度设计均设计到存续期的概念。存续期内，员工持股制度的变更受到严格限制；存续期之后，或者在存续期之内而锁定期之后，员工持股计划则可以按照一定的程序进行终止。

在混合所有制企业员工持股制度的管理模式方面，四个区域典型案例均设计了完善的管理模式，将持股人大会、员工持股管理委员会、资产管理机构乃至公司的董事会纳入管理模式之中，形成了各个不同的组织协调配合、各司其职的局面。同混合所有制企业员工持股制度的管理模式相匹配，我国混合所有制企业推进员工持股制度将资产管理合同的概念也纳入其中。

在混合所有制企业员工持股制度的权益处置方面，我国不同地区的混合所有制企业在员工持股制度设计中均将员工持股制度的权益处置作为员工持股制度设计的重要组成部分。

另外，混合所有制企业员工持股制度均设置了逻辑严密的实施程序。对于员工持股制度草案的拟订、员工持股制度草案的修订、独立董事所扮演的角色、监事会扮演的角色、董事会扮演的角色、员工持股大会、律师事务所的作用、证券监督管理部门和国资委的地位等均进行了详细设计。

四 制度体系构建及建议

基于相关研究，笔者提出了包括混合所有制企业员工持股制度前置部分、混合所有制企业员工持股制度主体部分以及混合所有制企业员工持股制度后置部分三个层面的混合所有制企业员工持股制度框架。

其中，混合所有制企业员工持股制度体系框架前置部分是指混合所有制企业员工持股制度的基本目标和基本原则，它标识了混合所有制企业员工持股制度设计所致力于实现的目标以及混合所有制企业员工持股制度设计所致力于坚持的基本原则,这是混合所有制企业推进员工持股制度的基本立足点,统领了我国混合所有制企业员工持股制度设计的基本内容。

(一)制度体系构建

混合所有制企业员工持股制度体系的主体部分标识了我国推进混合所有制企业员工持股的基本内容,包括混合所有制企业员工持股制度的实施范围界定、混合所有制企业员工持股制度的资金来源、混合所有制企业推进员工持股制度的股份来源、混合所有制企业员工持股制度的期限和规模、混合所有制企业员工持股制度的股权管理等内容。

混合所有制企业员工持股制度后置部分标识了混合所有制企业员工持股制度的组织程序。

(二)主要结论和政策建议

1. 主要结论

通过对混合所有制企业员工持股制度进行全面深入研究,笔者得出七个方面的主要结论,分别为,第一,混合所有制企业员工持股制度具有一般企业员工持股的一般性,更具有混合所有制企业的特殊性。第二,我国混合所有制企业员工持股制度的发展已经经历了三个阶段,正在进入全面发展和推进的第四个阶段。第三,我国混合所有制经济在量上已经成为我国国民经济的重要部分,但是在质上依然存在巨大的改革、发展空间,混合所有制企业员工持股制度的推进整体处于较低水平。第四,我国推进混合所有制企业员工持股制度的顶层设计已经基本完成,相关试点工作也已经着手开始,但是混合所有制企业员工持股制度的推进依然任重道远。第五,不同发达国家员工持股制度具有各自不同的特点,我国需要探索适合我国国情和混合所有制企业实际的员工持股制度设计。第六,我国部分上市混合所有制企业员工持股制度的推行已经展开,员工持股制度的设计同质化有余、探索性不足,有待进一步深化。第七,我国混合所有制企业员工持股制度体系的构建需要基于坚实的理论基础、深度的政策分析、重要的国际经验以及典型的国内实践。

2. 政策建议

基于上述基本结论,笔者提出政府、企业和学术研究三个层面的政策建议。其中,在政府层面,笔者建议:持续深入推进混合所有制企业的员工持股制度试点工作;及时总结混合所有制企业员工持股制度试点经验和教训;适时制定推进混合所有制企业员工持股制度的正式政策;提升混合所有制企业员工持股制度在全面深化国有企业改革改制过程中的"地位"。在企业层面,要按照混合所有制企业员工持股制度方案的设计内容,按部就班地推进员工持股制度的试点工作;既要积极关注开展混合所有制企业员工持股制度试点企业推进混合所有制企业员工持股制度试点的基本情况,又要积极关注主管单位进一步推进混合所有制企业员工持股制度试点的政策导向。在学术研究层面,要进一步开展混合所有制企业员工持股制度相关政策研究;进一步开展我国混合所有制企业员工持股制度实践的案例研究;进一步加强中国特色的混合所有制企业员工持股制度理论体系构建;进一步加强对全球各国员工持股制度实践和最新理论进展的研究。

参考文献

[1] 迟福林:《国有企业改革中的劳动力产权问题》,《改革》1995年第1期。

[2] 高闯:《员工持股制——确立职工主体地位的重要途径》,《经济体制改革》1996年第3期。

[3] 黄群慧、余菁、王欣等:《新时期中国员工持股制度研究》,《中国工业经济》2014年第7期。

[4] 黄速建、余菁:《企业员工持股的制度性质及其中国实践》,《经济管理》2015年第4期。

[5] 蒋一苇:《职工主体论》,《中国劳动科学》1991年第5期。

[6] 剧锦文:《员工持股计划与国有企业的产权改革》,《管理世界》2000年第6期。

[7] 梁爱云:《美国职工持股制度评介》,《广西社会科学》2001年第6期。

[8] 刘金雄、寇纪淞、李敏强:《论职工持股制度的缺陷性——兼评国有资产流失的原因》,《天津大学学报》(社会科学版)2000年第2期。

［9］ 宁向东、高文瑾:《内部职工持股:目的与结果》,《管理世界》2004 年第 1 期。

［10］ 王晋斌:《解析内部职工持股计划制度设计》,《经济研究》2001 年第 7 期。

［11］ 杨欢亮:《西方员工持股理论综述》,《经济学动态》2003 年第 7 期。

［12］ 张仁德、王文创:《美日 ESOP 制度比较及其启示》,《经济学动态》2000 年第 12 期。

［13］ Ellerman D. P., Pitegoff P., "The Democratic Corporation: The New Worker Cooperative Statute in Massachusetts". *Review of Law and Social Change* 11 (3), 1983, pp441 –472.

［14］ Jensen M. C., Meckling W. H., "Theory of the Firm: Managerial Behavior, Agency Costs and Ownership Structure", *Journal of Financial Economics*, 3 (4), 1976, pp305 –360.

［15］ MaCarthy D., Palcic D., "The Impact of Large-scale Employee Share Ownership Plans on Labour Productivity: The Case of Eircom", *The International Journal of Human Resource Management* 23 (17), 2012, pp3710 –3724.

［16］ Wright M., Pendleton A., Robbie K., "Employee Ownership in Enterprises in Africa and Asia", *The International Journal of Human Resource Management* 11 (1), 2000, pp90 –111.

高温津贴标准实施情况分析

刘军胜*

摘　要： 高温津贴是指对劳动者在高温自然气象环境下劳动而付出的特殊的或额外的劳动消耗而给予的一种补偿，本报告在分析高温津贴发放存在制度层次低、适用条件模糊、缺乏责任追究等问题的基础上，提出了应提高制度层级、明确发放条件及标准、加强正面引导避免以发放高温津贴代替劳动保护的对策建议，为健全完善高温津贴制度提供参考和借鉴。

关键词： 高温津贴　劳动标准　劳动保护

国家安全总局、卫生部、人社部、全国总工会于 2012 年 6 月 29 日联合颁发的《防暑降温措施管理办法》（以下简称《办法》）第三条规定："高温作业是指有高气温、或有强烈的热辐射、或伴有高气湿（相对湿度≥80% RH）相结合的异常作业条件、湿球黑球温度指数（WBGT 指数）超过规定限值的作业。高温天气是指地市级以上气象主管部门所属气象台站向公众发布的日最高气温 35℃以上的天气。高温天气作业是指用人单位在高温天气期间安排劳动者在高温自然气象环境下进行的作业……"这是我国首次对高温天气作业进行界定，并将其与高温作业并列。《办法》第十七条同

---

* 刘军胜，人社部劳动工资研究所研究二室主任，主要研究方向为工资分配、劳动关系、企业人力资源管理等。

时规定:"劳动者从事高温作业的,依法享受岗位津贴。用人单位安排劳动者在35℃以上高温天气从事室外露天作业以及不能采取有效措施将工作场所温度降低到33℃以下的,应当向劳动者发放高温津贴,并纳入工资总额。高温津贴标准由省级人力资源社会保障行政部门会同有关部门制定,并根据社会经济发展状况适时调整。"按照该《办法》,高温津贴是指对劳动者在高温自然气象环境下劳动而付出的特殊的或额外的劳动消耗而给予的一种补偿,是与劳动者的劳动消耗或者支出相关的一种回报,是劳动的对价,属于工资的范畴。

一 实施情况及存在的问题

按照《办法》的要求,全国各地普遍结合当地经济社会发展水平制定了本地的高温津贴标准及发放实施方案。据统计,截至2014年,全国制定了高温津贴标准的省、自治区、市有27个。就高温津贴发放的频率而言,规定按天发放的有13个,按月发放的有11个,按月或按天发放的有3个;就高温津贴发放的时长而言,规定发放3个月的8个,4个月的12个,5个月的4个,7个月的1个,还有2个地区发放时长不明确。

就高温津贴发放的水平而言,规定按天发放高温津贴的16个地区(含3个按天或按月发放的地区)。2014年,除天津按职工上年日平均工资的12%发放外,其余15个地区发放的日高温津贴相当于当地日最低工资标准的比例,包括新疆、重庆、海南、宁夏、甘肃、吉林、湖北、云南、四川、陕西、安徽、河南、福建、贵州、广东分别为16.45%、15%、12.63%、12%、11.81%、10.87%、10.71%、10.42%、10.27%、9.77%、9.62%、9.26%、8.21%、7.69%、5.75%。占60%的地区发放的日高温津贴相当于当地日最低工资标准的比例介于10.27%~16.45%。

规定按月发放高温津贴的14个地区(含3个按月或按天发放的地区)。2014年发放的月高温津贴相当于当地月最低工资标准的比例,包括江西、广西、山西、辽宁、福建、浙江、贵州、江苏、内蒙古、湖南、北京、上海、广东、山东分别为17.27%、16.67%、16.55%、15.38%、15.15%、13.64%、13.44%、12.27%、12%、11.86%、11.54%、10.99%、9.68%、8%。占85.71%的地区发放的月高温津贴相当于当地月最低工资标准的比例介于10.99%~17.27%。

就高温津贴发放的主体而言，实际发放高温津贴的企业主要是国有企业和一部分外资企业。他们盈利能力相对较强，对行政指令的认可度相对较高，因此执行《办法》也相对较好；但是民营企业特别是一部分微利企业，盈利能力差，经济的承受能力弱，求生存、求发展的压力比较大，《办法》就没有得到执行或者得到全面执行。据有关部门提供的数据，《办法》在企业的实际执行率仅有30%左右。

就高温津贴发放的对象而言，高温津贴设计的目的是为了补偿劳动者在高温环境下作业所付出的特殊或额外的劳动消耗而设计的工资单元。从这个设计初衷出发，享受高温津贴应该满足两个条件，一是劳动者在高温环境下作业，二是劳动者付出了特殊或额外的劳动消耗。为此，发放高温津贴要体现按劳分配的原则，但是实际执行中却发生了一些偏差，更多的是体现一种平均率，带有普惠性，在一定程度上违背了设计初衷，也影响了《办法》执行的效果。主要体现在以下几个方面。①以一天中的最高气温作为界定高温的标准，也就是只要一天中最高温度达到了35℃，不管一天中温差有多大，其他时段的气温是多高，劳动者都享受高温津贴。②按规定享受高温津贴的月份，一月当中不管出现几天最高气温超过35℃，不管该月的其余时间气温是多高，根据很多地区按月享受高温津贴的规定，劳动者均享受全月的高温津贴。③当前执行《办法》的单位，发放高温津贴并不仅仅针对某些高温环境作业岗位职工，而是针对本单位所有岗位职工，不论这些岗位是不是在高温环境下作业，一律发放高温津贴。正是因为实际执行过程中存在上述偏差，使得职工一天当中高温时段搭了非高温时段的便车，一月当中高温日搭了非高温日的便车，单位当中非高温环境作业岗位职工搭了高温环境作业岗位职工的便车，从而使单位付出了相对较高的高温津贴成本，增加了一部分不应该增加的负担,但是实际应该享受高温津贴的真正在高温环境下作业的职工并没有得到应有的激励,而不应该享受高温津贴的在非高温环境下作业的职工却将其视为一种应该享受的法定福利,使高温津贴在一定程度上违背了其设计初衷。

二 原因分析

产生《办法》执行不统一、不规范,甚至混乱,执行效果不理想,违背制度设计初衷现象的原因是多方面的,概括起来集中体现在以下三个方面。

一是《办法》的法律位阶过低,法律效力不高。现行《办法》尽管是国家四部委联合颁发,但仅是一个规范性文件,行政指令的色彩浓厚,法律地位不高,法律效力较低。

二是《办法》尚有很多不明确之处,加大了操作难度。尽管《办法》对高温津贴享受条件的设定进行了量化,但在实际执行过程中仍然存在着一些模糊之处。比如,按照《办法》,享受高温津贴的条件有两个,包括用人单位安排劳动者在35℃以上高温天气从事室外露天作业和不能采取有效措施将工作场所温度降低到33℃以下。上述条件在实际工作中很难操作,第一,作为享受高温津贴条件的温度是指恒温,是指日最高温度还是指日平均温度?设定条件中并没有明确。但《办法》第三条却将高温天气界定为日最高气温35℃以上的天气,那么《办法》规定的享受高温津贴的条件到底应做何种理解。第二,一天当中只有中午1个小时达到了35℃,而这一个小时用人单位通过调整作息时间没有安排劳动者从事室外露天作业,那么劳动者是否应该享受高温津贴。第三,一月当中,只有少数几天的最高气温达到了35℃,如果按月支付高温津贴,用人单位是不是应向劳动者支付一个月的高温津贴。第四,虽然室内温度降到了33℃以下,但对于移动作业的劳动者,室外温度是35℃以上,是不是也应该享受高温津贴,如此等等问题,《办法》都没有给出明确的解释和说明。另外,《办法》只是笼统地提出高温津贴标准根据社会经济发展状况适时调整，至于高温津贴标准的制定依据、标准的确定办法和调整的依据具体是什么，《办法》并没有明确。

三是《办法》缺乏法律责任规范。对于用人单位不发放高温津贴，应该承担何种责任；接到投诉举报或者通过劳动监察发现用人单位不发放甚至拒不发放高温津贴，相关部门应该如何查处；在劳动争议仲裁或者诉讼过程中，发放或者不发放高温津贴的举证责任，是应该由用人单位承担还是由劳动者承担，等等诸如此类的问题，《办法》都缺乏明确的界定。

三 对策建议

一是提高立法层次。首先，将现行《办法》规定的高温作业应享受的岗位津贴和高温天气作业应享受的高温津贴统称为高温津贴，明确高温津贴是指劳动者在高温环境下作业所付出的特殊的或额外的劳动消耗的一种补偿。其次，要结合我国国情，对高温津贴作为一种法定劳动标准存在的必要性和可行性进行立法论证，如果通过论证，确有必要建立法定的高温津贴制度，就需要通过立法提高其法律地位，增强其权威性和法律效力。

二是要明确享受高温津贴的岗位。设计高温津贴要贯彻按劳分配原则，主要应针对因为高温作业环境存在特殊的或者额外的劳动消耗的岗位，要破除普惠制、福利化和平均率，避免或者减少搭便车的行为。实际上，应该享受高温津贴的岗位主要是指企业内的如下高温作业岗位，包括：①高温、强热辐射作业：冶金工业的炼焦、炼铁、炼钢，机械制造工业的铸造，陶瓷、玻璃、建材工业的炉窑作业，发电厂（热电站）、煤气厂的锅炉作业等；②高温高湿作业：纺织印染作业，深井煤矿作业等；③夏天露天作业：建筑工地、大型体育竞赛场所作业、协警、马路清扫，等等。当然由于不同企业的机械化、自动化和现代化程度不同，上述高温作业岗位的作业环境也不完全一样，一些岗位在一些企业内是高温作业岗位，而在另一些企业内却不一定是。因此，从国家层面将某些岗位明确为高温作业岗位只能是指导性标准，具体到某一个企业，哪些岗位应该确认为高温作业岗位，哪些岗位不应该确认为高温作业岗位，应当参照国家规定的指导性标准通过企业内部的集体协商予以最终确定。

三是要明确享受高温津贴的条件。现行《办法》以地市级以上气象主管部门所属气象台站向公众发布的日最高气温作为享受高温津贴的条件，带有很强的投机性、不稳定性，也给《办法》的执行带来了操作上的难度。这是因为，即使是同一气象条件下，不同工作场所或者同一工作场所的不同时期，温度是不一样的，是不断变化的，以气象温度作为享受高温津贴的条件，不能反映一时一地的真实温度情况，因此，享受高温津贴不能以气象温度为条件，而应坚持人为认定原则，采取一岗一测的方式由用人单位和劳动者共同评估确认，只有这样才能使经认定享受高温津贴的岗位所应具备的条件具有相对稳定性、客观性、真实性。

四是要明确高温津贴标准的确定依据及标准的具体确定办法。高温津贴是一种劳动对价，是劳动者额外劳动消耗的一种补偿，因此，高温津贴的确定标准就应该以额外劳动消耗的价值为依据。决定额外劳动消耗价值的因素有很多，主要包括以下几点。①主体劳动价值，可以用当地职工社会平均工资来表示。②当地经济社会发展水平。③当地劳动生产率水平。④当地物价水平。⑤劳动者本人及平均赡养人口的生活费等。另外，当地劳动力市场的供求状况、劳动者素质以及有关岗位的相对价值等，也是决定额外劳动消耗价值的重要因素，也是高温津贴标准确定应该考虑的因素。

当然，根据上述诸多因素建立模型来测定高温津贴，可以提高高温津贴标准确定的科学性，但是也加大了高温津贴标准确定的操作难度。高温津贴是工资的组成部分，是属于附加工资的范畴，确定高温津贴标准上述因素的同时也是确定劳动者总体工资的因素，因此，我们可以以当地政府制定的最低工资标准或者在岗职工社会平均工资作为参照来确定高温津贴标准。这样既考虑了高温津贴作为额外劳动消耗价值体现的客观性，又兼顾了作为一种附加工资来确定所要求的操作上的便利性。

参照当地政府制定的最低工资标准或者在岗职工社会平均工资来制定高温津贴标准要充分考虑以下两个方面，一方面高温津贴标准不能定得太高，如果太高，会过分加大企业的负担，这样的标准在实际工作中也很难得到执行，尤其是在我国经济发展转入新常态、企业经济效益提升转入新常态的情况下，更要考虑企业的成本承受能力；另一方面高温津贴标准也不能太低，如果太低，对职工的影响力和激励力过弱，导致高温作业职工对社会和企业期望通过高温津贴所表达的人文关怀感触不深。为此，我们根据全国各地执行的高温津贴标准的实际，建议大致参照当地政府公布的最低工资标准的 10%～20% 或者参照当地职工社会平均工资的 2.5%～5% 来确定和调整高温津贴指导标准。

五是要强化正面引导，全面扭转对高温津贴制度的认识。高温津贴作为对劳动者额外劳动消耗的一种补偿，其健全和完善建立在用人单位和劳动者双方协商基础上的高温津贴制度有利于维护劳动者权益，关系劳动者切身利益，受到劳动者的重视，也引起社会各界广泛关注。但是我们应该认识到，高温津贴绝不能代替劳动保护，用人单位以高度的社会责任意识履行好对高温环境下作业劳动者的劳动保护责任，才是维护劳动者高温劳动权益的根本和关键。第一，用人单位应当合理布局生产现场，改进生产工艺和操作流程，采用良好的隔热、通风、降温措施，优先采用有利于控制高温的新技术、新工艺、新材料、新设备，从源头上降低或者消除高温危害。第二，在高温天气期间，用人单位应当根据生产特点和具体条件，采取合理安排工作时间、轮换作业、适当增加高温工作环境下劳动者的休息时间和减轻劳动强度、减少高温时段室外作业等措施，避免或减少高温作业对劳动者的伤害。第三，用人单位应当向劳动者提供符合要求的个人防护用品，并督促和指导劳动者正确使用。应当为从事高温作业的劳动者供给足够的、符合卫生标准的防暑降温饮料及必需的药品。绝不能以发放钱物替代提供个人防护用品和防暑降温饮料。第四，用人单位应当对从事接触高温危害作业的劳动者组织上岗前、在岗期间和离岗时的职业健康检查，对劳动者进行上岗前职业卫生培训和在岗期间的定期职业卫生培训，普及高温防护、中暑急救等职业卫生知识。有关政府主管部门和社会各界要加强对用人单位劳动保护工作的监督检查，督促用人单位做好劳动者高温作业环境下的劳动保护工作，这与监督用人单位按时足额发放高温津贴相比，对于促进劳动者身心健康、促进经济社会持续快速健康发展具有更为重要而深远的意义。

参考文献

[1] 王忠、郗映映：《高温津贴的享受条件与利益衡量》，《中国社会保障》2012年第9期。

[2] 刘冉冉：《广东省高温津贴调查：吹空调有补贴晒太阳无人管》，人民网，2012年7月16日，http://politics.people.com.cn/n/2012/0716/c70731-18525480-1.html。

[3] 桑羽希：《高温作业职工应享有高温津贴》，《工会信息》2013年第15期。

[4] 何爱华：《高温下的劳动保护与人力资源管理》，《劳动保障世界》（理论版）2013年第12期。

制造业高技能人才评价与激励机制

王 宏*

摘　要： 目前我国高技能人才的评价与激励存在着社会化鉴定质量得不到认可、鉴定评价与分配激励衔接挂钩不紧密、人才职业发展空间受限、整体薪酬水平不高且相对公平性较差、存量人力资本开发不足等问题。本报告深入分析了技能人才评价和激励制度本身的缺陷和不足，基于制造业未来发展新趋势和政府简政放权新要求，针对高技能人才的特殊需求，就进一步扩大企业在人才评价中的自主权、更好发挥行业组织作用、促进鉴定与企业用工分配紧密结合、盘活存量人力资本、通过政策引导全面提升高技能人才待遇等提出建议。

关键词： 高技能人才　评价机制　激励机制

高技能人才指具有高超技艺和精湛技能，能够进行创造性劳动，并对社会做出贡献的人。按照《高技能人才队伍建设中长期规划（2010～2020年）》的界定，主要包括技能劳动者中取得高级技工、技师和高级技师职业资格的人员。[①] 十八大以来，党和国家高度重视高技能人才队伍建设工作，

---
* 王宏，人社部劳动工资研究所副研究员，主要研究方向为收入分配、劳动关系和企业人力资源管理。

① 引自《高技能人才队伍建设中长期规划（2010～2020年）》。

各级政府出台了一系列政策措施来提高技能人才待遇、提振人才积极性。总体看来，相对于经济新常态、供给侧改革以及产业结构升级提出的新要求，我国高技能人才队伍依然存在总量不足、结构不合理、年龄断层、缺乏拔尖的领军人才、队伍整体职业荣誉感较差、创新积极性主动性不足等问题。问卷调查显示[①]，高技能人才激励与评价机制不健全是造成这些问题的主要原因之一。为深入分析目前高技能人才评价、激励以及相互衔接机制中存在的问题，工资所课题组开展了针对高技能人才的问卷调查。对二七机车厂、SMC中国、上海大金、赛升药业等现代制造业企业进行实地调研；并分别于北京、上海两地召开座谈会，广泛听取劳动主管部门、职业院校、鉴定机构以及中航工业、中铁集团、江南造船等高端制造业企业代表的意见。以下就高技能人才评价与激励机制的现状、问题进行总结，从更好发挥政府职能角度出发，着重就如何完善制度激发存量人力资本，如何提高人才评价质量（社会化技能鉴定）促进评价与激励有效衔接，如何全方位提高技能人才待遇提出建议。

一 发展与现状

（一）计划经济时期的技术等级企业考核和八级等级工资制

针对新中国成立初期各地区工资形式和标准五花八门的问题，在东北试点经验基础上，1956年7月国务院正式发布《关于工资改革的决定》等一系列文件，改进工人的工资等级制度，拉大工资差距，克服平均主义。中央国营企业实行6~8级工资制度（以8级居多）十大主管部门分地区、分企业分别制定企业职工和干部的工资标准，根据实际情况制定并修订工人的技术等级标准，并组织企业严格按照技术等级标准对工人进行考工定级。工人

---

① 问卷调查对象是参加2016年9月20日~22日在绵阳召开"2016年大国工匠走进中国（绵阳）科技城暨钳工电工专业技能大师工作室带头人交流活动"的，来自全国各地各行业的钳工、电工专业技能大师（90%为技师或高级技师）。

技术等级考核制度和八级工资制的特点：一是设置6~8级的（多数为8级）技术等级，工人发展空间充裕，且每一级有明确的差异化的技术标准；二是由企业严格按照标准考工升级，克服了凭印象和工龄评定工资等级的弊端；三是技术等级与工资标准直接对应，根据工人的技术考工定级结果直接确定工资，人才评价与人才激励"无缝"对接；四是工资水平适中，与管理和技术人员的工资差距比较合理。国务院几次调标后，国家机关行政人员、工程技术人员和企业工人的工资关系变得比较合理：企业工人最低每月30~40元，企业职员最低43~57元，国家机关最低23~66元。工人最高在每月100~135元，相当于企业的车间主任以及财务、计划、劳资等重要部门的负责人。[①]

由于国家对企业工资实行统一计划管理体制下出现的工资增长普遍滞后于技术晋级问题以及执行中的偏差，加上接连受"大跃进"、三年自然灾害特别是"文革"时期的冲击与破坏，工人技术等级考核工作和计件工资制、奖金制度等探索被迫中止。

（二）20世纪80年代，八级工演变为五等级，企业工资管理体制重大调整

配合国有企业管理体制改革，企业工资分配制度改革探索不断推进。1984年、1985年国家出台《关于国营企业工资改革问题的通知》，打破企业工资由国家统一集中管理的模式，实行企业工资总额同经济效益挂钩浮动核定，在工资总额范围内，企业自主决定具体分配形式和分配方案。与此同时，工人技术等级考核制度也得以重建、调整和完善，我国技能人才评价考核形成了"初级、中级、高级三个技术等级考核和技师、高级技师两个技术职务资格考评体系[②]"。

[①] 刘贯学：《八级工资制演变为平均主义大锅饭》，《劳动保障通讯》2003年第12期，第41~42页。

[②] 杨宜勇、杨河清、张琪主编《回顾与展望：中国劳动人事社会保障30年》，中国劳动社会保障出版社，2008，第81页。

随着国家对企业工资管理体制的转变，企业分配自主权逐步得到落实，单纯以操作技术水平决定工资的等级工资制度被打破，工人所从事的岗位和实际贡献等因素重要性逐步提高，结构工资制度逐步成为企业工资分配的主要形式。这一阶段，工人与专技、管理人员的工资差别并没有拉开太大距离。

（三）20世纪90年代，技能鉴定社会化管理体制确立，企业分配自主权全面落实

1993年劳动部颁布《职业技能鉴定规定》，改"工人企业内部考核"为"职业技能鉴定的社会化体制"，同时实行国家职业资格证书制度。到21世纪初期已经初步形成了国家、地方（行业）、鉴定所（站）三级运作的技能鉴定和评价实施工作网络。

在工资宏观调控机制方面，除持续完善对工效挂钩核定指标和核定办法外，国家进一步按照市场经济要求，开展最低工资标准制度和工资指导线等制度的试点工作。在微观领域，1991~1993年，国有企业在劳动部会同相关部委发布一系列文件的指导下，建立以岗位要素评价为基础的岗位技能工资制。

（四）新世纪以来，技能人才多元化评价体系初步建立，全方位激励体系正在形成，少数优秀高技能人才待遇有所提高

在技能人才评价机制方面，不断完善人才评价标准、提高社会化鉴定质量，同时积极开展企业自主评价试点和技能竞赛与鉴定结合的工作模式。自2004年始，国家建立新职业发布和清理制度，不断丰富、调整、发展我国国家职业分类和职业标准体系。2015年，新版《中华人民共和国职业分类大典》正式发布。与此配套，大力推进职业标准和题库开发等基础工作，初步形成包括国家题库和60个地方或行业分库在内的涉及300多个职业的题库网络。自2004年起，国家和地方劳动部门先后选择部分具备条件的中央企业和大中型企业开展对高技能人才的企业自主评价工作。职业

技能大赛按照国家职业标准组织命题，将鉴定要求融入竞赛，获奖者给予晋升职业资格的奖励。目前，包括社会化鉴定、企业人才评价、职业技能大赛和职业院校鉴定评价在内的制造业高技能人才多元化评价体系初步建立。

在人才激励机制方面，以企业为激励分配主体、政府表彰为导向、社会共同关注的全方位激励体系正在形成，少数优秀高技能人才待遇有所提高。高技能人才队伍建设工作得到党和政府高度重视，国务院各部门、各地方不断出台具体政策来提高技术工人待遇。自2008年起，国家将高技能人才纳入享受国务院颁发的政府特殊津贴人员选拔范围。各级政府对做出突出贡献的高技能人才进行奖励表彰奖励。成都市、常州市、苏州市等地开展贯通技能人才与专业技术人才发展通道的试点工作，部分地方还出台政策，允许并鼓励技能人才向国家机关、事业单位流动，打破身份学历界限，消除技能人才向工程技术系列和机关事业单位流动的壁垒。上海、广州、深圳等地区出台高技能人才落户政策，江苏泰州市对于中华技能大奖获得者、国家技能大师工作室带头人等比照省级有突出贡献的专家，发放购房券30万元。镇江、盐城办理"优秀人才一卡通"享受医疗通讯乘车等多项优惠待遇。制造业企业则分别通过拓宽职业发展、提高薪酬福利待遇来激励高技能人才发挥作用：中车集团设首席专家、资深专家、核心技能专家等高技能岗位，纵向拉伸高技能人才的职业发展空间；云南锡业集团"对在集团公司开展的技能比武竞赛活动中取得优异成绩的人员，执行每月300～500元首席操作工津贴制度"[1]；江苏油田规定"凡经技能鉴定授予技师或高级技师职业资格并被聘用的人员，分别按照本人岗位工资的20%或30%增加岗位工资"[2]；还有少数企业已经在开始探索年薪制和其他新型分配模式。

---

[1] 鲍伟岗、王南：《构建企业高技能人才评价、激励机制》，《中国高新技术企业》2010年第9期，第51~52页。

[2] 邓政丰：《构建高技能人才评价工作机制的实践》，《中国培训》2008年第8期，第31页。

二 问题、原因与挑战

(一)存在的主要问题

1. 社会化评价鉴定质量不高,"证出多门"良莠不齐

调研代表反映,目前的社会化鉴定总体质量不高,证书泛滥,良莠不齐,真假难辨。据不完全统计,到 2014 年仅电工就存在 7 个不同部门依法颁发的各类职业资格证书。① 一方面,在鉴定实施环节存在考培不分、证书泛滥甚至是资格买卖等违法违规现象,另一方面,存在行业鉴定和地方政府鉴定之间互不相认的情况,影响证书的权威,制约人才正常流动。

2. 鉴定结果企业不认可,评价与激励挂钩不紧密

社会化技能鉴定考评仅反映工人对照鉴定题库要求的操作技术水平,并不代表本人实际岗位工作,更不能反映其实际工作业绩和实际贡献。职业标准和鉴定题库明显滞后于生产实际,加上鉴定机构良莠不齐,总体质量不高,企业不愿意直接认可社会化鉴定的职业资格证书,更不愿意简单根据鉴定结果兑现工资。

3. 存量人力资本开发不充分,影响发展后劲

根据人力资源和社会保障部汤涛副部长早前的讲话,目前全国已经有 1.6 亿人次取得职业资格证书,而取得高级工以上的高技能人才总数已经达到 4500 万。调研中发现,一些已经取得技师、高级技师证书的高技能人才,因为缺乏合适的激励方式或平台,无法发挥自身价值,个别人选择退出技术操作岗位转入管理或工程技术行列;但更多的人则出现原地踏步、消极懈怠的情况,主动钻研技术、不断提升自我价值的压力和动力都不足。

4. 薪酬待遇的相对公平性较差,满意度不高

根据课题组组织的高技能人才代表问卷调查结果分析,七成(70.6%)

---

① 袁良栋:《职业资格证书制度创新发展研究》,中国言实出版社,2014 年 12 月第 1 版,第 4 页。

的高技能人才月固定工资在8000元以下（见图1）；超过六成（66.7%）的调查对象预计自己2016年全年仅能够领取3万元以下的奖金或没有奖金。固定工资和奖金结合起来分析，大部分高技能人才的年收入在5万~15万元，少数所在企业效益差或地处偏远地区的高技能人才收入可能低于5万元。与管理和技术两支队伍相比，高技能人才的工资水平相对较低。问卷调查显示，超过半数（51%）的被调查高技能人才代表认为本人工资收入低于一般管理人员，16.6%的人认为甚至没有达到一般管理人员的一半工资（见图2）。

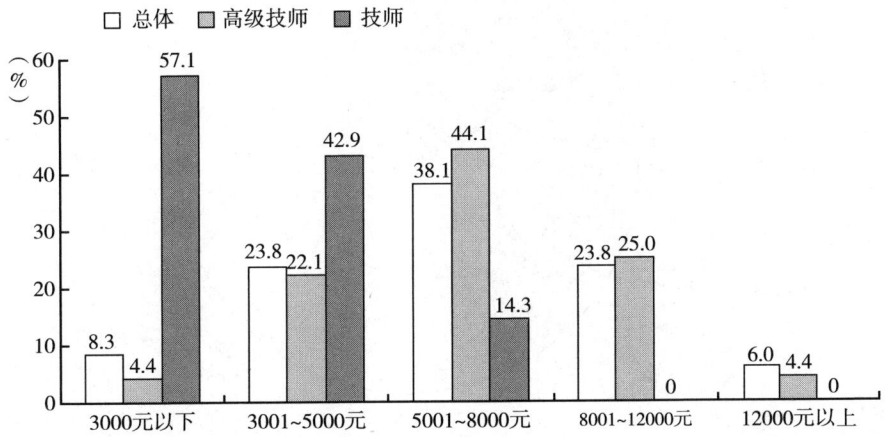

图1 您2016年8月的固定工资收入是多少？

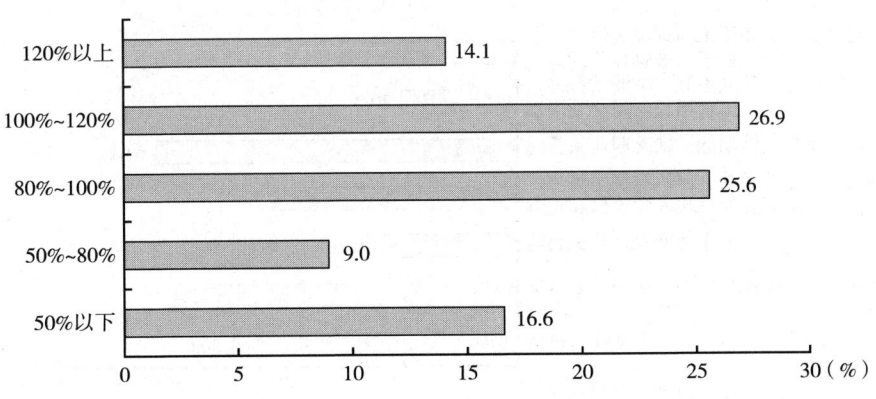

图2 您的工资收入相当于本单位一般管理人员的多少倍？

相对于自己的劳动付出实际贡献和素质技能水平,58.6%的被调查对象认为自己的工资收入满意度为"一般"、"不太满意"或"很不满意"(见图3);"工资收入与管理和技术人员相比不公平"(52.4%)和"工资收入过低"(50%)已经成为影响高技能人才创新积极性的重要制约因素(见图4)。

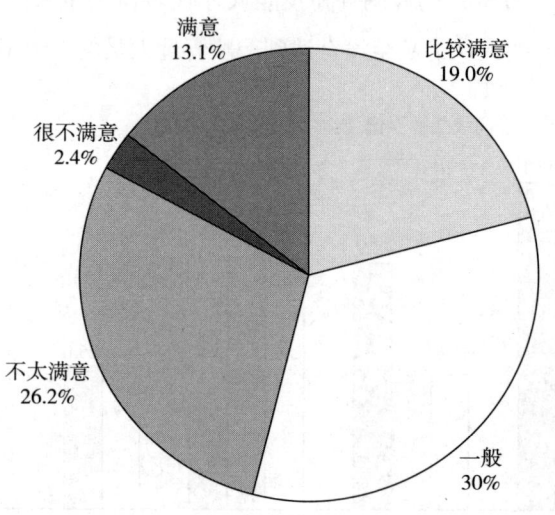

图3 相对于您的劳动付出实际贡献和技能水平,您对自己现在的工资收入水平是否满意?

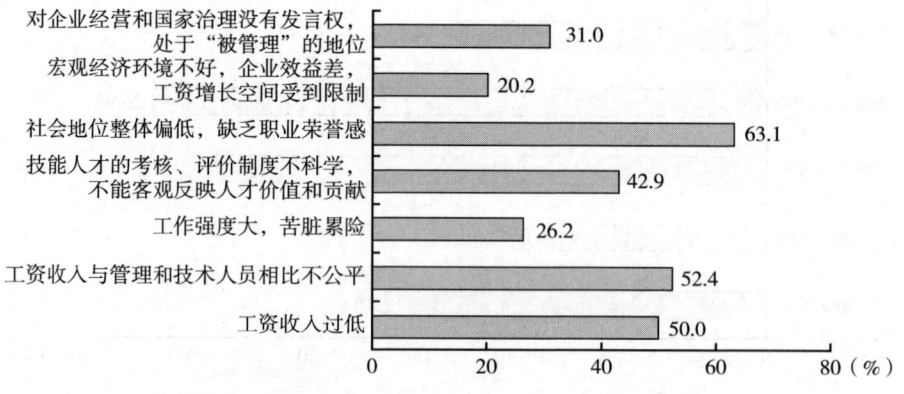

图4 您认为制约技能人才积极性的主要问题是?

5. 发展空间受限制，职业荣誉感和社会地位较低

问卷统计结果显示，参加调查的高技能人才认为关于制约技能人才工作积极性的首要障碍就是"社会地位整体偏低，缺乏职业荣誉感"（63.1%），其次才是经济待遇问题；此外还有31%的被调查对象认为技能人才"对企业经营和国家治理没有发言权，处于被管理地位"（见图4）也是重要因素。目前国家颁发的技能操作人员职业资格证书仅有五级，技能人才职业发展的纵向通道太短。同时受自身学历或传统身份观念限制，技能人才很难进入经营管理层，进入国家机关或事业单位则难上加难。这种在社会地位和社会认同方面的差距，是导致优秀学生不愿意当工人、青年技术工人不安心于本职工作的重要原因，也是制约高技能人才发挥积极性、主动性的关键因素。

三 制度性原因分析

导致上述问题的主客观因素非常复杂，既有过去粗放型经济发展方式和多数制造业企业处于产业低端的制约，也有我国劳动力市场长期供大于求的负面影响，更有来自我国传统社会文化观念的束缚，其中我们在制度设计层面的问题和不足也很明显。

一是人才评价标准落后，职业工种目录、职业标准和鉴定题库开发都滞后于现代制造业生产实践的飞速发展，导致鉴定结果脱离企业生产实际需要，突出表现在航空设备、飞机、船舶、动车等高端设备制造、精细制造和智能制造领域。

二是社会化鉴定评价内容单一，只考核操作技术水平而不能反映业绩表现和实际贡献，不能全面体现人才价值，直接按照职业资格等级证书支付工资的做法不合理。

三是技能鉴定和职业资格证书管理制度不完善，技能鉴定等级设置少，人才职业发展通道短；职业资格能上不能下，对存量人才缺少动态管理机制，影响人才队伍持续发展后劲。

四是社会化鉴定的管理体制没有理顺，部门责权不清晰，存在事实上的

"多头管理"，损害了职业资格证书的权威性与统一性；监管不严格，在鉴定实施环节还存在超范围鉴定、考培不分甚至是资格买卖等违法违规现象。

五是工资决定和正常增长机制不合理，工资协商流于形式，多数企业仍然单方决定工资，限制了提高技能人才待遇的空间。

六是技能要素按贡献参与分配的制度探索落后，技能人才薪酬分配形式单一，缺乏与企业效益增长和长远发展紧密挂钩的中长期激励机制。

四 新趋势、新挑战和国外有益经验

随着信息化、智能化、网络化与制造领域的深度融合，特别是我国实施《中国制造2025》以后，制造业将出现两大发展趋势：一是在航空航天、精密设备制造等技术含量较高的制造领域，生产操作人员与技术人员工作内容日趋融合；二是职业工种的新陈代谢、分化整合将进一步加快。另一个变化是按照新一届政府简政放权的整体要求，2014年以来国家分七批取消了434项职业资格，今后将对职业资格设置和认证严格控制。客观形势变化要求加快调整和改进高技能人才评价与激励的工作思路和具体方法。

发达国家和地区技术工人的经济待遇一般较好，在发展机遇和社会地位等各方面与政府雇员、管理技术人员并没有太大差别。在应对产业结构升级挑战、处理社会化鉴定与企业自主分配关系问题上，发达国家的有益经验值得我们学习。

首先，技能人才向工程技术领域转换的通道非常畅通。如韩国政府规定技能序列只要满足7~9年实践工作经验可以申请参加专业技术领域"技士"的考试，实现技能向技术领域的自然晋升转换。

其次，政府主要通过发布价位信息来引导形成合理的工资水平。如美国《2016~2017职业展望手册》囊括了329种职业大类的576个具体职位，每个职业都详细介绍工作内容、地点以及教育或培训基本要求、薪酬水平，并对未来一段时期内工资增长进行预估判断，从而引导企业和劳动者合理确定工资。

最后，政府重视发挥行业组织和企业主体作用。日本开发职业资格、制定标准具体职责均由中央职业能力开发协会和督道府县职业能力开发协会（各设置一个企业行业协会作为其主要会员）负责；同时，政府在组织职业考核、颁发执业证书外，还实行企业内部鉴定认可制度，允许企业根据自定的考核标准，对技能振兴做出贡献的高技能人才进行评价和奖励。

此外，发达国家技能人才评价（职业资格证书）的管理体制完善、监管有力，有立法保障作为鉴定管理的依据，并据以规范相关机构的权力和责任。

五　改革思路及政策建议

（一）总体思路

制造业高技能人才的用工市场化程度高，企业是使用、培训、评价和激励人才的主体，高技能人才的评价与激励体系中，政府职能应当更多地转向制定市场规则、监督市场运行、弥补市场失灵、消除人才流动障碍、营造市场环境和提供更加优质和均等的公共服务方面。今后一段时期内高技能人才评价与激励机制的改进和完善思路应当是：遵循"政府引导、企业自主、行业参与、工会助推、院校配合、社会支持"原则，进一步发挥企业自主性和行业、工会、培训机构的积极性，通过"立规矩、转职能、严监管"提高人才评价质量和企业认可度；通过"修标准、重实践、业界评"促进社会化鉴定评价与企业用工分配的有机结合；通过"建通道，搭平台，定期审"进一步盘活存量人力资本，增强发展后劲；通过"政策支持，信息引导，破除壁垒，公共服务"树立激励导向，全面提高技能人才待遇。

（二）具体政策建议

1. 立规矩、转职能、严监管，提高评价质量和认可度

进一步完善职业资格鉴定认证的管理制度和管理体系。采用政府购买服务等形式引入竞争机制，逐步将鉴定认证具体职能向社会转移。严格对培训和认证机构的监督管理。

2. 修标准、业界评、重创新、重传承，进一步发挥企业自主性和行业、工会积极作用

借助行业组织和典型企业作用，参考国家技能大赛成果，加快职业标准和试题的开发，形成动态调整机制。完善职业标准体系，增加业绩和实践经验要求，促进社会化鉴定与企业生产实践要求有机结合。继续推行技能竞赛与职业技能鉴定相结合的工作方式，借鉴地方成功经验，进一步发挥行业组织制定职业标准、开发题库和组织技能鉴定等方面的职能。

3. 建通道、搭平台、定期审，激发存量人才活力

为进一步调动存量人才积极性，建议在国家重点制造行业，探索在现有五级职业资格等级的基础上向上增加"大师"和"特级大师"等更高等级，鼓励技能人才在生产操作领域纵深发展；贯通技能人才与工程技术人才相互转化通道，允许符合条件的高技能人才向机关事业单位流动。探索建立高技能人才资格的注册登记或定期审查制度，打破职业资格证书终身制，督促高技能人才在生产一线继续做出贡献。

4. 政策支持、信息引导，促进企业提高稀缺优秀人才待遇

完善人才表彰体系，鼓励各级政府部门对高技能人才提供政策支持。鼓励企业探索实行高技能人才的协议工资、项目工资和年薪制等新型分配形式；鼓励企业将高技能人才纳入股权、期权、分红等中长期激励方案，健全技能要素按贡献参与分配制度。加快建立重点行业高技能人才工资指导价位和职业需求预测发布制度，引导企业有针对性地提高重要岗位关键人才薪酬待遇。

5. 破壁垒、多服务，解除人才发展的后顾之忧

统筹规划技能人才、专技人才、经营管理人才和海外引进人才等各类人才政策，保证高技能人才享受相应待遇。探索建立职业资格与相应的职称、学历可比照认定制度。对于实行居住证积分落户颁发的地区，建议"高级技师""技师"分别按照高和中级专业技术职务采取按相同分值积分；在调整企业退休人员基本养老金时，建议对优秀技能人才（如"全国技术能手"）等比照高级专家调整办法予以倾斜。政府为高技能人才及其家庭提供就业、教育等公共服务或优先优惠，通过加大表彰宣传提升高技能人才的社会地位。

参考文献

［1］袁良栋：《职业资格证书制度创新发展研究》，中国言实出版社，2014。
［2］杨宜勇、杨河清：《回顾与展望：中国劳动人事社会保障30年》，中国劳动社会保障出版社，2008。
［3］莫荣主编《国际人力资源社会保障报告（2014）》，中国劳动保障出版社，2014。
［4］刘贯学：《八级工资制演变为平均主义大锅饭》，《劳动保障通讯》2003。
［5］鲍伟岗、王南：《构建企业高技能人才评价、激励机制》，《中国高新技术企业》2010年第9期。
［6］邓政丰：《构建高技能人才评价工作机制的实践》，《中国培训》2008年第8期。
［7］马晶：《西方企业激励理论述评》，《经济评论》，2006年第6期。
［8］闫永志、舒有珍等：《首钢高技能人才评价试点工作的新发展》，《中国培训》2012年第2期。
［9］李亚军、罗钢：《高技能人才评价的创新探索——深圳高训基地实证研究》，《职教论坛》2009年第33期。
［10］劳动工资研究所课题组：《提高技能人才待遇问题研究》，2016年10月。

关于工资内涵和外延界定的再认识

刘军胜[*]

摘　要： 工资概念内涵和外延的科学界定是制定工资制度的重要基础。关于工资的内涵和外延，国际上有多种解释，我国多部部门法对工资的界定也不尽相同，与法律出台时的经济体制、用人制度和工资制度实践有关。当前的工资管理实践和管理目标，需要符合市场经济的特点和要求，对工资内涵和外延界定的再认识，也需要更多地结合国际惯例。科学界定工资定义，将为健全和完善我国工资立法提供参考和借鉴。

关键词： 劳动报酬　工资界定　工资管理

工资是工资制度的基础概念，我国现行法律法规规章先后作过五种界定[①]，反映了不同部门法在不同历史时期对工资内涵和外延界定的不同认识和要求。正是由于有关工资的界定较多，彼此差别较大，核心内涵的认定缺乏共识，导致实践中工资信息统计、计算、披露乃至司法裁定上的混乱，因此界定好工资不仅是健全和完善工资制度的要求，也是有效解决当前管理实践领域一系列问题的迫切需要。本书重点从劳动法角度对工资的界定进行探讨，提出了重新界定工资的建议，供有关部门参考和借鉴。

---

[*] 刘军胜，人社部劳动工资研究所研究二室主任，主要研究方向为工资分配、劳动关系、企业人力资源管理等。

[①] 刘军胜：《中国工资支付保障立法研究》，法律出版社，2014年5月第1版，第35~37页。

一 现行界定及实践背景

劳动法体系对工资作过两次界定,一是《工资支付暂行规定》(劳部发〔1994〕489号)将工资界定为用人单位依据劳动合同的规定,以各种形式支付给劳动者的工资报酬;二是《关于贯彻执行〈中华人民共和国劳动法〉若干问题的意见》(劳部发〔1995〕309号)将工资界定为用人单位依据国家有关规定或劳动合同的约定,以货币形式直接支付给本单位劳动者的劳动报酬。两次界定时间跨度不长,且均出自原劳动部,界定形式基本相同,内涵相近,反映了计划经济体制向市场经济体制转轨初期企业工资管理实际及对工资的认识,具体体现在以下四个方面。

一是工资支付依据相对固定。依据国家有关规定或者劳动合同约定向劳动者支付工资,是劳动法实施初期的工资支付实际,当时,多数单位确定劳动者工资的主要依据仍然是国家统一制定的工资制度,部分企业依法开展了劳动用工制度改革,与劳动者建立了劳动合同关系,开始在劳动合同中约定工资。进行了用工制度改革且进行了工资制度改革的企业,在劳动合同中约定的工资标准就是企业自行制定的工资制度中明确的工资标准;进行了用工制度改革但没有进行工资制度改革的企业,在劳动合同中约定的工资标准仍然是国家统一制定的工资制度中明确的工资标准。因此,国家有关规定或者劳动合同约定为工资支付的依据是当时人们的主流认识。

二是工资支付形式单一。货币形式为工资支付的唯一形式也是转轨初期人们对工资支付形式的普遍看法,劳动法实施初期很长一段时间,我国企业大多仍然沿用计划经济条件下"低工资、高福利"政策,工资和福利是严格分开的,工资为货币形式,福利大多数情况下为非货币形式,且为非市场化的内部福利,在这样的管理环境下,将工资支付形式认定为货币形式,有利于清晰划分工资和福利的界限,有利于国家强化对企业工资和福利的统计、监控和管理。

三是工资支付方式直接。劳动法实施初期,工资支付主体是用人单位,支付对象是劳动者，工资由用人单位按月以货币形式直接支付给劳动者，支付主体和支付对象是一一对应的关系，整个支付过程简单而直接。

四是对工资本质的认识表层化。转轨初期，人们对劳动作为一种商品的认识还不是很到位，普遍认为工资应是劳动报酬，但这种劳动报酬的本质是什么，最终应根据哪些因素确定，认识上还很模糊且表层化。

二 工资管理实践深刻变化及对工资界定的要求

当前我国经济社会发生巨大变化，社会主义市场经济体制基本建立，符合社会主义市场经济运行的法律法规制度体系逐步健全，与劳动法实施初期相比，我国企业工资管理实践发生了深刻调整，对工资界定提出了新的要求。

一是工资支付依据动态化。当前，我国所有企业都完成了用工制度的市场化改革，且制定了随企业战略不断调整的内部工资分配制度，实现了企业内部工资分配方式的多样化、动态化，虽然劳动合同中约定了工资标准，但常常只是约定了工资的基本部分，企业内部实际执行的超出的部分，或者根据战略调整对劳动者激励的要求而安排的更多的工资分配在劳动合同中并没有明确约定。国家规定的工资标准也只是底线标准，企业为了激励员工，实际上向员工支付了比国家规定的底线标准更高的工资。因此，将工资支付依据仅仅界定为国家有关规定或者劳动合同约定，而将用人单位实际执行的、随战略不断调整的、比依据劳动合同约定或者国家有关规定确定的工资多得多、高得多的那部分支付给劳动者的劳动报酬排除在工资范围之外，显然是大失偏颇了。

二是工资支付形式多样化。当前，企业福利全面市场化，工资管理和福利管理高度融合，再一味强调工资支付形式的单一货币形式，不仅不利于实现用人单位工资分配制度与市场经济体制的对接，实现企业工资分配与国际接轨，而且也不利于企业工资分配的多样性、灵活性，充分发挥工资分配的激励功能。因此，应当按照全面薪酬理念，将工资支付形式确定为货币形式和非货币形式等多种形式,彻底改变工资分配单一货币形式的僵化局面。

三是工资支付方式间接化。当前部分用人单位仍然使用货币向劳动者直接支付工资,但是趋势性的工资支付方式已悄然发生,比如,工资支付主体发生了变化,管理相对规范的用人单位都采取委托银行代发工资的方式向员工支付工资。另外,《劳动合同法》出台以后,劳务派遣单位可以通过派遣协议约定由实际的用工单位而非用人单位向劳动者支付奖金、加班工资等工资待遇。正是由于现实生活和法律实践中存在多种工资支付方式,因此再单纯强调工资的直接支付就禁锢了实践,丧失了操作价值。

四是对工资本质的认识不断深化。随着市场经济体制的不断健全和完善,工资作为劳动对价的本质认识不再像转轨初期那样遮遮掩掩、模模糊糊,而是逐渐清晰并在社会上形成共识,这就要求我们在工资界定中将工资的本质清晰地表达出来、旗帜鲜明地立起来,以澄清社会认识,更好地指导工资管理实践。

三　关于工资界定的建议

根据当前新的工资管理实践及存在的问题,结合人们对工资本质的新认识,对劳部发〔1994〕489号和劳部发〔1995〕309号有关工资的规定进行修改,重新界定工资的内涵和外延,既必要又紧迫。

重新界定工资应当坚持以下原则。

一是尊重实践。工资界定要高屋建瓴,凝练概括,既要充分总结当前用人单位的工资管理实践经验,体现市场经济条件下工资管理领域的最新实践成果,又要坚持问题导向,将工资管理领域存在的问题梳清捋细,通过工资界定促进这些问题的解决。

二是抓住要概。工资界定要通俗易懂、简洁高效,因此要坚持抓主要矛盾和矛盾的主要方面的原则,克服主次不分、面面俱到,抓住市场经济条件下工资决定的关键因素,精准揭示工资的本质属性。

三是扬弃创新。工资界定要坚持扬弃原则,对以往界定中不合理的部分，要予以剔除；对以往界定中的合理成分，要借鉴吸收。既要继承，以体现工资管理实践的连续性；又要创新，使其适应、引领和指导新的工资管理实践。

四是开放共享。工资界定要坚持开放原则，就是要以成熟市场经济国家的视角，以开放开阔的视野审视和借鉴吸收国际上工资界定的经验，以实现与国际普遍认识的合理对接。要坚持共享原则，就是要本着放权松绑、重在引领的精神，通过工资界定引领用人单位搞好搞活内部工资分配、实现发展成果与员工共享。

为此，就工资界定提出建议：工资是用人单位因劳动者履行岗位劳动而支付给劳动者的货币形式或者非货币形式的劳动报酬。要准确理解这一界定，需要把握以下几点。

一是深化对"劳动者履行岗位劳动"的认识。劳动者履行岗位劳动是工资支付的内在依据，劳动者有且只有履行岗位劳动，才能获得工资报酬，这也是工资作为劳动对价的本质要求。对劳动者履行岗位劳动要做全面准确的理解，横向来讲，包括劳动者履行岗位劳动的能力、行为和结果；纵向来讲，包括劳动者过去、现在、未来履行岗位劳动的能力、行为和结果，只有从横向和纵向两个维度来认识和理解劳动者履行岗位劳动，才能全面、系统地理解工资形式的多样性、工资结构的复杂性。比如工龄津贴，是劳动者过去履行岗位劳动的能力、行为和结果的积累的补偿，也就是说，正是由于劳动者有这种积累，企业才愿意设置工龄津贴这个工资单元对其予以补偿。再比如，一些用人单位之所以将本单位的股票或股份作为奖金分配给劳动者，是因为该单位看到劳动者具有某种特殊的潜在地履行岗位劳动的能力、行为和结果，否则用人单位就不屑于向劳动者提供此种形式的工资报酬。

将劳动者履行岗位劳动而获得的劳动报酬界定为工资符合国际通行做法。《香港雇佣条例》将工资界定为雇主付给雇员作为该雇员根据其雇佣合约所作获奖要做的工作而能以金钱形式表示的所有报酬、收入、津贴、小费及服务费。《新加坡就业法》将薪金界定为完成服务合同规定的工作，支付给受雇人包括津贴在内的全部报酬。《菲律宾劳工法》将工资界定为可用钱表示的报酬或收入,根据时间、工作、工作量、手续费或其他办法确定,由雇主按照成文或不成文就业合同并根据已经完成或将要完成的工作付给雇员。将劳动者履行岗位劳动而获得的劳动报酬界定为工资在我国也有立法先例,《企业所得税法实施条例》将工资薪金界定为企业支付给在本企业任职或受雇的员工的劳动报酬,《个人所得税法》将工资、薪金所得界定为个人因任职或者受雇而取得的各项所得,这两部法律虽然都没有使用"岗位劳动"概念而是使用"任职或受雇"的概念,但本质上这两个概念表达的是同一个意思。

二是深化对劳动者履行岗位劳动和其他专项劳动的区别的认识。要弄清楚两者的区别,要把握以下两个方面:一方面要视是否属于本职,岗位劳动属于劳动合同中约定的劳动或者建立劳动关系所针对的劳动,属于劳动者的本职劳动,除履行岗位劳动外,劳动者可能受托完成用人单位安排的其他专项劳动,如撰写稿件、授课等,劳动者履行岗位劳动所获的劳动报酬属于工资,而履行其他专项劳动所获得的劳动报酬则不应纳入工资范畴;另一方面要视是否可以向外单位提供,岗位劳动仅限于劳动者向本单位提供,而其他专项劳动,劳动者除了向本单位提供外,也可以向其他单位提供,而无论向谁提供,所获得的劳动报酬都不属于工资。

三是深化对非货币形式工资的认识。以货币形式支付劳动者工资在我国有实践基础,也有制度基础,以非货币形式向劳动者支付工资需要重构制度体系,但是我们必须要认识到这一制度体系有其客观必然性。①符合国际惯例,国际上大多数国家都认可实物报酬为工资的支付形式。国际劳工组织《男女工人同工同酬公约》(第100号公约)界定的报酬既包括现金报酬,也包括实物报酬。②我国现行法律已有将非现金形式的劳动报酬界定为工资薪金的先例,《企业所得税法实施条例》规定工资薪金包括员工的所有现金形式和非现金形式的劳动报酬。③我国用人单位工资管理实践中已有采取非现金形式向员工支付工资的情况。比如逢年过节,企业给员工发放实物性报酬而非货币性报酬。④实行非货币性形式工资还需要健全完善相关配套制度。比如要通过制度明确什么样的非现金形式报酬可以作为工资,或者不能作为工资发放给员工；如果非现金形式报酬可以作为工资发放给员工，其价值如何认定、由谁认定。这方面有一些成熟的市场经济国家的经验可资借鉴，比如《美国公平劳动标准法》规定劳动部长规定的膳食、住宿或其他设施的合理费用属于工资；《新加坡就业法》规定薪金不包括房屋居住、水、供电、医务护理或其他享受的费用，或部长在公报上公布的一般或特殊命令之外的任何服务的费用。国外经验启示我们，向员工支付非货币性工资一方面要使所发放的非货币性工资为劳动者所接受，另一方面对非货币性工资的价值认定要公平合理。

参考文献

[1] 刘军胜：《中国工资支付保障立法研究》，法律出版社，2014。

[2] 法律出版社法规中心编《中华人民共和国劳动和社会保障法规全书》，法律出版社，2015。

[3] 刘军胜：《论工资的内涵和外延》，《中国劳动》2014年第9期。

[4] 中共中央党校分校工作办公室主编《理论学习与战略思考》，中共中央党校出版社，2015。

[5] 国务院：《中华人民共和国企业所得税法实施条例》（中华人民共和国国务院令〔2017〕第512号），http：//www.chinatax.gov.cn/n810765/n812176/n812748/c1193046/content.html。

[6] 国务院：关于修改《中华人民共和国个人所得税法实施条例》的决定（中华人民共和国国务院令〔2011〕第600号），http：//www.chinatax.gov.cn/n810341/n810765/n812156/n812479/c1186518/content.html。

Ⅷ 附　　录

附录一　习近平总书记十八大以来关于收入分配改革的重要论述（节选）

"十三五"时期，财政收入不可能像原来那样高速增长，要处理好发展经济和保障民生的关系，既要在经济发展的基础上不断加大保障民生力度，也不要脱离财力作难以兑现的承诺。要重点加强基本公共服务，特别是要加大对革命老区、民族地区、边疆地区、贫困地区基本公共服务的支持力度，加强对特定人群特殊困难的帮扶，在此基础上做好教育、就业、收入分配、社会保障、医疗卫生等各领域民生工作。要坚持量入为出，积极调整财政支出结构。前一阶段，根据财政收入增长很快的形势作了一些承诺，现在看来要从可持续性角度研究一下，该适度降低的要下决心降低。

——节选自2015年12月31日习近平在党的十八届五中全会第二次全体会议上的讲话

全球发展失衡，难以满足人们对美好生活的期待。施瓦布先生在《第四次工业革命》一书中写道，第四次工业革命将产生极其广泛而深远的影响,包括会加剧不平等,特别是有可能扩大资本回报和劳动力回报的差距。全球最富有的1%人口拥有的财富量超过其余99%人口财富的总和,收入分配不平等、发展空间不平衡令人担忧。全球仍然有7亿多人口生活在极端贫困之中。对很多家庭而言,拥有温暖住房、充足食物、稳定工作还是一种奢望。这是当今世界面临的最大挑战,也是一些国家社会动荡的重要原因。

——节选自2017年1月18日习近平在世界经济论坛
2017年年会开幕式上的主旨演讲

改革开放以来,中央管理企业负责人薪酬制度改革取得积极成效,对促进企业改革发展发挥了重要作用,同时也存在薪酬结构不尽合理、薪酬监管体制不够健全等问题。要从我国社会主义初级阶段基本国情出发,适应国有资产管理体制和国有企业改革进程,逐步规范国有企业收入分配秩序,实现薪酬水平适当、结构合理、管理规范、监督有效,对不合理的偏高、过高收入进行调整。

——节选自2014年8月18日习近平在中央全面
深化改革领导小组第四次会议讲话

我们党干革命、搞建设、抓改革,都是为了让人民过上幸福生活。

——节选自2017年6月23日习近平在山西考察讲话

党和国家要实施积极的就业政策,创造更多就业岗位,改善就业环境,提高就业质量,不断增加劳动者特别是一线劳动者劳动报酬。

——节选自2015年4月28日习近平在庆祝"五一"
国际劳动节大会上的讲话

带领人民创造幸福生活,是我们党始终不渝的奋斗目标。我们要顺应人民群众对美好生活的向往,坚持以人民为中心的发展思想,以保障和改善民

附录一　习近平总书记十八大以来关于收入分配改革的重要论述（节选）

生为重点，发展各项社会事业，加大收入分配调节力度，打赢脱贫攻坚战，保证人民平等参与、平等发展权利，使改革发展成果更多更公平惠及全体人民，朝着实现全体人民共同富裕的目标稳步迈进。

——节选自 2016 年 7 月 1 日习近平在庆祝中国共产党成立 95 周年大会上的讲话

二十国集团的一项重要使命，就是本着杭州峰会确定的包容增长理念，处理好公平和效率、资本和劳动、技术和就业的矛盾。要继续把经济政策和社会政策有机结合起来，解决产业升级、知识和技能错配带来的挑战，使收入分配更加公平合理。

——节选自 2017 年 7 月 8 日习近平在二十国集团领导人汉堡峰会上关于世界经济形势的讲话

开展法官、检察官单独职务序列和工资制度改革试点，是促进法官、检察官队伍专业化、职业化建设的重要举措。要突出法官、检察官职业特点，对法官、检察官队伍给予特殊政策，建立有别于其他公务员的单独职务序列。要注重向基层倾斜，重点加强市（地）级以下法院、检察院。要实行全国统一的法官、检察官工资制度，在统一制度的前提下，体现职业特点，建立与法官、检察官单独职务序列设置办法相衔接、有别于其他公务员的工资制度。要建立与工作职责、实绩和贡献紧密联系的工资分配机制，健全完善约束机制，鼓励办好案、多办案。要加大对一线办案人员的工资政策倾斜力度，鼓励优秀人员向一线办案岗位流动。

——节选自 2015 年 9 月 15 日习近平在中央全面深化改革领导小组第十六次会议上的讲话

企业要有利润。企业之所以叫企业，就是必须赢利。企业没有利润、大面积亏损，两三年后撑不下去了，那就不仅是速度低一点的问题了，员工收入和政府财政无从谈起，而且会带来金融风险甚至社会风险。

　　员工要有收入。人们到企业就业是为了取得收入，收入低于预期、低于市场决定的平均工资，就招不来人。当然，工资增长快于宏观经济形势所决定的企业利润增长，也会导致企业招人贵、负担重，有些劳动密集型外资企业也会转移到工资成本更低的国家。

——节选自 2015 年 12 月 31 日习近平在党的十八届
五中全会第二次全体会议上的讲话

　　中央对西藏干部职工历来十分关心，制定了特殊的工资政策和有关福利待遇政策，中央有关部门要积极支持，解决好他们的后顾之忧。

——节选自 2015 年 8 月 25 日习近平在中央
第六次西藏工作座谈会上的讲话

　　开展落实中央企业董事会职权试点，要坚持党的领导，坚持依法治企，坚持权责对等，切实落实和维护董事会依法行使中长期发展决策权和经理层成员选聘权、业绩考核权、薪酬管理权以及职工工资分配管理权等，推动形成各司其职、各负其责、协调运转、有效制衡的公司治理机制。要完善权力运行监督机制，加强和改进出资人监管。

——节选自 2016 年 12 月 30 日习近平主持召开中央全面深化
改革领导小组第三十一次会议讲话

附录二　十八大以来党中央国务院关于收入分配改革的重要论述

2012 年	十八大报告《坚定不移沿着中国特色社会主义道路前进为全面建成小康社会而奋斗》	要加快完善社会主义市场经济体制，完善公有制为主体、多种所有制经济共同发展的基本经济制度，完善按劳分配为主体、多种分配方式并存的分配制度，更大程度更广范围发挥市场在资源配置中的基础性作用，完善宏观调控体系，完善开放型经济体系，推动经济更有效率、更加公平、更可持续发展。……千方百计增加居民收入。实现发展成果由人民共享，必须深化收入分配制度改革，努力实现居民收入增长和经济发展同步、劳动报酬增长和劳动生产率提高同步，提高居民收入在国民收入分配中的比重，提高劳动报酬在初次分配中的比重。初次分配和再分配都要兼顾效率和公平，再分配更加注重公平。完善劳动、资本、技术、管理等要素按贡献参与分配的初次分配机制，加快健全以税收、社会保障、转移支付为主要手段的再分配调节机制。深化企业和机关事业单位工资制度改革，推行企业工资集体协商制度，保护劳动所得。多渠道增加居民财产性收入。规范收入分配秩序，保护合法收入，增加低收入者收入，调节过高收入，取缔非法收入
2012 年	政府工作报告	深化收入分配制度改革。抓紧制定收入分配体制改革总体方案。努力提高居民收入在国民收入分配中的比重，提高劳动报酬在初次分配中的比重。完善工资制度，建立工资正常增长机制，稳步提高最低工资标准。创造条件增加居民财产性收入。建立公共资源出让收益的全民共享机制。加大对高收入者的税收调节力度，严格规范国有企业、金融机构高管人员薪酬管理，扩大中等收入者比重，提高低收入者的收入，促进机会公平。规范收入分配秩序，有效保护合法收入，坚决取缔非法收入，尽快扭转收入差距扩大的趋势

续表

2013年	十八届三中全会:《关于全面深化改革若干重大问题的决定》	形成合理有序的收入分配格局。着重保护劳动所得,努力实现劳动报酬增长和劳动生产率提高同步,提高劳动报酬在初次分配中的比重。健全工资决定和正常增长机制,完善最低工资和工资支付保障制度,完善企业工资集体协商制度。改革机关事业单位工资和津贴补贴制度,完善艰苦边远地区津贴增长机制。健全资本、知识、技术、管理等由要素市场决定的报酬机制。扩展投资和租赁服务等途径,优化上市公司投资者回报机制,保护投资者尤其是中小投资者合法权益,多渠道增加居民财产性收入。……规范收入分配秩序,完善收入分配调控体制机制和政策体系,建立个人收入和财产信息系统,保护合法收入,调节过高收入,清理规范隐性收入,取缔非法收入,增加低收入者收入,扩大中等收入者比重,努力缩小城乡、区域、行业收入分配差距,逐步形成橄榄型分配格局
2013年	政府工作报告	收入分配制度是经济社会发展中一项根本性、基础性的制度,是社会主义市场经济体制的重要基石。我们已经制定了深化收入分配制度改革若干意见,要抓紧研究制定具体政策,确保制度建设到位、政策落实到位,有效解决收入分配领域存在的问题,缩小收入分配差距,使发展成果更多更公平地惠及全体人民
2014年	政府工作报告	收入是民生之源。要深化收入分配体制改革,努力缩小收入差距。健全企业职工工资决定和正常增长机制,推进工资集体协商,构建和谐劳动关系。加强和改进国有企业负责人薪酬管理。改革机关事业单位工资制度,在事业单位逐步推行绩效工资,健全医务人员等适应行业特点的薪酬制度,完善艰苦边远地区津贴增长机制。多渠道增加低收入者收入,不断扩大中等收入者比重。使城乡居民收入与经济同步增长,广大人民群众普遍感受到得实惠
2015年	十八届五中全会:《中共中央关于制定国民经济和社会发展第十三个五年规划的建议》	促进就业创业,坚持就业优先战略,实施更加积极的就业政策,完善创业扶持政策,加强对灵活就业、新就业形态的支持,提高技术工人待遇。缩小收入差距,坚持居民收入增长和经济增长同步、劳动报酬提高和劳动生产率提高同步,健全科学的工资水平决定机制、正常增长机制、支付保障机制,完善最低工资增长机制,完善市场评价要素贡献并按贡献分配的机制

续表

2015 年	政府工作报告	完善最低工资标准调整机制。落实机关事业单位养老保险制度改革措施,同步完善工资制度,对基层工作人员给予政策倾斜。在县以下机关建立公务员职务和职级并行制度
2016 年	政府工作报告	推进股权多元化改革,开展落实企业董事会职权、市场化选聘经营者、职业经理人制度、混合所有制、员工持股等试点。深化企业用人制度改革,探索建立与市场化选任方式相适应的高层次人才和企业经营管理者薪酬制度
2017 年	政府工作报告	要实现居民收入和经济增长基本同步。……深化收入分配制度配套改革。……促进农业稳定发展和农民持续增收。……锲而不舍解决好农民工工资拖欠问题,决不允许他们的辛勤付出得不到应有回报

Contents

I General Report

Current Situation of China's Wage Income Distribution and the
Trend of Reform and Development / 001

Abstract: The CPC Central Committee and State Council attaches great importance to the distribution of wage income and introduces a series of policies to deepen the income distribution reform so that the people can share the fruits of economic development in real terms. Wage income of workers and residents continued to grow rapidly and steadily, especially for migrant workers' wages, the income of rural residents and low-income people grew rapidly. In addition, the income gap between regions, industries and between different groups was gradually narrowed. The wage identification and adjustment mechanism of state-owned enterprises, the minimum wage determination and adjustment mechanism, the executive remuneration of state-owned enterprises, the wage system reform of civil servants and institutions, and the expansion of middle-income groups have been made significant progress. Reasonable and orderly distribution of income pattern is taking place, and we had strengthen the wage payment guarantee system and enterprise wage collective bargaining system. But still faces a series of urgent problems and contradictions, mainly reflected in: unreasonable distribution of wages did not fundamentally change, the proportion of labor compensation accounted for the initial distribution is still low.

The collective bargaining mechanism, which reflects the willingness of the labor market owners, has not yet played a fundamental role in the process of enterprise wage decision and growth. The wage determination mechanism and the normal growth mechanism which reflects labor market supply, demand and enterprise economic benefit are not yet perfect. Civil service and enterprise staff salary level comparison system has not yet established. The wage level positioning of the organs and institutions can not be a good reflection of nature of theinstitution and human capital value of the staff. Meanwhile, wage protection and incentive role play inadequate. There are different degrees of theinfringement phenomenon of reasonable remuneration rights and interests of the weak laborers and other vulnerable workers. The problem of unpaid remuneration is common, and the problem of wage arrears of migrant workers has not been cured. The adjustment mechanism of wage income distribution is not perfect with the reform of market economy system and the change of policy function. The macro-control means of state - owned enterprise wage income and the requirement of establishing modern enterprise system are not suitable. In the coming period, the distribution of wage income will also face the slowdown of economic growth to curb wage growth, economic adjustment and transformation to increase the difficulty of wage allocation structure, the increase in production and operation costs compressing wage growth space, the contradictions between workers and residents expectation of income growth and economic growth slowed and other challenges. During the period of the "13th Five-Year Plan", the main task of China's wage income distribution reform is to improve the income distribution system reform and improve the scientific wage level decision mechanism and normal growth mechanism which reflects the supply and demand of human resources market and the economic efficiency of enterprises. Improve the wage collective bargaining system, and practice this system in the non-state-owned enterprises and competitive commercial state-owned enterprises. Establish the differentiation compensation methods coordinating with executive hiring in the state-owned enterprises, adapting the nature of the enterprise and linking to the business performance, while deepen the reform of the internal distribution system of state-owned enterprises to establish and improve mechanism, which reflecting the characteristics of different positions and feature distribution, and improve the labor, technology, management and other factors involved in the distribution of the mechanism. Improve the minimum wage system, adjustment and adjustment procedures, establish the minimum wageassessment mechanism. At the same time, we also need to improve wage income distribution laws and regulations. The study puts forward the basic path and strategy of deepening the reform of the wage income distribution system and the policy measures to narrow the wage income distribution gap.

Keywords: Wage Income Distribution; Per Capita Disposable Income of Farmers; Per Capita Disposable Income of the Whole Country

Ⅱ　Reports on State-owned Enterprise Reform

Roform of Salary System in SOEs: A Tradeoff Between Firm
Efficiency and Social Fairness　　　　　　　　　　　　　　　/ 029

Abstract: Before the reform and opening up, income distribution in China's SOEs featured an equaltitarianism based "low salary" system for a long time. Since the reporm and opening up, the general trend of reform of salary system in SOEs is markertization, where the main task was to continue to improve a makert-orientied salary distribution mechanism in order to improve enterprise efficiency. However, as SOEs have long undertaken the dual role of leading national economic development strategy and promoting social fairness, in recent years, while the reform of salary system in SOEs stressed enterprise efficiency, the policy orientation of attachting more importance to promoting social fairness was also highlighted. The general trend of reform of salary system in SOEs is striking a tradeoff between firm efficiency and social fairness. For the "13th Five Year Plan" and years to come, how to strike such a tradeoff would still be a challenge for reform of salary system in SOEs in China.

Keywords: SOEs; Salary System; Firm Efficiency; Social Fairness

Report on the Management and Control of the Total Wage of the State Owned Enterprises / 044

Abstract: To establish and improve the decision mechanism and normal growth mechanism of the total wage of the state-owned enterprises, the Total Wage Research Group investigated the current situation and analyzed the problems of the total wage management of the state-owned enterprises. We made some preliminary suggestions for reforming the total wage of the state-owned enterprises.

Keywords: Total Wage; The State-owned Enterprises; Total Wage Control

Evaluation and Analysis of China's Wage Macro Regulation and Control System / 061

Abstract: From the salary system of the enterprise's wage regulation, the legal system, the system and the means system, the regulation and control organization system and the salary regulation system of the four aspects. This paper analysis problems including government's salary regulation function is not in placeand the offside problem, the lack of special legal and administrative regulations, and the problem of unconventional regulation and the lack of comprehensive supporting control means, the lack of mutual cooperation and policy matching between various government departments at all levels. The minimum wage adjustment mechanism, from the enterprise wages regulation mechanise of wage growth guidance mechanism, market mechanism and information to guide the state-owned enterprise salary supervision and regulation mechanism of four aspects, analysis of control objectives is not clear, the unreasonable regulation and control procedures are not standardized and other issues. Suggestions on improving and perfecting ideas and policies include: further clarifying the government's wage regulation and control responsibilities on the basis of market decisions, perfecting the legal system of government regulation according to law, setting reasonable wage control objectives, selecting effective comprehensive control methods, establishing multi-working mechanism, so that the government to control the wages of enterprises to be implemented, the system has been improved, and gradually form a "responsibility in place, clear objectives, scientific methods, a comprehensive system," the institutional mechanisms to better play the role of government regulation and control, and promote formation of a reasonable and orderly distribution pattern.

Keywords: Wage Control; Wage Control System; Macro Control of Wages

Ⅲ Reports on Labor Cost

Analysis of the Change of Artificial Cost in Part of China　　　／077

Abstract: From the analysis of labor cost growth in some areas in 2014, it can be found that the new normal characteristics of labor cost changes in various industries and regions are obviously enhanced. First, the overall growth rate of labor costs in most areas is lower than that in the previous period, and the overall increase trend is basically the same as national wages trend; The second is the same industry in different industries or different regions of the labor costs growth rate is very different, especially the higher wage levels of monopoly industries labor costs faster than other industries, but in low wage level and high degree of competition industry, labor costs growth rate is relatively slow, the industry wage income gap still exists to continue to expand the trend; Third, the national construction industry, the main types of labor costs as an example, we can see the general staff, especially skilled workers' rising rate of labor costs continues to maintain a rapid growth trend; Fourth, the growth rate of labor costs of different enterprises began to show a more obvious gradient distribution, that islabor costs in relatively large scale of enterprises have fast growth rate, labor costs growth rate in relatively small scale of the enterprise is relatively slow; Fifth, the rise in labor costs generally exist, the negative impact on the level of efficiency can not be ignored, it needs toease and digest this problem by improving labor productivity in changing the economic way and adjusting the structure.

Keywords: Labor Costs; Industry Labor Costs; Labor Costs Analysis

International Comparison of Labor Cost in Manufacturing Industry
/ 088

Abstract: In the study of international comparison, we found that the gap between China's manufacturing labor costs and other developed countries (mainly Asian countries) was narrowing, but the unit labor cost advantage still existed. Although the absolute labor cost level has exceeded some Southeast Asian countries, but by virtue of labor productivity advantage. It made China still has a strong competitive. From the perspective of unit labor costs, compared with the emerging industries countries the advantage of Manufacturing in China was not obvious.

Keywords: Labour Productivity; Unit Labor Cost; International Comparison

Discussion on Several Problems of Social Insurance Contribution Level in China from the Perspective of Income Distribution　　/ 109

Abstract: Study on the selection of leading enterprises in our country in some industries, the total cost, profit level, labor costs, labor remuneration and social insurance cost analysis, social insurance contribution of our country from the overall view of income distribution, attempt to study the impact of some industries and enterprises of the actual payment of social insurance premiums and the level of enterprise the. Finally, the reform and improvement of the income distribution system and the policy proposals for the financing of social insurance are put forward.

Keywords: Income Distribution; Social Insurance; Social Insurance Contribution Level

Ⅳ　Reports on Wage and Remuneration Reform of Some Groups

Study on the Wage Decision and Growth Mechanism of Civil Servants
　　/ 130

Abstract: The wage policy decision of civil servants is planning-featured. In accordance with the requirements of the balancing-mode, problems of an inperfect decision-making mechanism of wage adjustment, readjustment of central-local responsibilities, and administration systems and inadequancy of transparency are to be sloved. This study suggests that the establishment of a sound wage determination mechanism for the civil servants is ripe, Following the requirements of a socialist market economy, reflecting the characteristics of the certain occupation, incentiving the emoploiyees offering public products in the new period, some suggestions are provided on the adovocation of the establisement of the mechanism.

Keywords: Wage Decision-making; Civil Servants; Balancing-mode

Contents

Research on Personnel Compensation in Medical Institutions　　／ 151

Abstract: Deepening the reform of personnel salary system is an important part of deepening the reform and development of public medical institutions. Based on the analysis of the preparation of Beijing city management, the public medical institutions, professional titles reform salary management, performance management and personnel salary management status, problems, learn from the advanced management experience at home and abroad, put forward a series of personnel salary system reform suggestions, provide a reference for the deepening of public medical institutions and personnel salary system reform.

Keywords: Public Medical Institutions; Personnel Compensation System; Reform; Personnel Management System

Analysis on the Wage Growth and Influencing Factors of Migrant Workers　　／ 190

Abstract: The paper did a comprehensive analysis of the wage growth of migrant workers, as well as 12 affecting factors since the reform and opening up, especially after 2008. After 2003, the wage of migrant workers has been sustained and rapid growth momentum, there is no stop or slow growth phenomenon in this period; the wages of migrant workers in the eastern region increased faster than the central and western, the migrant workers' wages in manufacturing increased faster than other migrant workers gathered industry. Changes in supply and demand in the human resources market and market regulation are the main factors for the growth of migrant workers' wages, and the government regulation and guidance have played a certain role in promoting them.

Keywords: Migrant Workers; Wage Growth; Affecting Factors of Wage Growth

Research on the salary of book publishing industry in China　　　/ 200

Abstract: Since the reform and opening up, the management system of Chinese publishing houses has undergone great changes, and gradually transformed from the original institutions to the enterprises. With the accompanying changes, the reform of the remuneration system of publishing houses is deepening. Because of the deep influence of the system by the original, there are still many imperfections in the publishing press's salary system, salary structure, salary relationship and total salary management. In order to accelerate the development of book publishing system, we need to further deepen the reform. On the one hand, the government need to promote the book salary reform and strengthen the norms of compensation. On the other hand, publishing enterprises also must reform in the salary system and other aspects of the work. Stimulate vitality through reform. In recent years, book publishing system of salary system reform has made great achievements, influenced by the system mechanism, the reform of book publishing system salary system is not suitable for the general requirement of cultural industry development. For this purpose, we will book publishing system salary column as the research subject, and a preliminary study was carried out.

Keywords: Book Publishing Industry; Salary System; Salary Level

V Reports on Wage Collective Bargaining Reform

A report on the key issues of collective wage consultation in

difficult enterprises　　　　　　　　　　　　　　　　　　/ 213

Abstract: Due to the influence of the macroeconomy overall downward trend, some enterprises have more difficulties in production and management, such as profit decline, reduction in employment. The contridictions on wages, benefits, working hours and holiday rights become acute between employees and employers. The collective wage consultation becomes more and more important in promoting the communication and understanding between the two parties. some special measures shuolid be used to promote The collective wage consultation, such as different support policies, mutual cooperations among trade members. Consultations should furtherly focus on the deferred payment period, the treatment standard during the closure period, and the standard of economic compensation, etc.

Keywords: Collective Wage Consultation; Treatment Standard During the Closure Period; Economic Compensation

Study on wage rights protection of low income workers / 231

Abstract: Low income workers are in every line of production and service, bear heavy production and service tasks, and they are the people who directly create wealth. In recent years, the rapid development of national economy, the overall wage and per capita will increase obviously, compared with some low-income workers because of some factors, its social influence, in the wage rights are frequently violated, as one of the rights and interests of vulnerable groups wage is still a prominent problem can not be ignored. At present, low-income workers in China usually obtain corresponding wage income by paying their own labor. For every worker, one of the basic human rights is wage rights and interests, and their survival and development are closely related to this.

Keywords: Low-income Workers; Wage Rights; Protection; The Right to Wage Level Negotiation

A Representative Study of Trade Unions in China's Collective Consultation / 266

Abstract: In the collective consultation, the representative of the trade union refers to the conformance of the trade union's professional manager and the workers represented by the trade union. It is of great significance to study the representativeness of our trade unions in the collective bargaining and strengthen its representative construction, which will further promote the further development of collective bargaining in China and improve the level of trade union's rights protection. Since the development of the collective consultations in China, the trade unions have played an important role in maintaining labor rights and interests on behalf of the workers and workers. However, due to the weakness of target and the weakness of our trade unions, the trade union's professional managers are not strongly related to their employees' interests. The representation of the trade unions is still weak. In this regard, this paper put forward a clear goal to enhance the functions of trade unions, trade union power, closely related to staff members, strengthen the construction of trade union organizations, to carry out a comprehensive consultation and other measures, to strengthen trade union representative, to promote the improvement of China's labor rights and interests, social healthy economic development contribution.

Keywords: Collective Consultation; Trade Union Representativeness; Trade Union

VI Reports on Minimum Wage Adjustment Mechanism

Adjustment of Minimum Wage Standard / 281

Abstract: Based on the "Twelfth Five Year Plan" minimum wage adjustment conducted an overall assessment, combined with new norm and minimum wage standard adjustment factors change, put forward the overall train of thought of improving the minimum wage standard adjustment mechanism and some specific recommendations.

Keywords: Minimum Wage Standard; New Normal; Adjustment Mechanism

VII Reports on Practice

A Study on the ESOP of Mixed Ownership Enterprises / 291

Abstract: For the sake of ESOP system construction based on the China characteristics, a comprehensive study on the basic concepts, theoretical basis, development process, current practice, policy measures, international experience, domestic practice is conducted. Then, ESOP system is coming into being based on the content discussed above. And at last, the recommendations to further improve the policy and practice of mixed ownership ESOP in China are put forward. Based on what elaborated above, the ideas or exploration to construct the mixed ownership enterprise are put forward.

Keywords: Mixed Ownership Enterprises; ESOP; Stated-Owned Enterprises

Analysis of the Implementation of High Temperature Allowance Standard / 303

Abstract: High temperature allowance is paid to workers in high temperature refers to the natural meteorological environment labor special or extra labor and give a kind of compensation, based on the analysis of high temperature allowance based problems exist in low level, the applicable conditions of fuzzy, lack of accountability and so on should be put forward to improve the system level, clear payment conditions to strengthen the positive guidance and standards, countermeasures and suggestions to avoid payment of high subsidies instead of labor protection, and provide the reference for improving high temperature allowance system.

Keywords: High Temperature Allowance; Labor Standards; Labor Protection; Countermeasures

The Evaluation and Incentive Mechanism of High Skilled Personnel in Manufacturing Industry　　　　　　　　　　　　　　　　／311

Abstract: There are some prominent problems in the assessment and evaluation mechanism of highly skilled talents, such as the poor quality of the evaluation results, the limited career development space, the low compensation and benefits, the under exploitation of the human capital. This report analyses the defects and deficiencies of the assessment and evaluation system, the future development trends of manufacturing and the particularity of the highly skilled talents. This report put forward solutions excluding expanding enterprise autonomy, better play to the industry association, improving welfare of highly skilled talents by policy guidance of government, etc.

Keywords: High Skilled Personnel; Evaluation Mechanism; Excitation Mechanism

A Further Understanding of the Definition of the Connotation and Extension of Wages　　　　　　　　　　　　　　　　／324

Abstract: The scientific definition of the concept, connotation and extension of wage is an important foundation for the establishment of wage system. As for the connotation and extension of salary, there are many kinds of explanations in the world. The definition of wage is also different in many department laws in our country. It is related to the economic system, the employing system and the wage system practice. The current salary management practices and management objectives need to conform to the characteristics and requirements of the market economy, and further understanding of the connotation and extension of salary should be combined with international practices. The scientific definition of wage definition will provide reference and reference for the improvement of wage legislation in China.

Keywords: Labor Remuneration; wage Definifion; Wage Management

图书在版编目(CIP)数据

中国薪酬发展报告.2017/谭中和主编.--北京:
社会科学文献出版社,2018.1
 ISBN 978-7-5201-1894-1

Ⅰ.①中… Ⅱ.①谭… Ⅲ.①劳动报酬-研究报告-
中国-2017 Ⅳ.①F249.24

中国版本图书馆CIP数据核字(2017)第297874号

中国薪酬发展报告(2017)

主　　编/谭中和

出　版　人/谢寿光
项目统筹/恽　薇　陈凤玲
责任编辑/陈凤玲　李吉环

出　　版/社会科学文献出版社·经济与管理分社(010)59367226
　　　　　地址:北京市北三环中路甲29号院华龙大厦　邮编:100029
　　　　　网址:www.ssap.com.cn
发　　行/市场营销中心(010)59367081　59367018
印　　装/北京季蜂印刷有限公司
规　　格/开　本:787mm×1092mm　1/16
　　　　　印　张:23　字　数:350千字
版　　次/2018年1月第1版　2018年1月第1次印刷
书　　号/ISBN 978-7-5201-1894-1
定　　价/99.00元

本书如有印装质量问题,请与读者服务中心(010-59367028)联系

▲ 版权所有 翻印必究